飛行機旅行

奥山　京

東京図書出版

まえがき

本格的な旅行の思い出は、私にとっては修学旅行だろう。親から離れて初めて旅行したのは、一九六二年、小学校六年の修学旅行だった。三重県津市立小学校で、当時は奈良京都一泊旅行が定番だった。奈良京都のどちらを先に訪ねたのかも定かではない。寺ばかり見学させられて、興味のないうんざりする話ばかり聞かされた思い出しかない。

中学三年の修学旅行は公立中学は東京だったが、私学の進学中学だった関係で、三年の春山陰山陽に行った。かろうじて覚えているのが、秋吉台、鳥取砂丘、そして出雲大社くらいだ。この旅行でも興味のない話を山ほど聞かされた。

高校二年の修学旅行は、公立高校は九州と決まっていた。当時は大部分列車移動だった。列車は当時の国鉄、現在のＪＲで機関車が客車を引っ張るタイプだった。四人掛けのところに二人ずつ割り振られて、そこで寝ることになっていた。高校によっては往路か復路に瀬戸内海を行く船を利用したが、私の行った高校は往復列車だった。往路は正午に大阪駅を発ち、翌朝長崎に着き、即バス移動で旅行が始まった。雨の長崎を観光し熊本に移動して旅館に泊まった。翌朝熊本城、阿蘇山を見て高千穂峰を観光し、宮崎のホテルに着いた。すぐ前に青島があり、翌朝徒歩で行った覚えがある。その後バスで観光し鹿児島の宿に着いた。翌朝開聞岳を見て、正午に鹿児島駅を列車で発ち、二十四時間かけて大阪駅に辿り着いた旅行だった。これも至る所で興味のない話をいやと言うほど聞かされた。

全ての修学旅行において一番楽しかったことは、宿で学友と一緒に食事し、各部屋に戻ってふざけ合ったり話したりすることだった。

初めての海外旅行は本文の最初のところに書いている。これは団体で行ったことになるだろう。二度目の海外旅行はオーストラリアのパースだった。午前二時台に空港に一人で着き、タクシーでホテルに辿り着いた。不安がいっぱいで辿り着いたという表現がピッタリだろう。しかし目的の学会開始までに少し日にちがあり、街を見て回ることができた。誰に遠慮することなく、自分のペースで動けたことに快感を感じた。そこでこれからもこのような旅をしてみたいと考えるようになった。これが私の海外旅行の発端だった。

パック旅行には全く興味を示さなかった。パンフレット等を見ると、まるで修学旅行である。元来名所旧跡には興味がない。それに時間的行動的束縛を受けるので、不快感が募るばかりだろう。食事付きになると決まりきったものしか食べられない。それに添乗員付きだと割高になる。私のような性格だと、添乗員に文句を言う可能性もある。友人に数回誘われたが、全てお断りして一人旅を選んだ。

知らない街に着いて、自分の足で歩いてみるのも楽しいものである。最初の頃は公共交通機関の利用方法を知らなかった。それで歩いてばかりいた。慣れるに従って交通機関を使い、レストランやフードコートも利用して、いろいろ楽しめるようになった。朝起きて雨が降っていたりすると、その日は遠くに出ないで近場を見て回ったりした。旅のエッセイをホテルで書いていたこともあった。

体の具合が悪くなったことはほとんどなかった。危険な目に遭ったこともなかった。ただ、いざという時は自分の足だけが頼りで、とにかく走って逃げることを考えている。だからカメラやバッグなど余計なものは何も持たないで外出するように心がけている。その方が身動きが容易だからである。

第一部「一都市滞在型旅行記」では、文字通りの旅行記になっている。ただ、ちょっと古い話もあるので、その場合は最後の部分に原稿を書いた日付を入れている。例えば、J航空は現在アムステルダム便は飛んでいない。その他の情報も少し古いものもあるので注意していただきたい。

第二部「旅の雑感」でも文字通り旅行中に考えたことや感じたことを記述している。そして「飛行機旅行」という題名に因んで、J航空ファーストクラスに初めて搭乗した時の感想を述べている。また、J航空関係のラウンジについて私の印象を述べている。このようなラウンジは搭乗時刻を待つときステータスの高い人が使うものである。

最後に、ホテルラウンジのランキングを挙げている。快適なところもあれば、二度と行きたくないところもある。このような滞在も、数多く旅行した経験から得た知識である。実はこの部分を書くためにかなりお金を使っている。

旅のエッセイであるので、どの部分から読んでもらっても良い。関連性はほとんどない。第二部は種々の経験や雑感を書いている。こちらの方に興味を持たれたならば、そちらから読んでもらっても良いだろう。参考になることも多々あると思われ、楽しく読んでいただけることを願っている。

二〇二三年八月

飛行機旅行

目次
contents

第一部

一都市滞在型旅行記

ホノルル

airplane travel

ホノルルは調べると四十六回行っている。初めての海外旅行目的地で、その後は自由な滞在を楽しみ、最盛期は仕事の関係だった。退職後は、リゾートで行くようになった。だからたくさんの思い出がある。ここではそれに少し触れたい。

□初めての海外旅行

一九八二年末、初めての海外旅行でホノルルに行った。目的は国際研究集会出席であった。私は数学研究者であるが、当時はまだ高校教師だった。大学とは違い、いろいろな手続きが必要だった。規定に従って手続きを済ませたところ、「研修」という名目でこの時の海外渡航が許された。円相場は一ドル二百四十円くらいのときだ。

当時あるセミナーグループに所属していたのでこの学会の情報をキャッチできて、セミナーの指導者を含めて日本からは八名が出席した。その内六名はツアーのような形の旅行になり行動を共にした。宿泊は大学内の学生寮で、食事も大学の学食が利用できた。全て初めてで目新しかったので昨日のことのように覚えている。

宿泊の学生寮は二人一部屋で私の部屋には相棒がいた。門限があったため、夜ワイキキで皆さんと楽しんだときも、時間を考えないといけなかった。食事はバイキング形式でたらふく食べられて大満足だった。私は大食漢だったので、天国に来たような感じだった。見たこともないトロピカルフルーツが並んでいて楽しめたのを思い出す。

公共交通機関はバスだけで、料金はどこまで行っても一律の六十セントだった。そして各交差点ごとに停車していた。だから隣の停車場まで行っても、島の北側のカイルアあたりに行っても同一料金である。これには驚いた。しかし当時のバスは現在のように綺麗な車両ではなかった。汚いバスで側面に「THE BUS」と書いてあった。路線等がわからず、知らないところに連れていかれると困るので、皆さんと行動を共にしワイキキに行く時だけバスを使った。一度皆さんとワイキキで飲んで、門限ギリギリで帰って来たことがあった。若かりし日の楽しい思い出である。

この学会に出席したいと言い出したのは私だった。そして目的は達成された。多くのこの分野の著名な数学者に出会えた。論文で名前を知った方、テキストになる本を書いた有名な数学者の方々と話せた。と言っても英語会話は不十分だったので、日本語を話せる外国人の数学者に通訳してもらって話しただけである。これが後々生きてきた。そしてこの学会の開催者の大学教授と、ある時期から長い付き合いをしていろいろなことを彼から学べた。

□研究目的の滞在

一九九〇年代初めは、ホテルと航空券だけのパックツアーで訪れたり、大学の英会話夏期講習を受講するために滞在したりだった。この時期は観光目的で、この教授は車で観光させてくれたり、食事に招待してくれたりしていただけだった。そして一九九六年正月から研究目的の滞在になった。その後の滞在でもこの教授には大変お世話になった。

この時期私は高専教師であり、春休み二週間、夏休み六週間、そして冬休み二週間滞在していた。春と冬は期間が短いので大学のゲストハウスに宿泊し、夏休みはコンドミニアムをレントした。前者は大学校内にあって、俗に言うビジネスホテルのような部屋だった。後者は日本で言うワンルームマンションだ。前者の宿泊時の食事はキッチンがないので、バスに乗ってアラモアナあたりまで行き、お惣菜等を買ってきて食べていた。後者はキッチン付きなので自炊していた。

この滞在は研究目的だったので、この教授は大学にその旨を届け、彼の研究室の隣の部屋を私の研究室にしてくれた。数学研究はただ考えるだけなので、結果が出た時だけ彼と二人でセミナーをして、その内容の真偽を確かめた。だからこの時期英語がかなり上達し、意志の疎通は十分だった。

夏は台所付きだったので、一滞在に一回は私の部屋に教授夫妻を招待して、私が作った料理を楽しんでもらっていた。ご夫婦とも国際人で箸も上手に使って日本食を楽しんでもらえた。

ハワイは冬でも水のプールで泳げる。私は毎日マノアスイミングプールに通っていた。五十メートルプールで入場料無料である。アメリカはパブリックプールは無料と決まっているようだ。十一時オープンで、その時刻に到着できるように研究室を出ていた。歩いても二十分くらいなので歩くこともあったが、バスで行くこともあった。バスはバスパスを購入していて、有効期間は自由に乗車できる。この時期は月二十ドルくらいだったが、最近は七十ドルくらいするようだ。

□銀行預金

一九九〇年代後半、特別の目的がない限り、海外行きは全てハワイだった。そしてハワイが大変気に入った。気候がよく冬でも昼間なら水のプールで泳げる。日本食を作るための食材も、日本人経営のスーパーマーケットがあるので調達できる。また治安も悪くない。それで老後はハワイに移住し、ここに住もうと決心した。小さいコンドミニアムを購入するか、あるいはレントして、気持ちよく生活できると判断した。それで行動に移った。

まずは先立つものの手配である。当時の銀行の金利は良かった。それでハワイの銀行に口座を開設した。そして将来の生活費という名目で、貯蓄に充てていた日本円をドルに替えハワイの銀行に送金した。この時期、四十代も後半に入り収入も増えていた。

ハワイの銀行は預金額によってサービスが変わってくる。日本人客ということで日本人の個人コンサルタントを付けてくれた。また、私がハワイに滞在したとき、そのコンサルタントが銀行のサービスとして食事に招待してくれた。いつも昼食でアラモアナショッピングセンター内にあるレストランだった。あるとき定期にすることを考えていると、五年間の定期にすると年利七パーセント付けると言ってくれた。これは受けるべきだったと後悔している。

ホノルルのバスの乗り方が変わって、五ドル札と二十五セント硬貨がたくさん必要になった。そこで、預金のある銀行に行って両替をした。百ドルを次のように両替することを考えた。五ドル札を十五枚、二十五セント硬貨、つまり、クォーターを二十枚、そして、一ドル札を二十枚持つことを考えた。これだと、五ドル札で七十五ドル、クォーターで五ドル、そして、一ドル札で二十ドルとなり、合計百ドルになる。紙に書いて見せた方がわかりやすいだろうと考え、横書きで、一行目に十五―五ドル札、二行目に二十―クォーター、三行目に二十―一ドル札と書いて係員に渡した。左側の列には数量、右側の列には単価がきている。これで、五ドル札十二枚、クォーター八十枚、一ドル札二十枚が手渡された。クォーターには馴染んでいないため、渡された枚数がすぐにわからなかったので、一度、ホテルに戻って見直した。クォーターは用紙で包まれていて、横に「十」と書いてあった。それが二つあった。私は、これでクォーター二十枚と判断した。すると、五ドル札が三枚足りなくなる。そこで再度銀行に行って、個人コンサルタントにその旨を伝え、一緒に先ほどの係員のところへ行った。するとその係員は次のように言った。

クォーターで二十ドルだから、合計で百ドルを超過する。だから、五ドル札を減らして、合計が百ドルになるようにした。だからクォーターの包みに書かれた「十」は、十ドルを示すことがわかった。確かに合計金額に間違いはないが、クォーターは二十枚で良い。八十枚も必要ない。これ以上、議論しても無駄と考えて、その場は退散し、翌日別の係員で希望通りの両替にもって行った。

翌日、個人コンサルタントにメールを入れた。すると返事に、この係員は、クォーターで二十ドルと解釈したと言ってきた。そこでまた呆れ返った。メモの左の列が枚数で、右の列が単価であることは、一行目、三行目を見れば明らかである。その行は、そのように解釈している。それなのに、何故、二行目だけ変な見方をするのか。要するにメモを見ただけで、それが意味することを十分に理解できないということになる。次に合計金額が百ドルを超過したならば、自分の解釈に間違いはないかをまず確認する必要がある。それをしないで、客の計算が間違っていると判断し、勝手なことをしたことになる。大変無礼なことではないか。メモの解釈ができないことは、算数ができないことと同じである。そこで、その旨を伝えるために、再度個人コンサルタントにメールを入れた。次回からはこのような場合、三度に分けて両替する必要があると感じた。

□クローズド・キャプション

一九九六年夏からコンドミニアムをレントした。そこでクローズド・キャプションを知った。CCと記載されているものである。テレビの画面に現在話されている英語が文字で下に出るシステムである。アメリカは移民の国なので英語以外が母国語になっている国民が多い。そういう人たちに英語教育をしているようで、日本の文部省のような機関が一九九〇年代は協賛していた。

私のように英語が必要だが、まだ不十分なのでもっと勉強する必要がある人がいる。特に我々の年代の日本人は聞き取りが苦手である。聞くことと読むことを同時に行うことで、聞いている英語がよく理解できるようになった。映画をレントしてこれで観ると今まで以上に内容を把握できるようになった。それでこれを日本でも取り入れたいと考えた。

アメリカで購入した映画のＤＶＤには日本語字幕が入っていない。英語とスペイン語が多い。それを購入して日本で観ることを考えた。しかしこのようなＤＶＤを日本のＤＶＤプレーヤーでは観ることができない。ＤＶＤには「リージョン」というものがあって、これが違うと観ることができないようにしてある。アメリカはリージョン1で日本はリージョン2になっている。メジャーな映画は国によって封切り日が違う。普通アメリカの方が日本より早い。だからDVDになる時期も早く、極端な場合日本で封切る前に、アメリカでDVDを買ってくることもできる。するといろいろ弊害が起こるので、このようにしたようだ。DVDは繊細な機械なのでテレビも揃えた方が良いと考え、私はテレビとDVDプレーヤーをアメリカで購入して日本に送った。それで多くの映画を観ることによって英語に慣れていった。なお、当時はDVDプレーヤーだが、現在はDVDレコーダーを使用している。

そこで余談だがもう一つ付け加えておきたい。テレビのシステムも国によって違うので注意しないといけない。アメリカ、カナダ、そして日本はNTSC方式で、ヨーロッパはPAL方式、オーストラリアはCAL方式である。メカには弱いので詳しいシステムのことは理解できないが、方式が違う。オートマチックの車とギアの車のように違うと私は解釈している。具体的にどこが違うかというと、ヨーロッパで購入したDVDには大部分PAL方式と記載されている。このようなDVDを他の方式の機械では観ることができない。だから方式とリージョンが同じものでないといけなくなる。どうしてもヨーロッパのDVDを観たければ、テレビとDVDプレーヤーの両方を購入して日本に送る以外ない。この場合電圧の違いがあるので変圧器が必要になる。さらにコンセントの形状も違う。幸い、アメリカと日本はテレビの方式は同じであるが、これも厳密に言うと電圧が違う。私は変圧器で調整している。

□セルフ・ディポジット

ハワイが好きになり、将来ハワイアンになることを夢見て、何度もハワイに行くことになった。滞在期間も長くなるので私物を現地に保管したくなった。そこで恩人の教授に相談すると、セルフ・ディポジットを使うと良いと教えられた。日本では馴染みのないものだが、ヨーロッパでも見かけたので、日本が遅れているように感じられた。要するに大きな納屋を個人的に使うためにレントする。私が借りたところは月二十五ドルで、向こうで使うテレビ等が入れられるスペースだった。銀行口座も開設していて、そこのクレジットカードも使っていたので、問題なく借りることができた。

だから、ハワイに到着するとこの教授が空港まで車で迎えに来ていて、宿舎まで連れて行ってくれ、すぐにこのセルフ・ディポジットに行ってもらって私物を宿舎に運び、当初の買い物に付き合ってもらうことがルーティーンになった。帰国時も彼の車で私物をそのセルフ・ディポジットに運び、彼らにお礼の意味でその夜の夕食をご馳走することが常になった。そして翌朝空港まで送ってもらって帰国の途に就いていた。

□テロとの遭遇

二〇〇一年九月十一日は、文部省短期在外研究員としてハワイに滞在していた。この年七月ハワイ大学で二度目の国際研究集会が開かれ、多くの私の分野の数学者がハワイに来ていた。私の滞在していたコンドミニアムにも知り合いのドイツ人数学者がいた。

この日の昼頃、彼からテロの話を聞いた。ワールドトレードセンターの話をしていたが、最初何を言っているのか理解できなかった。ワールドを「ワード」と聞いたので混乱したようだ。すぐ近くが「ワードショッピングセンター」だったので何を言っているのかわからなかったようだ。大変なことが起こったことは理解できたが、そのショッピングセンターには異変はないので、しばらくは狐につままれたようだった。

その後一週間以上ハワイ上空を航空機が飛ぶことはなかった。だから街が静かになった。しかし至る所に軍人の姿があった。約一カ月後に帰国するときも、海には軍艦が待機していて、物々しい雰囲気を味わった。そして全てが変わった。

アメリカ入国が厳しくなりそれでＥＳＴＡができたようだ。移民の国なので、外国人の受け入れを多くしていたが、それが難しくなってきた。将来ハワイアンになってホノルルでゆっくり暮らすという私のプランに亀裂が入ってきた。ビザが取りにくくなった。それで最終的に嫌いな日本で死ぬことを決意した。

□リゾート目的の滞在

二〇一二年三月で退職し自由の身になった。在職時の最後のハワイ滞在で、セルフ・ディポジット内の私物も処分して、リゾートとしてホノルル滞在を楽しむことになった。だから恩人の教授のヘルプも必要無くなった。彼は十七歳年上なので大学も退職し、同じく自由の身として余生を享受されているようだ。仕事の上の付き合いで、その後はほとんど交流がなくなった。

二〇一五年三月、そこまで使っていたテレビが壊れた。そこで新しいものを買いに行った。アメリカ製品が必要な理由は、「クローズド・キャプション」のところで書いている。もう彼のヘルプなしでも自分一人で十分だった。そのときテレビを販売している店に行って購入した。そしてまず品物をホテルに運んでもらった。次に日本語対応の宅急便を頼んだ。そしてホテルに取りに来てもらって万事上手くいった。支払いはクレジットカードにし必要書類を書いただけだった。この時は別送品にもならなかった。送料も五十インチのテレビで三万円くらいで済んだ。液晶テレビは寿命があるので、壊れたときまたこのように購入する予定である。

二〇一八年一月にもう一度ハワイに行った。二〇一八年二月八日で使っていたパスポートが十年経ち有効期限が切れる。それでももう一度このパスポートで旅行がしたかった。いろいろ調べたが、残り期間が短すぎるのでほとんどの国に入国できなかった。しかしアメリカはオーケーだった。それでこの旅行を計画した。しかし入国時、いつものようにスムーズには行かなかった。ＥＳＴＡになり機械で入国できるようになったが、この時は係員のいるところに行くような指示が出た。そして係員に「二月七日までに帰国する」ように念を押されて入国を許可された。入国には厳しいアメリカだが、違反がなければ何も言わない。

この滞在で昔行ったいろいろなところを訪れて思い出を辿った。アラモアナショッピングセンター付近にホテルをとっていた。マジックアイランドで天体観察したり、ウォーキングしたり、マノアのプールで泳いだりして楽しんだ。これからも時々このようなハワイ滞在を考えている。

サンフランシスコ

airplane travel

一九八九年末、サンフランシスコ旅行を計画したが、十月の大震災で断念しシドニー旅行に切り替えた。そして十分に復旧したと見られたので一九九一年末、そして一九九二年春にトライした。この二回で街は気に入ったが短期滞在で不満だった。それで一九九三年夏は二週間の滞在にして満喫した。この滞在でさらにサンフランシスコが好きになり、トータルで十回行った。また機会があれば滞在したいと思っている。

□旅の動機

サンフランシスコは多くの映画の舞台になった。私が初めて行った一九九〇年代初めは、『氷の微笑』という映画がヒットした。ヒーローの部屋の窓から三角形に見える建物が象徴的だった。何処からどのように見れば、あのようにあの建物が見えるのだろうか。行ってみて確かめたいと思った。また『愛の選択』というジュリア・ロバーツ主演の映画があった。ヒーローがゴールデンゲートブリッジを車で北上するシーンがある。これも何処から撮ったのか知りたかった。そして極め付けは『スタートレック』だった。この映画に出てくる地球基地はサンフランシスコにあるという設定だ。映画の第四作『ボヤージュ・ホーム』では、嵐のサンフランシスコ湾に鯨を放す設定だった。またカーク船長とスポックがゴールデンゲートブリッジを背景に歩くシーンもあった。多くの映画がここでロケされた。その場所を訪れたいという願望が私をこの街に導いた。

□ジャイアンツ

一九九三年三月、日本ではまだ開花していない桜をこの街で見た。確かゴールデンゲート公園内の日本庭園だったと記憶している。この時季は日本よりはるかに暖かく感じられた。だから桜が開花したのだろう。

しかし夏は寒かった。だからサンフランシスコ・ジャイアンツの厚手のジャンパーを購入して寒さを凌いだ。このジャンパーがちょうど百ドルで、税金が八ドル付いてきた。だから消費税は八パーセントであった。そのジャイアンツの試合を生で観に行った。確かユニオンスクエア辺りで球場行きのバスに乗った覚えがある。キャンドルスティック・パークは南の方の空港に近いところにある。風の強いスタジアムで有名だった。そこまでそのバスで行き、帰りもそのバスで帰ってきた。この時のスタジアム内も寒かった記憶がある。前述のジャンパーが役立った。そして料金は十八ドル五十セントで席はジャイアンツのベンチ上数列目だった。

試合はサンフランシスコ・ジャイアンツとヒューストン・アストロズの対戦だった。アストロズのクレイグ・ビジオという野球殿堂入りした選手が、五打数五安打の大活躍で最終的にアストロズが勝利した。常にアストロズ優勢のゲーム展開だったが、中盤にバリー・ボンズの本塁打が出てジャイアンツが追い上げたところが圧巻だった。私は当時巨人ファンだったので、同じ名前のジャイアンツの勝利を願っていたが、目的は達成されなかった。悔しい思いをしてホテルに戻った記憶がある。

二〇〇〇年に入り、ジャイアンツの本拠地球場は街中に移転した。現在はオラクル・パークという名前である。ゲーリーストリートを通るバスだと、東の方向に行ってマーケットストリートと交差したところでトラムに乗り換える。すると球場前まで連れて行ってくれる。このルートを使って観戦し、バリー・ボンズの本塁打を二、三本見た。ジャイアンツの強いときだと切符が取りにくい。

□ヨセミテ国立公園

この滞在ではいろいろなことを試みた。ヨセミテ国立公園一日バスツアーもその一つだった。

ホテルのフロントで一日ツアーのパンフレットを見ていると、このツアーが目についた。それで申し込んだ。支払いはちょうど百ドルで、ホテルのフロントに支払って、その日はホテルまでバスが迎えに来てくれた。

ヨセミテ国立公園はサンフランシスコから見て東の方向にある。それでバスはベイブリッジを渡って北上し、その後東に向きを変えた。ちょっと街から外れると田舎だなと感じる風景だった。途中トイレ休憩が何度かあった。最初の休憩所で「ビールの自動販売機もないのか」と怒鳴っている日本人がいた。アメリカは酒類販売は手から手へで、年齢を確かめられることもあることを知らないようだ。日本が異常であることを知らない奴だと思って聞いていた。

午前中に目的地に着き、エルキャピタンなどを見上げた覚えがある。自然を満喫できるようなところで、適当なホテルがあれば泊まって歩き回りたいと思った。しかしグリズリーが出没するようで、キャンプするときは注意が必要だ。私にはその趣味はないので、その話は聞いているだけだった。昼食はどのようにしたか覚えがない。日本人相手のツアーなので、弁当のようなものを配られたように思われる。現地をバスで少し回り、午後の早い時刻に現地を出発し、夕方までにホテルに送り届けられた。

□ヘリコプター・ツアー

このツアーもホテルフロントのパンフレットから見つけたものだった。早速フロントで申し込んだ。そして当日になった。

まず、ヘリコプターのパイロットがホテルまで車で迎えにきてくれた。ベイブリッジを北上し、ナパバレーの方向のヘリポートまで行った。かなりスピードを出してハイウェイを一時間ドライブしたのだから相当な距離になる。そしてヘリコプターに乗り込んだ。二人乗りだった。この搭乗するとパイロットは何処に行きたいか、どのように飛んでほしいかを聞いてきた。この時期それほど英語が話せなかったが、あらかじめ準備していたのでなんとか通じたようだ。

まずベイブリッジの上を飛んでもらった。そしてサンフランシスコの街中の上空で西に旋回し、帰りはゴールデンゲートブリッジの上空を飛んでヘリポートに向かってもらった。ちょうど一時間の飛行で、非常に良い体験ができて大満足だった。ホテルまでパイロットの車で送り届けてもらって、チップ込みで百七十ドルキャッシュで支払った。全て八ミリビデオに録画したはずだが、その部分は再生不能になって記憶だけになった。

□買い物の楽しみ

サンフランシスコには、タワーレコードやヴァージンといったビデオテープ販売店があった。後にDVD販売に変わっていった。先に書いた『スタートレック』の映画もここで購入していた。また、ボーダーズやバーネス&ノーブルという全米チェーンのブックストアもあった。これらの店を覗いて、新しいDVDや本を購入するのも楽しみの一つだった。特に、年末に来て来年のカレンダーを探したりしていた。

しかし現在はネットの時代になり、ネットで購入できるので前述のDVDショップやブックストアが消えていった。寂しい話である。やはり本の購入は、ブックストアに行って、本を手にとって少し内容を見てから購入したい。世界を見渡すと、ベルリン、ロンドン、そしてオーストラリアの大都市に少しそのような店が残っているだけだ。それで私の目は、現在そちらの方向を向くようになった。

□滞在型へ変身

一九九〇年代後半は、外国の街に住むという感覚で行くようになった。だからホテルを予約しないで、コンドミニアムを借りてサンフランシスコに短期で住むようになった。

最初に泊まったのは、ゲーリーストリートの一つ北の道ポストストリートのケーブルの通る道から数ブロック西に行ったところのコンドミニアムタイプのホテルだった。それほど広くなかったが、モダンな作りで、キッチンも付いていて快適な滞在になった。

サンフランシスコは現在も同じだが、公共交通機関共通の七日切符を販売している。これはバートのパウエルストリート駅付近にある切符販売所で買っていた。当時はまだクリッパーカードはなかった。その七日券を使って街を回ったり、食べ物を買いに行ったりしていた。ポストストリートを西に走るバスでウェブスターというところに行くと、日本人街になっていて、その付近に日本食専用のスーパーマーケットがある。私はいつもここを利用していた。

もう一つ日課にしていた水泳は、近所のホテルで料金を払えばスイミングプールが使えるところがあり、そこを利用していた。しかし現在は変わっているのでそれは無理である。

バスでゲーリーストリートを終点まで行った。サンフランシスコは半島で、西に行っても東に行っても海になっている。そのバスの西の終点のところは公園になっている。そしてかなり高い崖で、その下には砂浜があり、そこまで降りていく道もある。その公園を散歩していたとき一匹の犬に出会った。いつものように屈んで呼んでやると近づいてきた。頭を撫で首筋も撫でてやるとゴロリと腹を見せ、腹も撫でてくれという仕草をした。飼い主は驚いていたが、犬が喜んでいるのだから私に任せていた。そこでアメリカなので「What is your name?」と聞くと飼い主が答えてくれた。その名前は忘れたが、名前を呼びながらその後もしばらく相手になっていた。犬好きは犬にもわかるようだ。

その公園を北に行っても崖になっている。その先にゴールデンゲートが見える。しかしここの崖は注意しないといけない。塀のようなものがないので滑り落ちる危険がある。下は海で西側のように砂浜はなく、波打ち際になっているだけだ。一度行き過ぎでハッとしたことがあった。北側は要注意だ。

私は天気が良くて時間があるとき、よくここに行って海を眺めていた。ここから海岸線を走って南に行くバスルートもある。それにも乗ってみた。ゴールデンゲート公園は、西は海に達しているので、その中を抜けて南下できるようになっている。北に行ってゴールデンゲートブリッジを眺めると、スタートレックで宇宙船が旋回していくシーンを思い出す。

Muni（ムニ）という路面電車で南の方を探索したこともあった。天気の良い日、路面電車から車外を見ているのも楽しいものだ。この時期は仕事が大変だったので、このような滞在は良い気分転換になった。

□最近の滞在

二〇一七年十一月ほぼ十年ぶりでサンフランシスコに滞在した。このとき滞在したホテルは、サンフランシスコの中心部にある。昔は、空港から市バスで中心街へ行ったことを思い出していた。ある頃からバートが空港に乗り入れ便利になった。バートとは郊外電車で、東京の環状線のようなものと考えてもらえばよい。ただ切符の買い方が大変複雑で、日本人には馴染みのない方法で売られる。全て自動販売機で、釣り銭のいるとき不自由を感じるようだ。ただ最近、クリッパーカードというのが出た。プリペイドカードで、東京の「Suica」と考えればよい。このようなカードはロンドン、シドニー、そしてパースで見ていた。サンフランシスコ空港の場合、バートの駅に行くまでのところにインフォメーションがあって、そこでこのクリッパーカードを買って、二十ドルくらい入れておくとスイスイとバートに乗れるのでお勧めしたい。

ラウンジ付きホテルランキング最下位に輝いたホテル滞在だったので、欲求不満の連続だった。しかしプールは二十メートルくらいの泳ぎやすいものだった。だから毎日泳いでいた。サンフランシスコの大きな書店がなくなったので困った。それでベイブリッジの下を行くバートに乗ってオークランドの本屋に行った。最初行ったところは、駅から歩いて片道四十分かかった。二軒目は駅の近くだった。遠い方で土産の天文カレンダーを購入した。この辺はコンピュータを持参しているので、検索すれば書店の位置はわかる。非常に便利な時代になったといえる。

クリッパーカードは購入して手元にあり、次回滞在では空港で金を入れれば即使える。時代と共にいろいろ変化したので動きにくくなったが、機会があればまた行きたいと思っている街である。ただ山坂が多い街なので、足腰の衰えが気になるところだ。

クラサオ

airplane travel

クラサオ島は、ベネズエラの北約六十キロメートルのカリブ海に浮かぶ島である。日本人には、キュラソー島と言った方がよくわかるかもしれない。しかし、私が接した外国人は、すべて「クラサオ」と呼んでいたので、私もそれに従うことにした。

近年、このクラサオ島出身の大リーガーが増えてきた。数年前、楽天イーグルスで活躍した、アンドリュー・ジョーンズ選手が挙げられる。実は、このジョーンズ選手は、私の好きなチーム、アトランタ・ブレーブスで活躍した選手である。

ボストンを発って、マイアミ空港に降り立った。そこで、モントリオールでお世話になったB教授と合流した。彼は愛人を同伴していた。ここで、B教授の友人にランチをご馳走になったという記録が残っているが、誰であったのかは定かではない。クラサオ国際学会に出席した数学者であることは確かだ。

この後アルーバへ飛んで、そこで入国審査を受けた。アルーバもクラサオもオランダ領であるので、オランダへ入国したことになる。そして短い飛行の末、現地時刻午後六時頃クラサオの空港へ到着した。そこでB教授が車をレントし、ホテルへ連れて行ってもらった覚えがある。このとき彼の愛人と、マイアミ空港でランチをご馳走になった数学者も一緒だった。

一九九一年八月十日クラサオに到着した。その日は道中いろいろ食べていたので食事らしいことはしなかった。この時期毎日ジョギングしていたので、B教授を誘って三十分くらい近所を走った。そこで「我々は非常に危険なことをしている」とB教授は言ったが、当たっていたかもしれない。ジョギングの後はシャワーを浴びて、カップラーメンを食べ酒を飲んで寝た。すると翌日気分が悪くなった。

到着した日の翌日午後、B教授につき合って炎天下を歩いたので、日射病になったようだ。北緯十二度の熱帯だから、帽子は被っていたが、日本の暑さの比ではなかった。明らかに私の不注意だった。さらに暑かったので、ホテルの部屋へ戻ったときシャワーを浴びた。これも良くなかったようだ。その夜はかなり高熱が出た。しかし私の体は熱が出ても食欲は落ちない。このときもそうだった。それでホテルのレストランでする食事は料金が高かったが、とにかく食べることにした。その夜は汗をかいて、何度も下着を替えたという記録が残っている。

次の日、B教授が車で観光するから一緒にどうかと誘われたが、それはお断りしてホテルで養生した。その夜も食欲はあったので、とにかく食べることにした。すると体調は戻った。B教授が午後ダウンタウンで買い物をするというので連れて行ってくれたのはいいが、私がショッピングをしようとすると、もう帰ると言い出し、荷物運びをさせようとした。だからそれは断ってホテルへは公共バスで帰った。自分勝手な人なので適当に拒絶しないと大変なことになる。この日くらいからクラサオの食べ物が口に合わないことがわかってきた。

二、三日してB教授が役立つ日が来た。彼がチャイナレストランに連れて行ってくれた。外国で食事が口に合わないとき、チャイナレストランは役に立つ。我々に馴染みのある「ご飯」が食べられるからだ。できれば毎日このレストランに来て食事をしたいくらいだった。しかしホテルから遠いので、車がないと無理だとわかった。帰り道でもう少しホテルに近いところに別のチャイナレストランを見つけたので、後日歩いて見てくるつもりでいた。

この日ハワイ大学の教授が到着するなど、多くのこの分野の数学者が集まってきた。そして毎日のジョギングメンバーも増えていった。八月十五日からミニコンファレンスが始まるので、その前日マネージャー主催のパーティーが開かれた。その席でパンチを飲んでいたところ、日本人御一行様が到着した。この日はテイクアウトものを食べたが美味しくないという記録が残っている。

ミニコンファレンスが始まった。私はこれに出席するために、早めにクラサオへ来ていた。興味のある話題の講演がこの日にあったが、あまり理解できなかった。次の日はこの分野のカリスマ的存在で、著書もあるL教授の講演があった。英語はわかりやすかったが、内容はほとんど理解できなかった。

日曜日はミニコンファレンスも行われず、一日完全休養をとった。今までの海外生活で、一度も感じなかったが、クラサオ滞在中早く帰国したいという記録がいたるところに見られる。最大の原因は食べ物にあったようだ。

八月十九日㈪正式なコンファレンスがスタートした。初日にある数学者と、B教授の通訳を入れて話した。私は以前のハワイ国際学会で彼に会って、当時興味を持っていたことについて、何か研究テーマになるものはないかを尋ねていた。すると後日手紙をもらった。そこに多くの問題点が詳しく書いてあった。無視されると思っていたのでこれには驚いた。そのことを尋ねたところ、覚えていると言われて感激した。

翌八月二十日㈫は、バンクエストが開催された。皆で車で出かけて、インドネシア料理のレストランへ入った。室内が非常に暗かったのと、料理が辛かったという印象しか残っていない。ただここでも長い時間ビデオカメラを回した。

八月二十一日㈬はB教授の五十歳の誕生日で、パーティーが開かれ私も招待された。相当豪華なパーティーだったが、こちらは招待されたので金は払わず、愛人が全て払っていた。この席には多くの数学者が招待されていた。しかし他の日本人の姿はなかった。前日のバンクエスト、この御誕生会の両方で、つたない英語で会話をした覚えがある。

八月二十三日㈮コンファレンスは終わった。次は一九九三年八月にドイツで開かれるというアナウンスがあった。これは、定期的にドイツのオーベルヴォルファッハで開かれているもので、前回は一九八九年に開かれた。それは、私の研究結果をB教授との共同研究にされ、彼がそこで発表し、私の名前が出て注目されたとき、「あれは私の学生だ」といい加減な指導しかしなかった日本人教授が自慢した学会だった。これは人数制限があるようで、出席できるかどうかは不明だった。もし、呼んでもらえれば講演したいと思った。そして今回も英会話力不足を痛感した。

八月二十四日㈯最後の夜は、B教授とその愛人、そして彼らの友人、合わせて六人で夕食を共にした。おぼろ月夜の見える海岸のレストランだった。とにかく疲れた。

この滞在では食べ物に苦労した。来島して二、三日後にホテルの近くにチャイナレストランを見つけていたので、日本人を誘ってそこで食事をしていた。歩いて三十分くらいだから二キロ以上あったと思われる。いつも暑い中を日本人数人で歩いていた。行ってみるとレストランと言えるほど豪華ではなかったが、口に合う食べ物だったので皆さん毎日付き合ってくれた。他の日本人も食べ物が口に合わないと言っていた。

二十三日㈮の午後が空いていたので日本人と揃って観光した。と言っても見るところがわからなかったので水族館に行った。熱帯の魚が多かったが、種類はあまり多くなかったように感じた。これは確か公共バスで行ったように記憶している。日本人御一行様はこの日が最後で翌日帰国の途についた。私は二十五日㈰に飛んだ。そして感想は次のようであった。グッタリだ。歳をとったのか。今回は、一刻も早く日本へ帰りたいという心境だ。グッドバイ、クラサオ。

YouTubeで現在のクラサオを見ると、見違えるくらいでヨーロッパ人のリゾート地になっている。しかし入国の仕方は同じで、一度アルーバで降りて入国し、小一時間飛んでクラサオに入っている。

当時は「未開の地」と言っても良いくらい拓けていなかった。その代わり物価は安かった。しかし食べて大丈夫かという不安があったので、見ていただけにしたようだ。

日本からここに行くにはマイアミ、アルーバ、そしてクラサオと飛ぶことになるので非常に遠い。もう行く気にはなれない。

モントリオール二年間

airplane travel

Ｂ教授の招きで、一九八八年夏モントリオールに六週間滞在した。海外旅行は通算三回目で、長期滞在だったので見るもの全てが目新しかった。その後Ｂ教授との研究関係が続いて、一九九四年四月から二十一カ月、文部省在外研究員としてモントリオールに滞在した。ここではそれをエッセイ風に記述してみた。

□四月の大雪

札幌は北緯四十三度でモントリオールは北緯四十五度である。大学院時代札幌に三年間住んだが、四月の大雪は経験しなかった。しかしモントリオールはそうではなかった。四月下旬に大雪になり履き物に困った。春だったので冬の履物はまだ用意していなかった。真冬の札幌で経験したくらい積もって大変だった。日本にいたときのように天気予報をこまめに見ていなかった。見方も分からなかったので寝耳に水の出来事だった。この時期、モントリオールはもっと北に位置していると思っていた。

五月末まで日本でいう寒い冬だった。郷里の方の真冬の寒さだった。だから木は完全に葉を落としたままで、公園は明るく感じられた。それが五月下旬のある日暖かくなり、木の葉が一斉に茂って一夜にして公園が暗くなったように感じられた。そして六月になると人々は半袖になり、春がなくて急に夏になったように感じた。

□欲求不満

数学研究者の仕事による海外滞在は、研究室あるいは宿泊先で、ただただ数学を考えるだけである。私の場合一人の滞在で話し相手はいない。元々一人で生活していて孤独には慣れていた。教師という立場で職場では人との対応がある。だから日本語を使うことは多々ある。しかしこの滞在で日本語で話す必要はなかった。ホスト教授は日本語が話せ、こちらの言うことは大部分理解できる。それでこの大学を在外研究機関に選んだ。

しかし彼も日本人ではないので、ツーカーに日本語で私と会話できない。私の日本語を聞いて理解してから、頭の中で言葉を選んで応対してくる。だからツーカーにはいかない。そのような対応にイライラしてきた。日本人と日本語で対話するように、ここでは対話ができないことに欲求不満を感じるようになった。

幸い、日本人教授がこの大学には在職していた。それを知ってからはこの方と話すようになり、この欲求不満は解消された。さらに日本の夏休みに当たる八月、大学時代の友人が訪ねてくれた。二週間私の借りているコンドミニアムに寝泊まりした。彼の世話には骨が折れたが、日本語は十分に話せたので、少しイライラはおさまっていった。

現代人にはこれは当てはまらないだろう。スマホがあるのでいつでも友人と会話できる。その点では、私は古い時代の人間であると言ってよいようだ。

□日本情報を渇望

当時はインターネットもない時代だった。だから電話だけが唯一の方法だった。職場からビジネスとして電話がかかってくるとき、対応には職場にいる大学の後輩が当たっていたので気楽に話せたが、余計なことは聞けなかった。

私は巨人ファンだったので、社会情勢よりも巨人の成績等の方が心配だった。調べると二週間遅れくらいで日本の新聞が図書館に配達されていた。当初はそれで二週間遅れの状態を知るだけだった。

しばらくして日本人教授から、毎夜午後十時に十五分間ラジオで日本の情報が入ることを知った。これを知ってからは、毎日欠かさず聞いていた。これでスポーツ関係の結果も知ることができた。

一九九五年一月の阪神・淡路大震災のときは、時間を延長して状況を詳しく説明していた。ヘリコプターからレポートしていたようで、「前方に火の手が上がっています」という放送があったのを思い出す。また同年三月の地下鉄サリン事件のときも、時間を延長して放送していた。

今この時代を思い出すと、大変便利な時代になったように思う。インターネットのニュースは世界中どこに行っても見ることができるからだ。

□食べ物の苦労

コンドミニアムをレントしていたのでキッチンもあり、全て自炊生活をしていた。そこで困ったのは日本食を作るときの食材探しだった。ここにもチャイナタウンがあったので、それは非常に役立った。豆腐などはここで買えた。味噌や鰹節、そして出汁類も売っていた。またカレーを作るときのカレー粉もここで購入できた。しかし牛肉の購入に困った。チャイナタウンは見るからに不潔そうで、買うときは賞味期限をよく見て注意して買っていた。スーパーマーケットには、カレー用のようにサイコロ風に切った肉を売っていたので、これを利用していた。しかし肉じゃがに使うようなスライスした肉は売っていなかった。全てが塊で売るやり方だ。ステーキには良いが、それ以外には使えなかった。

牛肉以外も肉類は日本のスーパーマーケットのような売り方ではない。彼らはチキンをよく食べるが、これも大きな塊で売っていた記憶がある。豚肉はイスラム系は食べないので、あまり見かけなかったような気がする。

一度コロッケが食べたくなった。日本だと冷凍ものがあって、揚げれば出来上がりというのがあるが、そのようなものはスーパーマーケットには売っていなかった。それで、母が昔手作りをしていた作り方を思い出して作ってみた。じゃがいもを茹でて潰すことから始めた。食べてみてコロッケの味がしたので満足した。後日、日本食材を売る店を教わって、行ってみると日本で売っている冷凍ものがあった。それ以後はこれを利用した。

ハムやチーズはよく見かけた。チーズが日本の豆腐のような容器に入っていたので、最初は豆腐かと思ったが、よく考えると彼らが豆腐を食べるわけがない。そしてよく見て、チーズであると認識した。

魚にも困った。切り身のような売り方はしていない。一匹そのままの魚は売っていたが、あまり見慣れない魚でいつも敬遠していた。だから缶詰を主に食べていた。日本人の友人もでき、日本人教授からの情報も入ったので、日本食を作る食材を売る店もわかった。しかし遠くて往復で二時間かけて買いに行っていた。また、値段も高いので一週間に一回程度にしていた。時々、日本人教授の車で行ってもらったこともあった。

しばらくしてデパートに「刺身」用の魚があることを知った。「ローフィッシュ、フォー、スシ」という聞き方をするとわかるということも教わった。やはり友人を持って情報を収集することは大切である。

二年目に入って近所の魚屋にそのように聞いてみた。すると木曜日の朝、それ用のマグロを入荷すると言われた。それでその後は毎週木曜日の朝、入荷したてのマグロを買いに行った。ケベックの沖合で採れるマグロのようで、そちらから運んで来るようだ。行くと大きなマグロが板の上に置いてあった。それをスライスして売ってくれた。どのくらい欲しいかと聞かれ、指で三センチメートルくらいを示して、このくらいと言って買っていた。時々、トロの部分が含まれていることもあった。料金は八ドルくらいだった。当時はカナダドル一ドルが七十円くらいで、六百円くらいで買えたことになる。これでは大きすぎるので二日に分けて食べていた。だから毎週木曜日と金曜日は刺身が食べられた。そして大根おろしをたくさん作り、醤油を付けて食べていた。今思うと、モントリオールで食べた最も美味しいものは、この刺身だったような気がする。

風邪をひいて寝込んだとき、母親がよく食べさせてくれたものが食べたくなった。そのような食べ物も売っていないので苦労した。母国語を「マザー・タング」と言うが、「マザー・フード」という言葉もあって良いのではないかと思った。外国での長期滞在になると、食べ物で苦労することが多いのを実感した。

□ホームパーティー

外国人はホームパーティーをよくする。Ｂ教授は愛人と同棲中で、彼らの住まいに招かれた。ここもコンドミニアムである。コンドミニアムとは日本人の言うマンションだ。彼の兄弟がモントリオールに住んでいて、兄弟も呼んで大人数になったこともあった。彼はギタリストでプロ顔負けの演奏をしていた。私はビデオカメラ持参の滞在だったので、彼の演奏を撮影するように頼まれた。また、彼のお父さんが九十代だったがお元気で、パーティーにも出席していた。酒はワインが多かったが、ビールも少し出ていた気がする。私は浴衣を持参していたので、浴衣を着て下駄を履いて出かけていったこともあった。ホスト教授とその愛人にも浴衣をプレゼントしていた。

滞在中何度もパーティーに呼ばれた。それでモントリオールを去る一カ月前、お世話になったということで、私の方からホスト教授と愛人を私のコンドミニアムに招待したことがあった。適当に日本食を作ってもてなしたことを思い出す。

日本人教授からはそのようなお誘いはなかった。いろいろお世話になったので、何らかのお礼をしたいと思っていたが、何もしないで立ち去ったのが心残りである。

□ナイアガラ滝

ナイアガラ滝には今までに三回出かけた。一度目は一九八八年夏モントリオールに六週間滞在したときだった。当初、B教授が同行すると言っていたが、それは実現せず結局一人で行った。二回目は大学時代の同期生が来訪していたとき、彼と一緒に行った。両方とも滝の見える部屋に泊まった。

友人と出かけたときはヘリコプターツアーをした。ホテルからカナダ滝とは逆方向にタクシーで十分くらい行ったところにヘリポートがあった。そこで一人六十ドルくらい支払ってヘリコプターに乗った。六人乗りくらいの大きな機種だ。

飛び立って滝の方向に向かい、カナダ滝上空を飛んでから旋回し、ヘリポートに戻っただけだった。所要時間は三十分、大満足で降りてからすぐにホテルに戻った。

一九九九年冬、高校時代の恩師とこの滝を訪れた。恩師は写真家で、一面雪景色の中のナイアガラ滝は被写体として絶好だとおっしゃっていた。良い写真が撮れたかどうかは聞いていない。ただ、この時もヘリコプターツアーを考えたが、冬場は営業していないということだった。もう行くことはないと思われる。

□母の死

一九九四年十一月二十二日朝、姪が電話で母の危篤を知らせてきた。地球の裏側から駆けつけ立ち合って葬儀等を完了して再度モントリオールに戻ると、ほぼ一カ月何もできなくなると考えた。それで初めからその時がきても帰国しないつもりでいた。

この時期英語学校に通っていた。英語会話力向上が目的だった。翌日もその学校に行き、教室の時計を見たとき、モントリオール時刻午前九時十七分だった。その夜再び姪が電話してきて、私が時計を見上げた時刻に母が息を引き取ったことを知った。母が地球の裏側まで知らせて来たようだ。

母とは種々の確執があったが、この知らせを聞いたときは涙が出て止まらなかった。母が茶毘に付される日も知っていたので、その日は子供の時のことを思い出した。悲しいとき母におんぶされ母の背中の匂いを嗅ぐと安心できたことが昨日のことのように思い出された。その匂いが永久に消えることが堪らなく悲しかった。

帰国後、母の三回忌を葬儀の代わりにした。淡々とやるべきことを済ませたような気がする。しかし母との確執から墓参りにはその後一度も出かけていない。

□コロラド学会

一九九五年夏、コロラドで私の分野の国際研究集会が開かれた。出席したいが、出かけて行って良いかを学校側に打診した。文部省在外研究員は帰国後パスポートチェックをされる。そこで関係のない国の入国印が押されていたときは問題になる。だから原則は他国に行ってはいけない。それで大学では「私は囚人で、この国からは出られない」と言っていた。国民の税金で研究滞在をしているので、このくらいの厳しい規則は当たり前だろう。

この場合、研究活動に必要なことだが、一応打診することにした。すると行ってよろしいという知らせが届いた。それで出席した。日本人は四人出席し、このときも大学時代の別の友人が私のコンドミニアムに滞在していたので、彼と一緒に出かけた。

学会終了後二日間時間を取っていて、彼とパイクスピークという山に行った。頂上まで電車で行けるところだった。しかし富士山より高い標高なので、八月でも上には雪があり寒かったのを思い出す。帰りの列車が途中で故障して、レスキュー車が到着したとき皆が拍手で迎えていた。

□冬の寒さ

当時、バスストップには小さい建物があったが、完全に風を防ぐ構造になっていなかった。少し横風を防げるくらいだったが、それでもありがたかった。一度、マイナス三十度の中を歩いたことがあった。少し風があって、風をまともに受けると呼吸ができないくらい苦しく感じられた。そして肌を刺すような痛さもあった。

そのマイナス三十度からマイナス一桁台に上がったとき春が来たように暖かく感じた。

□愛犬ブランデー

私が住んだコンドミニアムは三階建で、玄関から見て中央に階段があり、左右に三軒ずつあって、合計六世帯住めるようになっていた。私の住まいは二階の玄関から見て左側だった。一階の右側に女性が二人で住んでいた。欧米人がよくするルームメートとの同居だった。その女性が犬を飼っていた。最初大きな黒い犬だけだったが、私の二年目からもう一匹犬が増えた。古い方の犬の名前は馴染めないもので覚えられなかったが、二匹目は「ブランデー」という覚えやすい名前だった。

私は近所の猫に餌をやる意味で、裏のベランダに煮干しを出していた。いつも無くなっていたので、猫が来て食べていたようだ。すると先の二匹の犬がトイレ等で裏庭に出る回数が増えた。裏庭は小さいけれど、犬猫が遊べるくらいの大きさはあった。ブランデーは雌の犬だった。ラブラドール系の大きな犬で、朝、トイレに裏庭に出てから、二階に上がってくるようになった。そして猫の煮干しを食べていった。それからは煮干しはブランデーのものになったようだ。その後猫の姿は見なくなった。

私は犬好きなので、裏口を開けて中に入れるようにしておくと、あるときからブランデーが入ってきた。頭を撫でたり、首筋を撫でたりして友達になっていった。ある時から犬の餌を買っておいて、朝ブランデーが来たとき一つずつやるようになった。一つ食べて「もっとちょうだい」のポーズを取るのが可愛く感じられた。「君は飼い犬だからこれから朝食で、朝食に響くといけないからこれだけにしよう」と言っていると、下からブランデーを呼ぶ声がして、すっ飛んで行くのが朝の行事になっていた。

私が帰宅時、ブランデーが表のベランダに出ていると、私の姿を見るなり尾を振って喜んでいる姿を見せてくれた。そしてベランダでしばらくブランデーの相手をして、部屋に入ることが多かった。私が玄関に行こうとすると、ブランデーは自分の家の裏口が開いているかを確かめ、開いているとすぐさま二階に上がってきた。私もすぐに裏口を開けて、ブランデーを受け入れていた。

私がモントリオールを去る日の前日、そのブランデーのアピタイザーが一つになった。そして去る日、一つになったアピタイザーを外に置いて、迎えのホスト教授の車に乗り込もうとした。ふとブランデーの部屋を見ると、カーテンの下からブランデーがこちらを見ていた。何かを感じていたようだった。私は何度もブランデーに「さよなら」を言って車に乗り込んだ。

二年後、モントリオールに滞在したとき、そこの建物に行ってみたが、もうブランデーの姿はなかった。

ブダペスト紀行

airplane travel

まずブダペスト旅行を決意した経緯について触れたいと思う。大きな理由は二つある。一つは、加藤雅彦著『ドナウ河紀行』（岩波新書）である。この本を読むまであまりヨーロッパに興味はなかった。大学入試の社会科受験科目も「西洋史」は選択しなかった。多くの国のことを学ぶ必要があるし、歴史上の人物の名前がカタカナで覚えにくいというのも理由の一つだった。歴史は好きだったこともあって、当時は「日本史」を選択した。私はこの本の題名の中にある「ドナウ河」という文字に惹かれた。有名なワルツ『美しく青きドナウ』も好きである。また、「川」特に「大河」には何故かしら興味をそそられる。それで読むことにした。するとこの本の中には、多くの歴史上の出来事、逸話、人々の生活などが書かれていて、興味深く読み進んでいくことができた。そして、ハンガリーの章にきて、ブダペストについて学んだとき、特に強い印象を受け、「私は、プラハよりもブダペストの方が美しい街だと思う。ドナウ河をうまく使って街づくりをしている」という著者の言葉が、私を思い立たせることになった。

もう一つの理由は、私の専門とする分野「無限可換群論」の大家がこの街の出身だからである。ハンガリー系ユダヤ人で、一九二五年頃の生まれであるので、多くの迫害を受けたであろうと想像される。その方を一昨年、大学に招聘している。その方の生まれ故郷は、前述の本によると大変美しい街だという。それならば一度行ってみたいという気になった。彼にもその旨を伝えたところ、ひじょうに喜んで下さった。行くときは連絡してほしい。多くの同僚の数学者を紹介すると言ってもらっていたが、今回の旅行に仕事は持ち込みたくなかったので、何も言わずに発つことにした。以上が、この街を選んで旅行した経緯である。

「ドナウの真珠」というのがブダペストのニックネームである。それを地元の人たちも意識し誇りに思っているようで、努めて街を汚さないようにしているように見受けられる。例えば、この街の人たちも愛犬家は多いようで、町中を散歩させている姿をよく見かけた。そこで注意深く見ていると、やはり糞は飼い主がきちっと始末している。だから歩道に犬の糞はなく、安心して上を向いて歩ける。この辺もパリとは大違いである。他にもパリと同じようなヨーロッパの街があると聞く。十一月に行った頃は、落ち葉がたくさんある。これもヨーロッパの晩秋の風物詩であるが、街の歩道を汚すことはない。これも専門の人がいて掃除をしていた。ただ、地下道やビルの壁の落書きは残念ながら至る所にあった。

この街もパリと同じで高層ビルはない。街の条例などで制限しているのだろう。見るからにヨーロッパ、特に中世のヨーロッパという印象を与える建物が多い。建築物にはあまり興味のない私だが、雰囲気は嫌いではない。しかし時代の要請か、中世の建物の間のところどころに近代的なビルも見受けられる。また、街の中心から少し北に行ったところに、ウエストエンドシティセンターがある。ここはアメリカでよく見るショッピングセンター、ショッピングモールのような印象を受けた。三階建ての吹き抜けになっていて、近代的な店が両側に軒を並べている。そして地下にはフードコートもある。ファーストフードの店を集めた所である。

中世を偲ばせる雰囲気の中に近代的なものが潜入してきているというのが、私の印象である。前述のショッピングセンターしかりであり、また、街を縦横に走るトラムも、一番の繁華街に当たる所を通過する列車は、デラックスなものに変わろうとしている。あと十年もすると、すっかり近代的な街に変わってしまうのではと思われる。だから、中世のヨーロッパの雰囲気がお好きな方には、早めにブダペストを訪ねることをお勧めしたい。

いつもブダペストでは、公共交通機関フリーパスを買っているので、いろいろなところに行ける。それも徒歩で行くより広範囲に。特にトラムがいい。ドナウ川の両岸にも川に沿って走っている。これに乗って見るドナウ川の眺めもいいものだ。川中島に繋がっているマルギット橋、中央市場の前の道を直進する自由橋、自由橋の一つ南の橋（名前はハンガリー語なので読めない）の上をトラムが走っている。何度もそれらの線に乗ってドナウ川を渡った。夜は有名な「鎖橋」をライトアップしている。これもまた見応えのあるものだ。

自由橋の東側から小高い丘が突き出している。ゲッレールトの丘という。この丘を登ってみた。一番上には戦争の痕跡が残されている。飛び飛びではあるが、年代が下に書かれた大きな白黒の写真が印象的だ。特に、一九四五年の写真は、鎖橋が破壊され、橋桁だけが残る無惨なものである。そして戦時中の写真などが展示されている記念館のような建物があった。中も見たかったが、残りのフォリントのことを考えこの日は断念した。美術館に行くよりこちらを見たかった。その丘の川よりのところに展望台がある。鎖橋が手前に見え、後方に国会議事堂が見える風景で、よく写真で見るものと同じだ。この丘の上から遠くが見渡せる。南はずっと平野が続き、北は少し丘陵地帯であるが、山というものは全く見えない。自由橋から少し下ったところにドナウ川の支流がある。これも知らなかった。

ブダペストという街も郊外は広く住宅地を抱えているようだが、メインの街並みはそれほど広くない。それにトラム、地下鉄、バスが縦横に走っているのでひじょうに動きやすい。一日、三日、七日間の公共交通機関フリーパスを出している。これは短期に滞在する観光客には重宝する。その点はサンフランシスコに似ているように思う。その点アトランタ、デトロイトといった街は、車で移動するように街ができているので、日本人観光客には馴染めない。だから、私のような旅を考えている方には、アメリカではサンフランシスコ、中欧ではブダペストがお勧めである。

建物で印象的だったのは中央市場である。レンガ造りの一見工場のように見える建物の中は、きちっと区画された店が整然と並んでいた。朝は六時に開き、夕方は五時か六時に閉まる。土曜は二時に閉まり日曜は休みだ。この辺は共産主義時代の名残のような気がする。私はよく朝六時頃ここに行って朝食のパンを買った。

昼食を中央市場でとったことがある。箸を持参して行った。ライスとロールキャベツのようなものを注文した。しかしロールキャベツの中もライスのようなものだった。しめて七百フォリント（約四百二十円）だから安いものである。その後、隣の店に饅頭のようなものを売っていてトライした。中はブドウジャムのようなものでかなり甘かった。これがこの日の昼食になった。

夕食はファーストフードで済ませることもあるが、この日のようにレストランで食べることもある。気温も低いので温かいものが食べたい。調べるとハンガリー料理が温かそうに見えた。このとき泊まったホテルのすぐ前がハンガリー料理の店だった。そこに決めて箸を持って行った。なにも気取ってナイフとフォークを使うことはない。要はおいしく食べることである。ホームメイドサラダとトリプルシチュー、それにグラスワインの白を注文した。シチューだから深い器に入ってくるかと思ったところ、普通の皿にポテトとネギを伴ってシチューがついてきた。サラダは甘酢味で口に合ったが、シチューのなかのホットペッパーを食べたときは口の中が大火事になった。しかしワインはひじょうにうまかった。食パンのようなものが数枚ついてきて全部食べたので腹一杯になった。これで十パーセント強のチップを含めて三千フォリント、約千八百円は安いものである。後で気づいたが、ここでも少し失敗をしている。明細を見るとハンガリー語で書かれている。英語・ハンガリー語辞典の小さいのは買っていた。一つおかしなチャージがあった。店でも気づいたので税金かと尋ねたところ、そうだという返事があり信用してしまった。実はそれはチップであった。日本人だからチップまで要求されたことになる。私はこのような店は嫌いだ。チップは志だから要求するのはおかしい。このような行為は日本人以外にはしないはずだ。つまり差別待遇を受けたことになる。だからこのような店には二度と行かないことにしている。結局、その店では二重にチップを払わされてしまったことになる。

ブダペストは何度も行っている。初めて行ったのは二〇〇六年十一月で、このときは共産主義国の雰囲気が残っており、タクシーは法外な金を要求するので、空港からホテルにはシャトルを利用していた。しかし最近は良くなったのでタクシーを使うこともあった。しかし市バスと地下鉄で行けることを知ってからはそのようにした。

ホテルもいろいろなところに泊まったが、最近はキッチン付きホテルにしている。居間と寝室の二部屋で浴槽付きだ。ここはシャワーだけの部屋もあるので、チェックイン時に申し出れば浴槽付きにしてくれる。このホテルにはスイミングプールが付いている。私は毎日泳ぐようにしているので、いつもプール付きホテルに滞在する。十七メートルの長さで水深は百三十センチメートルくらいある。そして海外のプールは水温が低い。摂氏二十八度くらいだ。だから入ったとき、真剣に一往復して体を温めることにしている。すぐ近くにジャグジー付きの湯船のようなものがあって、泳いだ後はここで暖を取る。サウナは階段を上がったところにあったが、一度も利用しなかった。このホテルは泊まり客以外にもプールを解放している。会員制にしてもちろん料金を取っている。だから午前中は混んでいる。よく見ていると昼頃が混まないようで、いつもこの頃利用していた。

このホテルだと道を挟んだ反対側にスーパーマーケットがある。買い物はここでできる。朝食のパンはいつもここで買っている。午前七時開店で、開店と同時に入ると焼きたてのパンが食べられる。

また、先に書いたショッピングセンターまで歩いて二十分くらいである。しかし私はバスパスを購入しているのでいつもバスを利用していた。初めてブダペストに行った時とは違って、ここのフードコートの店数も増え種々の食べ物を売るようになった。このホテルに泊まったときは、夕食はこのフードコートで買ってきてホテルの部屋で食べている。

美術館に行ってみた。神殿のような建物が英雄広場の近くに二つあった。近い方に入って聞いたところ、向かいの建物だといわれた。入場料は千六百フォリント、約千円である。まず地下に行くように言われたので従った。ここは歴史的な展示物が多く、エジプトのミイラなどが展示されていた。続いて入ったところがカラヴァッジョの作品の並んだ部屋であった。彼は九月二十九日の生まれであることをそのとき知った。絵を見るとみんな首切りをした後の光景で、手に切り取った首を持っているものだった。こんな絵のどこがいいのかと思いながらそそくさとその部屋を後にした。次は大きな部屋に大きな絵が展示されていて、見上げていると首が痛くなり、目眩がしそうだったので、そこにあった椅子に座ってしばらく休むことにした。二階にもたくさんの絵があったが、ほとんどがキリスト関係のもので興味はなかった。レンブラントの絵を集めた部屋もあって覗いたが、小さい絵ばかりで、とてもひとつひとつじっくり見る気にはなれなかった。私はどうも人物画より風景画の方が好きなようで、風景画の前では立ち止まってしばらく眺めていた。約一時間で美術館見学が終わった。何を学んだかわからないので、見学と言っていいかどうかわからないが。

その後街を当て所もなくぶらぶら歩いていると、人々が教会らしい建物の中に入って行くのを見て後に続いた。築何百年という年期の入った教会である。神父さんが説教し、皆神妙に聞いているところだった。しばらくして皆が歌を歌いだした。すると中空に掲げられた白い布のようなものに、プロジェクターから出た文字がくっきりと浮かび上がった。歌の歌詞である。伝統ある教会と最新のテクニックとのアンバランスに思わず吹き出しそうになった。その後、お布施の要求があったのでそこを退散することにした。

吐く息も白く見える寒い朝、生活のために中央市場で店を開ける準備を始める。六時を少し回ると二、三の店が開き、朝食のパンを買いに来る者がいる。しかし彼らは十分時間をもった人ではなく、そそくさとそこを立ち去り職場に向かう。その光景にも生活の匂いを嗅いでいた。このあたりには十分に古き良き時代の雰囲気が残っているように思われる。

中央市場のすぐ前にトラムの停留場がある。古い型のトラムが自由橋を渡って停留場に向かって来る。多くの人たちがそれを待っている。中には今、その中央市場で買った安いパンを食べている人もいる。それが朝食なのだろう。初冬なので雪が舞っている。この光景にも生活の匂い、人々の活気のようなものとともに、何とも言えないヨーロッパの初冬を感じさせる風情がある。次回は、このような情景の期待できる時期にもう一度出かけてみたいと思っている。

いつもお世話になっているトラベルエージェントがいつもとは違った語調で次のように聞いてきた。

「パスポートはリニューされましたか。私の手元にあるデータでは、現在使われているパスポートの有効期限は、二〇〇八年二月十二日になっております。ご出発は二〇〇七年九月二日ですね。実は、チェコ共和国に日本人が入国するとき、パスポートの残存期限が六カ月以上必要であるという規定がございます。ただ、航空会社の案内にもありますように『滞在期間によりますので、詳しいことは大使館に聞いて下さい』となっております。本日はもう大使館は閉まってしまいましたので、明日大使館に私の方から電話して聞いてみます。それで明日、電話連絡の取れる番号はご自宅ですか、それとも大学ですか」

そこで電話番号を確認してその日は終わった。早速インターネットのグーグル検索でチェコ共和国について調べてみたが、そのような規定を発見することはできなかった。利用する航空会社の予約案内のところには、最初に到着するアムステルダムのあるオランダの情報しかなかった。オランダはパスポートの残存期間は三カ月以上必要と記載されていた。アムステルダムからプラハへの便についてもその欄に記載されていたが、最終到着地であるプラハのあるチェコ共和国についてその種の情報はなかった。アムステルダムからプラハへ飛ぶとき使う航空会社も、私のよく使うJ航空の系列のようなので、ちょっと不愉快な気分にさせられたのは事実である。そこで近い将来、成田からプラハに旅行すると仮定して、航空券の取得状況を検索してみた。すると取得可能な便名がコンピュータの画面に出てきて、最後の部分に一番知りたい情報があった。

「日本人がチェコ共和国に入国するには、パスポートの残存期間が六カ月以上必要。ただ、滞在期間によるので詳しくは大使館に問い合わせて下さい」

翌日昼頃、トラベルエージェントから電話が入った。

「大原則は、三カ月プラス滞在期間だけパスポートの残存期間が必要です。しかし、これで過去に問題が多く発生し、両国間で協議して、残存期間は六カ月以上必要という規則を作ったとのことです。だから入国審査でこの規定を前面に出され、入国を拒否されることも考えられますし、問題なく入国許可されることもあるでしょう。私ども航空会社の者はこれ以上のことは申し上げかねます。すべては対応された入国審査官の判断に委ねられるとのことです」

トラベルエージェントが憶測でものを言うことはよくないので、冷静な返答で、むしろ私に代わって大使館に電話をしてくれたことに感謝すべきであったため、次のように答えた。

「わかりました。とにかく行ってみます。学会に出席するためである証拠書類はすべて整えました。必要ならば詳しく説明します」

「学会に出席するための入国であるという証拠書類は、できるだけ持たれた方がいいでしょう。私どもとしましては、全く英語の話せない方ではないので助かります」

もっと早くこの情報を知らせなかった責任を感じていたのだと思われる。しかし、そこまではこの方の責任ではないので、次に二、三の質問をした。

「入国を拒否されたとき、すぐにアムステルダムに引き返す便はありますか」

コンピュータで調べるための時間がかかった後、次のような返答をもらった。

「この日はもうありません。翌朝は七時台にあります」

「すると空港で朝まで待つことになりますね」

「はい。空港からは出られません」

「先ほど、アムステルダムのホテルの空き具合を調べましたところ、ほとんど満室でした。このようなとき、アムステルダム空港のどこに行って、ホテルを探せばいいでしょうか」

「インフォメーションがあると思いますので、そこで相談してみて下さい。時期的にホテルが混む時期ですので、すべて料金面で高めになると思います」

「わかりました。とにかくトライしますが、だめなときはアムステルダムに戻ります。いろいろお手数をおかけいたしました。ありがとうございました」

そう言って受話器を置いた。

入国できなければ仕方がない。そのときはアムステルダムに戻り、できるだけ早い時期に帰国する以外ない。国民の税金を使った出張ではないので少しは気が楽だが、一応仕事で行っているのだからやむをえない。しかしよく考えてみると理解に苦しむ。このルールを知っていればパスポートをリニューしただろう。半年以上有効期限を残してである。ということは、次回のパスポートの有効期限も半年近く有効期限が減少する。たかが一週間学会に出席するための滞在である。もう少し早くこのルールを調べて、取りやめにすべきだったと後悔した。と同時にチェコという国に嫌悪感をもった。他の国は長くて三カ月以上のパスポート残存期間で入国できる。アジアの国に六カ月以上という規則は多いようだが、これは長過ぎる。理不尽極まりない。もし入国できなければ、二度と行きたくない国のリストの中に、チェコ共和国を加えることになる。したがって出発まで落ち着かない日を数日過ごした。

文部省の在外研究短期で、ハワイに六カ月足らず滞在したときも、B1、B2のビザしかなく、ひょっとすると入国を拒否されるかもしれないという不安をもって入国審査を受けたことがあった。そのときは無事入国できたので、今回も強い気持ちで臨むことにした。こういうときはいの一番で行かずに、係官の様子を見て、並ぶ列を選ぶ必要がある。最初に並んだ列の様子を見ると、少し文句を言われている人がいたので列を変えたかった。ＥＵ加盟国、あるいは自国民の並ぶ列が空いたのでそちらに行こうとしたが、だめだと言われて初めとは違う列に並んだ。そちらに行ってもだめだろうという予想のもとに、列を変えたかったので使ったトリックだった。こういうときは年配者の方がいい。それで年配の係官の列の一番後ろに着き順番を待った。このとき、パスポートと学会出席を証明する書類を手にしていた。やがて順番がきて、まずパスポートを見せた。そこで、

「帰りの航空券は必要ですか」

と英語で聞いてみた。これもトリックのつもりで言ってみたことだった。すると必要ないという返事が返ってきた。すぐに入国許可のスタンプを押され、足下の戸が開き、手荷物受け取りエリアに入れた。パスポートの有効期限を見て、残存期間を計算する様子はなかった。また、何の質問もなかったので、かえって拍子抜けしたくらいだった。しかしよく考えると入国できたことになる。空港で一夜明かす必要もなくなった。これでやれやれで、預けたスーツケースを待つのみとなった。

一般に、学会は一日中続くものである。しかしこの学会は講演者も少なく、毎日午前中だけで終わった。このような学会に参加したのは初めてだった。だから午後は観光ができた。会場

は最新の設備が整った部屋だった。オーバーヘッドプロジェクターも使えるし、コンピュータを繋いで、準備したパワーポイントで発表もできた。しかし少し腑に落ちないこともあった。旧来の方法である黒板を使う人がなにやらおかしなもので黒板を消していた。よく見ると雑巾だ。黒板拭きはなかった。最新の設備とのアンバランスに驚いた。もう一つは、オーバーヘッドプロジェクターやパワーポイントを使うとき部屋が明るいと聞き手は全く見えなくなる。日が照ったり曇ったりでたいへんだろうが、主催者はもう少しその辺の気配りをしてほしかった。全く無関心だった。ある講演のとき日が差してきて、前に書かれた文字が全く読めないことがあった。また、一人黒板を使った人が、その黒板を消すのに水で濡らした雑巾で拭いていた。濡れた黒板の上に書くので乾いてくると文字がぼやけて全く読めなくなっていた。またその講演者は持ち時間が三十分にもかかわらず、延々と一時間近く話していた。ちょうどコーヒーブレイクの前だったので、コーヒーは完全に冷めてしまっていた。このように周りが見えない講演者もいるので困ったものである。さらにもうひと方、困った人がいた。自分の書いた論文の内容を話すのに、論文そのものをオーバーヘッドプロジェクターで映して話していた。これだとまず字が小さいので全く読み取ることができない。それに、定義、定理、証明がずらりと並んでいて、何を言いたいのか全くわからない。小さいライトの点で見てほしいところを示す人もいるが、その配慮もなかった。やはり発表用に原稿を作り直し、字を大きくして見やすくする気配りは講演者の常識ではないだろうか。

中日の水曜日午後八時から夕食会があった。一応、私も大学教授の端くれなので、ネクタイと上着、それに革靴は用意していた。それまでのばしていた無精髭も剃って、晩餐会に出席するつもりで行ってみた。そして驚いた。皆さんは普段着のままで、料理も朝食と変わらない立食パーティーだった。料理はハムにチーズ、フランスパンのようなものでがっかりした。ただ、ワインはいいものを用意してくれたようで、白ワインがおいしかった。ひじょうに口当たりのいいものだった。よかったのはこれくらいで、あとは朝食でいやというほど食べさせられたハムとチーズだから、適当に食べて一時間くらいで退散した。若い数学者の会話を聞いていると、いずこも同じ就職難である。スペインから来た人は、現在四年契約の職に就いていると言っていた。日本でも期限付きの研究職が多くなったが、外国はもっと以前からあったようだ。そのような話を聞きながら適当に食べていた。いつもの学会なら顔見知りの外国人研究者が多く話も弾むのだが、今回はそうはいかなかった。

初日の午後、街に出てみた。今回の学会が開催されたチェコ農科大学は、プラハの西北カミイクカというところにあり、一〇七番か一四七番のバスで地下鉄Aラインの起点であるデイヴィッカーに行ける。所要時間は約十五分で、これらのバスは、平日は山手線並みに頻繁に出ている。だから不便さはまったくなかった。デイヴィッカーは起点でいつも始発の電車に乗れる。ただ、逆方向から来た電車は、一度乗客を全員降ろし、少し前進して待機し、時間になるともう一方のホームに現れ、始発電車として出発する。日本だとそのまま待機するので、ホームの両方に電車がいて、適当に乗ればいいが、ここはそうはいかない。終着駅として到着した電車の車内では、英語で電車を降りて下さいというアナウンスがある。

街の中心は、ムーステクというところで、降りてみると大きな道の両側に多くの店が並んでいる。その大きな道は、地下鉄Aラインのムーステクの次の駅、ムゼウムに繋がっている。ムゼウムはミュージアムで、大きな美術館のような建物が建っていた。札幌でいうと大通とすすきのに当たると思われるが、地下道で結ばれていなかった。雪の降る街だからもっと地下が発達してもいいのではと思った。ムーステクとムゼウムを結ぶ道にはインフォメーションがあると予想し探したが見つからなかった。金曜日になってわかったのだが、インフォメーションはわかり難いところに位置していた。実はインフォメーションで地下鉄とトラム、バスの路線図が入手できると考え探していた。これがあると動きやすいからである。そこで感じたのだがオーガナイザーが予め何部か入手して、学会受付のとき手渡してくれれば、ありがたかった。今までの学会ではそのようなサービスがあったところが多かった。この日は適当に歩いただけでこの滞在の宿である大学の寮に戻っている。

プラハの街は、ブダペストにひじょうによく似ている。ブダペストはドナウ川が街中を流れ、プラハはヴルタヴァ川が流れている。我々日本人には、ヴルタヴァ川というより、モルダウ川と言った方がよくわかる。プラハ出身の大作曲家、スメタナの交響詩『わが祖国』の中の『モルダウ』はひじょうに有名である。この曲を聞くと、雪解け時に増水したモルダウ川が、春を待つプラハの人々の心のように、激しく流れる様子をいつも連想する。

トラムが走り、地下鉄がその下を走っている。地下鉄のホームに行くために下るエスカレーターの速さもブダペストによく似ている。老人には少し厳しいかもと思われるくらいの速度である。地下鉄の深さもよく似ている。特に最近できた路線は深い。切符の買い方も、切符の切り方も同じである。ときどき行われる検問も同じだった。今回の滞在では、一度も検問にひっかからなかった。きちっと切符を買って乗っているのだから問題ないが。ただ、七日間切符のとき、初回に乗ったときに切符を切る必要がある。これを忘れるとキセルになる。何故なら、切ってない切符は、いつからでも使えるからだろう。その点ブダペストは、購入したときいつから使うかを買い手が言うと、切符に書き込んでくれた。だから切符を切る必要はなかった。

地下鉄駅のホームの乗車案内はひじょうにわかりやすいので感心した。子音が多く長い名前を我々日本人が覚えるのはたいへん苦痛である。また、行きたい場所の方向がホームのどちら側か、なかなかわからない。つまりどこ行きに乗れば目的地に行けるかを判断するのは、初めての街で、馴染みのない言葉で表現された駅名だと並大抵のことではない。フランス語圏であるモントリオール滞在時に痛感したことだった。その点プラハはスマートである。ホームに出ると正面やや上方に今から乗車するラインの駅名が横一列に全部並べて書いてある。そして現在いる駅が〇で囲まれていて、その上に矢印がある。こちらの方面に行きたい人は、この矢印の方角のホームですよ、と言っているような表示でたいへんありがたかった。このような表示は今まで見たことがなかった。さらに、地下鉄のホームはひじょうに明るくきれいで、すべてが近代化されていた。残念ながらブダペストでは、そうは感じなかった。暗いホームで古くさい汚い電車という印象しか残っていない。

プラハの街はブダペストに比べるとはるかに大きいように感じられた。経済状況もよいようで、人々が活発に動いている。街の規模も大きい。だから公共交通機関も複雑でわかりにくかった。ただ、人の集まるところに、アメリカでよく見かけるフードコートのようなものはなかった。探せなかっただけかもしれないが。ブダペストには一つだけそのような場所があった。

ブダペストには、「鎖橋」という街を象徴する橋がある。プラハでそれに匹敵するのは「カレル橋」だろう。隣の橋から眺める光景は、鎖橋の方がはるかによかった。カレル橋は遠くから見るとただの古ぼけた橋という印象しかなかった。これは、加藤雅彦著『ドナウ河紀行』からの先入観かもしれないが、ブダペストの方がプラハより、そこを流れる大河をうまく利用して街づくりをしているように感じられた。それだけドナウ川はモルダウ川よりも、私の眼には美しく感じられた。だから、雪が降りだす頃訪れたいと思うのは、プラハではなくブダペストになるだろう。

また、コンセントの位置には驚いた。よく見るとプラグを差し込みやすい高さにコンセントがある。ブダペストも含めて今まで訪れた国では、日本と同じような位置にコンセントがあった。だからプラグを差し込むとき、ひざまずくかしゃがむかしないと差し込めない。そのかわり、コードにつまずいたりすることはない。ここプラハではかなり高い位置からコードが伸びてくるので、そのコードを引っ掛けて転ぶことも考えられる。その辺は問題ないかを聞きたかったが、残念ながらその機会がなかった。

気候は日本でいうと、もう初冬にあたる。この時季、九月上旬のモントリオールと同じように感じられた。だから、下着も冬物で、ジャンパーが必要だった。だから、女性の服装もジーンズが多かった。スカートの人も、ブーツでしっかり足をガードしているようだった。

ただ、チェコはチェコ人が圧倒的に多く、人種が雑多であるとは感じなかった。その点ブダペストは、人種は雑多だった。我々日本人がヨーロッパ人というと、アングロサクソンの白人しか連想しないだろう。ブダペストで地下鉄に乗って人々の顔つき、肌の色を見ていると種々雑多である。黒人ほどではないが、浅黒い人をよく見かけた。ということは、多くの人種がブダペストには住んでいるということで、それらの人種の間で紛争が起こるのも無理はないと感じたことを思い出す。

トイレ事情もよく似ていて、街中のトイレは有料である。私も三度、街を歩いていて用を足したくなった。一度目は我慢して寮まで戻ろうとし、地下鉄の駅に入ったとき、トイレがそこにあったので慌てて飛び込んだ。用を足して出たとき、そこが有料であることに気づいた。それで金を払うことも考えたが、そこにいた年配の女性が向こうを向いていたので、そのまま退散した。ただ使いしたことになる。二度目も同じようにしようとしたら、入ったとき恐い顔をした年配の女性が、すごい剣幕で金をここに入れろと言っている。そこで五コルナであることを確かめてから金を入れ用を足した。三度目は地下鉄の駅から遠く、お腹もすいてきていたので、中華料理店に入った。トイレは自由に使わせてもらえた。他には、マクドナルド、ケンタッキーフライドチキンなどの店に入る手もあるが、そこで食べないと拒否されるかもしれない。アメリカでは気持ちよく貸してもらえた記憶はあるが。

もう一つ気づいたのは、交通信号の少なさである。よく利用したデイヴィッカーは、いろいろな方面に出て行くバスでいつもごった返している。朝夕は特に交通量が多い。しかし、信号は一つ数えたくらいだった。皆が譲り合って通行していることが窺えた。また道も狭い。街中の狭さはヨーロッパ独特だが、デイヴィッカーからカミイクカあたりの郊外でも道幅は狭い。日本でいうと田舎の農道のようである。そして信号がない。しかし横断歩道の手前には、少し道に細工がしてあって、スピードを落とさないと大きく上下に揺れて、天井で頭を打ちかねないようになっている。だから横断歩道を安心して渡れるし、渡ろうとするとほとんどの車が止まってくれる。なにかのんびりとした田舎の様子が窺える。横断歩道を歩いている人を轢き殺してでも先を急ごうとするように見えた、日本のどこかの街の交通事情とは雲泥の差である。

ただ、今回の滞在は天候には恵まれなかった。曇りの日が多く、雨もよく降った。ドイツから来た数学者によると、今年のドイツの夏は、雨が多く全般的に低温であったと言っていた。だから、農作物に多大の被害を与えたのではないかと話していた。地球規模での異常気象は続いているようだ。

一週間の学会は瞬く間に終わってしまう。今回は授業のない九月であったのと、飛行機の関係で九日の日曜日にプラハを離れる計画だった。したがって金曜の午後と土曜日は全く予定がない。少し疲れてきたこともあったし、天候もどんよりした曇りだったので、週末はこの原稿を仕上げることにした。ヨーロッパから日本に帰国する便は、夜ヨーロッパの都市を飛び立つ。だから朝早く起き空港に急ぐ必要はない。前回訪れたアトランタからの帰国は、朝四時半に起き五時過ぎの電車で空港に行く必要があった。だから前夜はあまりゆっくり寝られなかった。いろいろ比較すると一長一短で面白いものである。そのような違いを発見し経験するのも、私の旅の目的の一つである。

二〇〇七年九月上旬

コペンハーゲン

airplane travel

二〇〇八年八月九日、成田を発ってコペンハーゲンに向かう旅行に出かけた。コペンハーゲン空港には夜の十一時過ぎに着くことになる。そこからホテルには地下鉄が便利だった。二〇〇七年に空港への地下鉄延長工事が完成したという情報があった。それで迷わず地下鉄利用を考えた。そこで調べたところ切符の購入は硬貨に限ると書いてあった。もちろん自動販売機を使用しなければならない。人間から買うことは時間的にも不可能と予測できる。それでコペンハーゲンに着くまでに、デンマーク・クローネの少量の硬貨を手に入れる必要があった。タクシーを使う手もあったが、六千円以上かかるということでやめにした。地下鉄なら六百円くらいだから十分の一ですむ。それに空港から十五分程度でホテルの最寄り駅に着くという。誰しも地下鉄を使うだろう。

そこで成田空港第二ターミナル駅で降りてすぐに両替口に急いだ。すると硬貨は扱っていないと言われた。それで日本での両替は諦めて、経由空港であるアムステルダム・スキポール空港で行うことにした。そして、いつものように宅配便で送った手荷物を受け取ってからチェックインカウンターに行った。お盆休暇の始まる土曜日にしては空港は閑散としていた。これも北京オリンピックの影響かと思いながら、パスポートとEチケット控えを出し、受託手荷物を所定のところに置いたとき係員が説明した。

「本日はあいにくと満席ですので……」

と言われた。これは搭乗を拒否する言い方ではなくもっと良いことが起こる前触れだった。

「ビジネスクラスのお席をご用意いたしました」

「待ってました」という気持ちでその言葉を聞き、搭乗券を受け取った。今回はエコノミークラスの前売り十四という航空券を購入している。その料金でビジネスクラスに座らせてもらえ、そのサービスを受けられるという意味である。今までにも何度かこの経験はしている。年に一回から二回の計算になる。

そして、最近ファーストクラスラウンジでは、腹ごしらえの前にシャワーを浴びることにしていた。ここまで来るのに少し汗をかいているので、その汗を流したかった。さらにシャワー室には歯ブラシ等も用意されている。それを貰って旅先で使う習慣もついていた。なお、今回はビジネスクラスのため腹に入れるものは控えめにしていた。

午後一時過ぎ成田空港を離陸して一路オランダのアムステルダム・スキポール空港に向かった。ビジネスクラスでの快適な空の旅を満喫するために、アルコール類は控えめにすることにした。水平飛行に入り飲み物のサービスが始まった。すると隣に座った人がおいしそうなシャンペンをついでもらっていた。そこまで冷茶と決めていた心に動揺を覚え、ついに同じシャンペンを注文してしまった。一口飲んだが味は格別だった。しかし制御心はまだ健在だったので、ゆっくり飲むことにした。やがて食事になったが、まだシャンペンは飲み干していなかった。前菜が終わり、メインディッシュが終わったとき、やっとグラスが空になった。すかさずお代わりを聞いてきたが、ここでは冷静に冷茶を注文した。やがてデザートに入り、ここで失敗してしまった。ケーキ、果物、チーズ等が来て、いろいろ欲しかった。そのように伝えたところ、全部置いていった。ケーキが二個あり満腹になってしまった。こうなると着陸前の食事にひびく。若いときなら問題ないが、年を取ってたくさん食べられなくなっている。でも食べた物は元には戻せない。己のふがいなさを反省しつつ、眠りにつこうとしたが、酒が不足で眠れない。といって注文すると後にひびく。結局、あまり眠れないまま二度目の食事時間になった。まず、和定食を食べて様子を見た。もう一品着陸までに食べたい。後のこともあるので、できるだけ食べておきたい。やっと、着陸一時間前に鮭茶漬けを食べて着陸した。

アムステルダム・スキポール空港に降り立った。降りたゲートはEゾーンにあり、コペンハーゲンへの搭乗口はDゾーンにあった。それで少し空港内での移動が必要だった。着いたのが五時半過ぎで、コペンハーゲン便の出発時刻は九時十分だったので四時間弱あった。そこでデンマーク・クローネに両替することを考えた。空港からホテルまで地下鉄を使うため小銭がいる。小銭の場合はキャッシュカードで下ろすより両替した方がいい。ひょっとするとコインが手に入るかもしれないからだ。それでさっそく両替所に行き、手持ちのユーロをデンマーク・クローネに替えた。コインは手に入らなかったが、五十クローネ札がきたので目的の半分は達成できた。もしコペンハーゲンの空港で、キャッシュカードを使ってデンマーク・クローネを下ろしたとすると百クローネ札以下の札はまず手に入らない。大きな札だと支払いを拒否され途方に暮れることが外国ではよくある。プラハでそうだった。その教訓を生かしたのが今回だった。旅行書によると地下鉄の切符はコインでしか買えないと書いてあった。不安は依然として持ち続けていたが、必要なら何か買って小銭を作ればいいと考えた。それで当初の目的の半分は達成し搭乗口に向かった。するとDゾーンに行くにはパスポートコントロールを通過することを義務づけられた。前回プラハに行ったときは、ここは通過しなかったように記憶している。行き先によって異なってくるようだ。ＥＵ加盟の関係があるのだろう。ここがかなり混雑していた。約三十分かかってそこを通過し搭乗口に着いた。そこで二時間弱待ってようやく搭乗できた。九時三十分にはスキポール空港を離陸し、コペンハーゲンに向かった。約一時間の空の旅だった。

十時半過ぎにコペンハーゲン・カストラップ空港に降り立った。大きな空港で時間的なことを考えると、思ったより多くの旅行客がいてごった返していた。手荷物受け取り場所のターンテーブルに着いてもなかなか荷物は出て来なかった。案内を見ると私の乗った便の荷物は、十五分後に出てくると書いてあった。そこでスキポール空港で両替したデンマーク・クローネをくずすことを考えた。それであたりをうろついたが、空港を出てからでも店は開いているようだったので、そこでは何も買わないでいた。しばらくして荷物を受け取り外に出た。今度は地下鉄の乗り場を探すのに一苦労した。表示が悪いので違う方向に行くところだった。おかしいと思ったので案内で聞いた。きれいな英語で答えてくれて助かった。それで地下鉄乗り場に行ったところ、自動販売機ではなく、人間相手に切符を買うことができた。クレジットカードでも買えたようなので両替は必要なかった。ただもう一つ気がかりなことがあった。ヨーロッパの切符は自分で刻印を入れる必要がある。これをやらないと無賃乗車になり、見つかると問答無用で罰金を科される。それをホームに行ってから思い出した。さきほど切符を購入したところで聞くべきだった。そこで戻ろうとしたところそこに駅員らしき人がいたので聞いてみた。するとこの切符にそれは必要ないと言われて安心した。しかしわずか十五分弱の乗車時間なのに、三十クローネ（約六百円）は高い。ただ地下鉄は超近代的で運転手なしであった。

午後十一時三十分頃ホテルに近い駅で下車し、エレベーターで地上に上がった。ホテルの場所の地図は印刷し持参しているので、あと数分歩くだけで十分だった。地下鉄を降りてからの方角さえ間違えなければ問題なかった。ここには湖がありそれが目印になった。そして地図にある場所に着いたがホテルらしきものは見当たらない。普通のビルが並んでいるだけで「ホテル」と表示した看板のようなものは見当たらない。この辺に間違いないと思われるところは電気も点いていない。そこで困った。どこかで聞こうと考え店を探した。すると道の向こう側に一つ開いている店があり行って聞いてみた。すると真っ暗なビルを指差され、それが目的地だと言われた。英語が通じたのと、その店が開いていたので助かった。もしその店がなかったら、この日はホームレスになっていたところだった。

すぐに指示されたところに行くと入り口は開いていたが、中は真っ暗で人の気配はない。しばらく呼び続け、明かりの点いているところまで行って、やっとホテルの従業員に接触できた。それでホテルの予約確定書を見せチェックインできた。部屋に着いて時計を見ると深夜の十二時だった。

翌朝は五時過ぎに目覚めた。北緯五十六度近いということもあって、昨夜暗くなったのは十時を過ぎてからだった。朝も早くから明るくなっていたようで、目覚めた頃はすでに外は明るかった。このホテルは朝食付きで朝食を心配する必要はなかった。ただ、外国のホテルは週末とウイークデイとは時間帯が違う。ここも同じで土曜日曜の朝食は七時からと決められている。ウイークデイは六時半からだ。朝食のスタイルはバイキング形式である。外国ではバフェット・スタイルという。ただ、外国は日本のように時間厳守ではないので、七時に行っては物がすべて並んでいないことがある。それで十五分遅らせて食堂に出かけた。そこには外国人の朝食には欠かせないものが並んでいた。調理したものは、スクランブルエッグ、ソーセージ、ベーコン、ゆで卵くらいだった。あとは、パン、コーンフレーク、チーズ類、ハム、それにオレンジジュース、アップルジュース、ミルク、コーヒー、紅茶で、野菜類は少なく、トマトとキュウリだけだった。デザートにはフルーツがあった。ぶどうとすいか、それにメロンだった。パンは温かくして数種類置いてあった。

一時間近くかけてゆっくり十分いただいた。昼食用に少し食料をバッグに入れコーヒーを数杯飲んで部屋に戻った。これが朝の仕事になった。

ホテルというより、ここはコンドミニアムといった方がいいだろう。二部屋あって、一つはリビング、もう一つはベッドルームになっている。バストイレが別にもう一つある。全体的に内装はモダンで奇麗だ。キッチンもあり湯沸かしポット、食器類、トースターなども揃っている。テレビももちろんあったが全く見なかった。電話はあったが不通だった。これはチェックインのときに説明があった。バスはシャワーだけである。ここもモダンで奇麗だ。ただ、シャンプー、リンスは置いてあったが石けんが小さい。二個あったが小さいので最後はほとんどなくなった。その後の補充は何もなかった。この辺はアメリカのホテルとは大違いである。アメリカでは毎日補充していってくれる。今回はだいたい予想していたので、洗い桶を持参していた。最初にシャワーを浴びるときは注意した。熱いお湯が出ないかもしれないという不安だった。しかしそれはすぐに解消された。ヒゲを蒸すのにも十分な熱さだった。

着いた翌日は日曜日なので店はほとんど閉まっていた。それにあいにくの雨になった。午後雨が止んでから外に出た。まずこのホテルの表示はどのようになっているかを確かめた。見ると入り口のガラスに小さいマークによる表示があり、玄関マットのようなものに、旧ホテル名が書かれているだけだった。これでは昼間着いても通り過ごしてしまう。しかし泊まり客は多く、十時頃には朝食をとる人で食堂は賑わっていた。

まず中央駅方面に歩いてみた。それほどの距離ではなかったが、十五分くらいかかった。ホテルの前の道と交差するように電車が走っていた。エストーという電車らしい。ただ、電車は穴の中を走っているようで、道路とは立体交差していた。日曜日でほとんどの店が閉まっていて、街は閑散としていた。まず今夜の食事をどこでするかを考えレストランを探した。幸い、多くのレストランが夜遅くまで開いているようなので安心した。しばらく歩いていると、また雨が降り出した。それで急いでホテルに戻ろうとしたが、道に迷ったようで困った。こういうときは仕方がない。テープを巻き戻すように、今来た道を順繰りに、逆に歩くことにしている。さっき歩いた道には記憶があるので、元に戻るように歩けば出発点に到達する。そうして中央駅付近まで戻れたので、無事ホテルに帰り着くことができた。しかし雨で少し濡れてしまった。

二日目は月曜日ということで、朝から別の街にいるようだった。ホテルの前の道は、ヨーロッパの道にしては幅が広い。したがって交通量が多い。それよりも驚いたのは、自転車走行をする人の多さだった。この街もドイツのベルリンで見たように、車道と歩道の間に自転車専用道路を設けている。そこをかなりのスピードでたくさんの人が走行していた。防寒に十分な服装の人もいれば、Tシャツで短パンの人もいた。老若男女色とりどりだった。きちっとヘルメットをかぶっている人もいれば、何も付けていない人もいた。女性はスカートで通勤途中という人もいれば、ジーンズで走行する人もいた。ただ皆、自転車道路内を規則正しく走行していた。その自転車走行を見ていて二つルールを発見した。一つは右折するとき右手を横に広げる仕草だった。もう一つは左手を上に上げる仕草だった。これは停車する合図のようだ。皆、相当なスピードで走っている。接触すればかなりの重傷を負いそうである。急に止まられたり、方向を変えられてはたいへんなことになる。それでこのように周りの人に知らせるようにしているようだ。また、自転車走行道路は自転車だけではなかった。バイクもこの走路を走っていた。

三日目は、本来なら六時半から朝食が食べられるはずだったが、シェフが来るのが遅れたということで、食べられたのは七時以降だった。また、食堂は一階のフロントの横にあり、道路とは透明ガラスで隔てられているだけだった。それにちょうど通勤時間に遭遇したようで、前述のような自転車走行の人を目の当たりにしていた。この日は朝は晴れていたが、次第に雲が厚くなり昼頃にはまた雨になった。風は南風で、昼間はそれほど寒くは感じなかった。夏から秋に季節が変わる時期にさしかかり、天候が不順になってきたのではと考えていた。だから、その後は遠出には傘を忘れないようにしていた。

デンマークはティコ・ブラーエという有名な天文学者を輩出している。十六世紀の人でカシオペア座に新星を発見したことで有名である。ただ発見して「ティコ新星」という名を残しただけではなく、その新星が肉眼で見えなくなるまで十四カ月に亘り観測し続けた記録を残した人でもある。その後、一五七七年に出現した彗星についても詳しい観測結果を残している。その多くの観測記録は、弟子であり共同研究者であったヨハネス・ケプラーに受け継がれ、ケプラーの有名な三つの法則で実を結んだと言われている。コペンハーゲンには「アイマックス・ティコ・ブラーエ・プラネタリウム」がある。ティコ・ブラーエの業績を後世に伝える意味で、その名が付いたと考えられる。プラネタリウムのほか映画なども上映し、館内には星に関する資料なども展示されている。

三日目の午後は雨模様という天候のこともあって、そのプラネタリウムに出かけた。ホテルから一キロ以内でそれほどの距離はなかった。中に入り案内の女性に英語表示のパンフレットを求めた。もらってよく見ると、天文学というよりも自然科学全般についての展示が多く、このときの3Dによる映画の上映も生物学に関するものであった。入場料も高く、すべてがデンマーク語で話されているという。英語説明を求めるには追加料金が必要であった。最新の天文学の情報を得られるならば高い買い物ではないと思ったが、あまり興味のない生物学の話にそれだけの金をかける価値がないと判断し入館せずに退散した。しかし、このプラネラリウムに隣接するように建てられたレストランの名前が「カシオペア」で、彼が最初に新星を見つけた星座名を取っているところに、おしゃれなものを感じ取っていた。

なお余談だが、私の親しい友人であるドイツ人は、彼の名前を「ティホ・ブラーへ」と発音している。また今回活用した日本語の旅行書には「チューコ・ブラハ」と書いてあった。母国語の違いによって聞こえ方が違うので、発音の仕方も違ってくるのだろう。一番良い例が鶏の鳴き声の聞こえ方だろう。近くに外国人がいたら聞いてみるといいだろう。言語の違う人は必ず違った聞き取り方をしているので面白い発見ができるだろう。

近くの湖を散策してみた。湖といっても、縦八百メートルくらい、横二百メートルくらいの長方形の池のようなものが、縦に数個並んでいるだけだ。ちょっと見ると川のように見える。そしてあまり深そうに感じられなかった。どうも人工的に造ったように思われる。しかしそこに白鳥がいた。多い湖には二十八羽いた。そしてそれぞれがパフォーマンスを披露しているように感じられた。また、別の湖にはツガイと子供の白鳥が家族で住んでいた。子供の白鳥はまだ白くない。だから最初別の水鳥だと思っていたが、よく見ると体型が白鳥そっくりだった。

この翌日は朝から快晴で、午後もいい日和だった。それでツガイの方の白鳥を見に行ったところ、どこにもいなかった。どこへ行ったのかと思いながら周りを一周してみた。すると木の覆い茂ったところで小さい子供が何かの相手になっていた。近づいてみるとそこにツガイの白鳥がいた。日差しが強く暑かったようで、木陰で避暑していたようだ。白鳥は暑いのが苦手のようである。この日友人にメールを入れたところ日本は猛暑だと知らせてきた。だから、もしこの白鳥を何らかの方法で無事日本に持ち帰れたとしても、成田空港着陸と同時に暑さで即死は間違いないようだ。動物はうまく自然に調和して生きているようである。他にも多くの種類の水鳥がこの湖には生息している。そして人によく慣れている。市民の憩いの場になっていることは間違いないようだ。どこかの国の人は、このように無抵抗な生き物を傷つけることがある。自分が虐められた仕返しに、自分より弱いものを虐めて鬱憤を晴らしているようだ。なんとも恥ずかしいニュースである。

コペンハーゲンという街はこれといって見るところはない。従ってすべて徒歩で行けるところを回っていた。一つだけ目玉があった。「人魚姫の像」がそれである。当初は人の集まるところなので避けていた。しかし行くところがなくなってきたので行って見ることにした。調べるとホテルから十分歩いて行ける距離だった。約三十分から四十分だった。小さい像ですぐ近くまで行けた。また近くに公園があり、そちらにも人がいた。五角形の堀があったが、水の様子を見ると濁っていて、ゴミも多く奇麗とはいえない状態だった。街中も常時掃除はしているようだが、ドイツの街のようにゴミ一つないという状態ではなかった。

チェックアウトしてホテルを出てから十分くらいで最寄りの地下鉄駅に着いた。ヨーロッパでは「メトロ」と呼んでいる。荷物が大きかったのでエレベーターを使って切符売り場の階に降り、昨日予行演習した通りに切符を買おうとした。支払いの指示がきたのでコインを入れようとした。コインしか利用できないことはわかっていたし、釣り銭のいらないように二十クローネと十クローネを用意していた。しかしコインが挿入口に入らない。ストップがかかっているようだった。そこでクエッションマークを押して、通用するコインの種類を確かめたが問題なかった。そこでもう一台機械があったので機械を替えてトライしたが同じところでストップしてしまった。途方に暮れていると次に切符を買おうとする人が現れた。そこでヘルプをお願いした。するとその人は一つ前の操作に戻した。すると支払いの表示が点滅していた。そこでその人はその部分を指でタッチした。するとコインをコイン入れに挿入できた。要するに「支払いしますよ」という指示を機械に与える必要があったということである。このような機械は初めてだったので、戸惑うのも無理はないだろう。礼を言って切符を取り、乗り場に向かった。

ホームに着くと電車は来ていた。しかし掲示を見ると空港行きでないことがわかった。M1とM2の電車が来るようで、M2に乗らないと空港には行けない。ゆっくり時間を取っていたので余裕をもって待てたが、急いでいたら間違って乗った可能性はある。途中から地上に出て約十五分で空港に着き、ターミナル2にある利用する航空会社のチェックインカウンターに向かった。そこですぐにパスポートとEチケット控えを出し手続きに入った。

係員は手慣れたものでコンピュータを操作して搭乗券が出てくるのを待った。しばらくしてもう一度同じ操作をして待ったが、搭乗券が所定のところから出てこなかった。それでコペンハーゲンとアムステルダムの間の搭乗券だけ渡され、アムステルダムと成田間はスキポール空港でもらってくれと言われた。そこで閃いた。ひょっとすると帰国便もいいことがあるかもしれないと。

スキポール空港に七時過ぎに到着した。そして急いで帰国便のチェックインカウンターに直行した。順番が回ってきたのでパスポートとEチケット控えを見せたところ、「ビジネスクラス」と言われて安堵し、時間は残り少なかったがラウンジに向かった。

二〇〇八年八月下旬

ベルリン

airplane travel

お世話になった教授はドイツ人である。そこでドイツを観光したいがどこがお勧めかを聞いてみた。すると即座に「ベルリン」と「ミュンヘン」を挙げた。それで最初に行ったドイツの街がベルリンになった。

□初めてのベルリン

二〇〇七年九月二十二日、初めてベルリンテーゲル空港に降り立った。航空券もホテル予約もいつもお世話になっているトラベルエージェントに手配してもらった。このときホテルはミッテにあった。調べるとアレキサンダー広場行きのバスでそこまで行き、地下鉄に乗り換えて二駅だ。実は、バスに乗ったとき購入した切符で目的地まで行けたのだが、それを知らずにもう一度地下鉄に乗るとき切符を買ってしまった。そしてその切符を自分で切ることに神経を使っていた。

ホテルの部屋は屋根裏部屋のようだったが、デラックスな造りで満足できた。これは朝食付きにしていた。ヨーグルトが数種類ある豪華な朝食だった。それで毎日腹一杯食べて満足し部屋に戻っていた。

初日に七日間ABゾーンの切符を購入して活動を開始した。ホテルの玄関から見える距離にUバーンの駅があり、まずそれに乗って動き出した。スーパーマーケットを探したがすぐには見つからなかった。アデナウアー広場を見つけた。何処かで聞いたことのある人の名前だ。そこから東がクーダムという名前で有名な地域であることを知った。

この時期、まだレストランで食事をしていなかった。それでテイクアウトできる店やフードコートのようなところを探していた。一つSバーンの駅付近に見つけ、この滞在でそこをよく利用した。

九月に入っていたので寒さを感じることも多く、風邪をひかないように注意して動いていたのを思い出す。初めての時は、見るもの全てが新鮮なので、アッという間に帰国日になった。次回はもっと長く滞在したいと思いながら帰国の途についた。

□公共交通機関ストに遭遇

二〇〇八年三月、期待に胸を膨らませて二回目のベルリン旅行に出かけた。今回はJ航空のマイルを使ってビジネスクラスフライトだった。ホテルもクーダムにとって、七日券もＡＢＣと広く動けるような切符にした。
二、三日気持ちよく動いて、今日は何処に行こうかと考え、ホテルを出たとき異常を感じた。昨日乗ったバスが動いていない。高架の部分を見るとＳバーンも動いていない。何事が起こったのか理解できず、ホテルに引き返してフロントで聞いたところ、ストに入ったというニュースを聞いた。これでは動けない。折角広域の切符を購入したが、ただの紙切れになってしまった。返金できたかもしれないがトライしなかった。それで仕方なく、近場を彷徨うことで満足することにした。
帰国日になった。本来なら購入した切符でテーゲル空港まで行けたはずである。仕方なくタクシーを呼んでもらって、早めに空港に入りラウンジサービスを楽しむことにした。すると搭乗予定便が一時間遅れるというニュースが入った。ラウンジサービスを楽しむ時間が長くなったと思って最初は喜んだ。そして搭乗口に行ってみたが、さらに遅れることがわかった。

テーゲル空港は搭乗口別に手荷物検査場があり、そこで出国手続きができるようになっていた。そしてようやく全てが動き出し、私も列に並んで出国手続きと手荷物検査の順番を待った。しかし、出国手続きをする係官が、搭乗機が遅れているにもかかわらず、一人一人に対して動きが緩慢だった。そして予想以上に時間がかかった。搭乗機は駐機場に来ていたが、搭乗者の出国手続きと手荷物検査がなかなか終わらないので、出発時刻がさらに遅れることになった。

この遅れはその係官の責任だと私は考える。

ようやく飛び立ったが、これではヒースロー空港到着は五時半過ぎになる計算だった。さらに夕刻のヒースロー上空は混雑するので上空待機で着陸を待たされる。結局午後六時に機外に出ることができ急いだ。帰国便は午後七時出発時刻だった。降り立ったのはターミナル5で帰国便はターミナル3から出発する。今までの経験では、このように乗り継ぎ便が遅れたとき、J航空の地上係員がヘルプしてくれていた。しかしこの時は皆無だった。最終的に帰国便出発ゲートに着いたのは午後六時半で、搭乗手続きがすでに終わって搭乗ゲートは締め切られていた。それでJ航空に抗議した。ビジネスクラスフライトのサービスで、この旅行のマイナス分を忘れようとしていたのにこのザマだった。最終的にエコノミー席を用意されて搭乗だけはできた。

帰国後J航空に詰め寄り、いろいろな質問をしたが、ある一線からは受け入れない態度を取られた。このとき航空券等を手配してくださったトラベルエージェントも、責任を感じてここで別の人と交代するということになった。何処からどう考えてもJ航空側のミスだが、それは最後まで認めなかった。

これを機にライバル会社に切り替えることも考えたが、いろいろお世話になったトラベルエージェントのことも考えて、それ以上追及することは止めることにした。これが原因かは不明だが、この直後のJ航空でのフライトが当初エコノミー席であったが、サービスでビジネスクラスにアップグレードしてくれた。

□シュパンダウ

三回目のベルリン滞在もクーダムのホテルを使ったが、このときシュパンダウに行って、この本の第二部の「文化の違い」で書いたスパを発見した。さらに同じ建物内にホテルがあることを知り、今後はそこに泊まることにした。SバーンとUバーンの駅もあり、ショッピングセンターもあって非常に便利で大変気に入った。近くにも行きつけのレストランができ、さらに充実した滞在を楽しめるようになった。さらに少し北に行けば湖もあって、ウォーキングにはもってこいの環境であることもわかった。一度湖畔のホテルに滞在したが、買い物等に不便なので、やはり駅近くのホテルに戻った。

ミッテ方面にも買い物等で出かけることがある。この時はSバーンを使わず、リージョナルエクスプレスを使うと時間が短縮できることもわかった。

東京で例えると、東京駅から横浜駅に行くとき、京浜東北線を使うよりも東海道線を使った方が速く行けるということと同じである。スーパーマーケットもシュパンダウアーケード内にあって、日常の買い物には不自由しない。パンも美味しいものが手に入り、アーケード内には多くの店が出ていて、ミッテの方面に行く必要もないくらいである。第二部の「ローカルフード」で書いた美味しいチキンのお惣菜を売る店もここにある。シュパンダウ駅はベルリン七日券AB内の位置にある。

南下すると高級住宅街につながり、さらに行くと大きな湖がある。ベルリンは水濠地帯と聞くので、至る所に湖があって人々の憩いの場になっているようだ。いろいろな楽しみがあって、三十回近くのベルリン滞在の大部分が、このシュパンダウ駅前ホテルになった。

□グルネバルドの森

Sバーンでポツダム方面に向かう途中にグルネバルドというところがある。大きな森になっている。Sバーンの駅まで行くと入り口は一目瞭然だ。クーダム付近を通っているバスでもここまで行くことができる。

初めて行って十分くらい歩いたとき、入り口にあったアウトバーンを走る車の音が全く聞こえなかったのには驚いた。週末にこの森に行くと、市民の憩いの場なのでたくさんの人を見かけるが、平日は閑散としている。そして奥まで入ると、道に迷ったとき帰れるかと不安になった。子供のとき、童話で「森の妖精」という言葉を聞いたが、森には妖精が住むという意味がわかったような気がした。天気の良い日にここを歩くのも私の楽しみの一つになった。

地元民はこの森でサイクリングをしている。実はSバーンには自転車を持ち込める。料金は普通に乗車する場合より高いと思われるが、切符さえ持っていれば自分の自転車を車内に持ち込める。列車のある部分が自転車持ち込みオーケーになっていて、そこに行くと座席数が少なく、自転車持ち込み用に広くなっている。その車両の外側には自転車マークがあって、すぐにわかるようにしてある。日本では考えられないサービスだ。

□ポツダム

戦後の日本を決めた「ポツダム宣言」は我々日本人には馴染みの深いものである。行ってみると森の中にその建物があった。このロケーションだったので、戦時中も連合軍が見つけられなかったようだ。だから瓦礫の山になったベルリンの近くにこのような建物が残ったのだろう。調べると、神聖ローマ帝国最後の皇帝のお妃の別邸だったと書いてあった。

ここには姪を連れてベルリン旅行したとき訪れた。ベルリンのゾーンではCに入るので注意する必要がある。入り口で入場券を購入すると言語を聞かれた。日本語というとヘッドホンを渡され、各部屋に入るとその部屋の説明を日本語で聞くことができた。歴史的人物がどのように着席していたかも見ることができた。全部の部屋で説明を聞くと一時間以上かかったように記憶している。

この場所まではポツダム駅から公共交通機関の直通バスは出ていなくて、途中で乗り換えた覚えがある。だからポツダム全体の観光も考えると一日見ておいた方がよいようだ。

□ベルリン大聖堂

ベルリン大聖堂はウンターデンリンデンの大通りに面していて、東寄りの位置で川に面している。ベルリンをYouTubeで見ると必ず出てくる。

ここも姪を連れて行ったとき見学した。入場料を払い館内に入った。そして階段しかないので、仕方なく姪に付いて上階に行った。かなり上部まで行けるようだ。外を見ると見晴らしが良くなっていた。帰りも四苦八苦して一階に着くと、地下に行く階段があったので行ってみた。ここには歴代主祭の棺が安置してあった。かなりの数があったのを思い出す。霊感のある姪だが、ここでは何も言わなかった。

二、三時間かけて見学し、やっと外に出た。私にはあまり興味のない場所だった。そこで思いついたことがある。大聖堂巡りという目的で旅をするのもいいなと考えた。ケルンの大聖堂は有名である。他にもヨーロッパには多くの大聖堂がある。一つずつ見て回るのもよいのではないかと。

□キッチン付きホテル

最後の頃はミッテに戻って、中央駅から近いところにホテルをとった。ここはキッチン付きで世界中にチェーン店がある。ブダペストではいつも快適な滞在になっていた。第二部の「ローカルフード」にあるように、老化とともにいろいろ変わってきたので、ちょっと豪華なホテルで滞在を楽しむ方向に転換した。

このホテルが最近のベルリン定宿になった。テーゲル空港からバスでホテル前まで行けた。同じ建物内にパン屋があって、ここのパンも美味しかった。朝、開店してその日作ったものが並ぶ頃、朝食用を買いに行った。中央駅が近いので、その中のチェーン店のパン屋に行くこともあった。昼食も同じビル内のパン屋で買っていた。ちょっと脂っこいが美味しいサンドイッチで、五ユーロで釣りが来る値段だった。

ここは賑やかなところで、トラムとバスがすぐ前の道を走っていて、何処へでも行ける便利なロケーションである。種々の乗り物に乗って飛び歩くことができた。これが旅行の楽しみだ。

第二部の「ローカルフード」にあるアトランティック・サーモンを調理した店もここからバス一本で行くことができる。シュパンダウには中央駅までバスかトラムで出て、Sバーンかリージョナルエクスプレスで行くことができる。お惣菜は部屋に電子レンジが付いているので簡単に温めることができる。ここもベッドルームと居間と二部屋あって気持ちの良い滞在ができる環境だった。プールは十メートルくらいで水は冷たいが、空いている時間帯に泳げば問題なく、サウナが付いていて泳いだ後もゆっくりできる。

しかし第二部の「災難特集」にある事故はここでの滞在だった。気持ちの良い滞在ができるところだが、その事故の翌年は足が向かなかった。

ミュンヘン

airplane travel

ミュンヘンは恩人の教授が推薦した二つ目の街だった。ベルリンほどではなかったが、好感は持てたので六回足を運び楽しんだ。そこで印象的だったことを二、三思い出してみた。

□マリエン広場

中央駅付近で三日間、Sバーン、Uバーン、バス、トラムが乗り放題の切符を買った。切符を持って東の方向に歩くことにした。昨日食事したあたりに本屋があり、そこに行こうとしていた。行ってみると九時半開店と書いてある。時計を見ると九時十五分だった。今しばらく東の方向に歩くことにした。街の中心に向かっていることになる。昨日、昼食をとったレストランを通り過ぎ、なお東に向かった。この日は月曜日で、すべての店が開店の準備をしていて、昨日とは全く違う街を歩いているようだった。人通りは昨日と変わらないが、せわしなく歩く人が昨日より多い気がした。しばらく歩いてマリエン広場まで来たが、そこからは道幅も狭くなっていた。すでに九時半を回っていたのでそこで引き返そうとした。見るとかなりの距離を歩いていた。これ以上歩くと足が痛くなると思い、Sバーンに乗って一駅戻ることにした。

地下に入り、さっき買った切符を忘れずに切ってホームに降りた。するとプラットホームは二つあったが、線路はその間に一つしかなかった。ここでは単線になっていて、上りも下りも同じ線路の上を走っているようだ。ふつう、プラットホームは上り用と下り用の二つあり、線路も二本あって、こちらはこの方面行きですよという表示がある。これではどの列車に乗ればいいかわからない。頭上の案内には何処行きの列車が来るかは書いてあるが、ここから今来た方角に行くには、何処行きの列車に乗ればいいかもわからない。それで最初に来た列車に乗ってみた。

案の定間違った方向に行ってしまった。戻りたい駅名は「カールス広場」と覚えていたので、着いてみてすぐにわかった。それで次の駅「イザール」で降りて反対向きの電車に乗った。このあたりは駅と駅の間がそれほどなく、大きな時間のロスにはならなかった。目的地の本屋に入ったが、ここには英語で書かれた本がわずかしかないということで早々退散した。

その夜、ホテルに戻って今日の行動を思い出していたとき、気づいたことがあった。Sバーンは八つ路線がある。空港からホテルに来たとき使ったのがS8路線で、もう一つS1路線でも中央駅には来ることができる。他に、南の方に湖があるが、そこに行く路線はS4である。Sバーンの路線図を見ると中央駅が中心になっている。ということは、八路線が中央駅に集まってきて、さらにそれらがすべて、マリエン広場駅のあの一つの線路に集まってくる。朝の五時頃から深夜まで、上り下りで数多くの電車があの一つの線路を通ることになる。だから制御がたいへんだろう。さらに事故でも起こった時は、Sバーンは完全に麻痺することになる。電車に乗ってみて、速度が遅いことに気づいたが、それもこの構造からきているように考えられる。

では、何故このような構造にSバーンを造ったのだろうか考えてみた。第二次世界大戦でドイツの主要都市はすべて瓦礫の山になっているはずだ。戦後の復興で現在の街ができたと考えられる。ならば、始めから現在のような街作りをしたとしたら、マリエン広場が中心だから、ここの地下に何本も線路を敷き詰めた大きな駅を造っただろう。あるいは地上に。そうなっていないということは、この部分に電車を通したのは、第二次世界大戦後だとは考えられない。この辺は調べてみれば一目瞭然だが、いろいろ推測した方がおもしろい。

東の方には「東ミュンヘン駅」がある。ここからベルリン行きの列車が出ている。西には「中央駅」があって、ここからドイツ西部に向けて長距離列車が出ている。ということは、一昔前までこの二つの駅が拠点となっていて、マリエン広場を通る線はなかった。現在のパリを見ると東駅とか西駅がある。一昔前はこれと同様の配置であったと考えられる。それを現在の発達した地下鉄工事法を使って、この二つの駅、つまり東ミュンヘン駅と中央駅を繋いだと考えられる。その方が何かと便利であるというのがその理由であろう。昔は「中央駅」ではなく

「西ミュンヘン駅」ではなかったのかとも推測できる。地上にはミュンヘンの中心部にふさわしい、しかも中世のヨーロッパの雰囲気を感じさせる街がある。その地下に鉄道を通すのだから大きな駅は造れない。それで単線で、その両側にプラットホームがある駅になったのだろう。

後日わかったことは、マリエン広場駅は上下の複線であることだった。地下二階が中央駅方面行きで、地下三階が東ミュンヘン方面行きというように。そして工事をした時期は戦前で、現在のような深い地下鉄を造れなかった。しかしさすがドイツの技術で二階建てにできた。歴史的建造物のため横に広く取れなかったので、二階建ての構造にしたようだ。昨夜の私の推測も当たらずとも遠からずではないかと思われる。このように知らない街に来て、いろいろ疑問を持ち考えるのも旅の楽しみである。

□ドイツ博物館

ドイツ博物館に向かった。ハワイに住む友人のドイツ人から、ぜひ見てくるように言われたので、この日の午後はここの見学に当てた。場所はSバーン「イザール駅」のすぐ近くと案内にあった。さらに調べると、トラムの十八番で前まで行けるという。それで迷わずトラムに乗った。十八番の最寄り駅はSバーンより近く、トラムだと街並みがよく見えるのでトラムを利用した。

二十分くらいで「ドイツ博物館」という名前のトラム停留所で降りた。そしてすぐ前にビルがあるが、何処からどう見ても博物館には見えない。建物が小さすぎる。そこで一緒に降りた外国人に聞いてみたところ、もう少し奥だという。イザール川に沿って少し上ったところにあった。イザール川というと、ライン川やドナウ川に匹敵する川かと想像される読者がいると思われるが、川幅数メートルの小さい川である。ただ、掃除が行き届いていて、きれいな水が流れていた。市民の心がけが悪いとドブ川になりかねないと思った。この辺もさすがドイツと感心させられた。

多くの人が、ドイツ博物館の玄関前にいたが、入ろうとはしなかった。見ると入り口は開いていて、入る人もいたのでその後に従った。八ユーロ五十セントが入場料である。この中にはプラネタリウムもあるというので、それについて尋ねてみると、案内はすべてドイツ語で、英語による案内はないと言われた。それに余計に金がかかるというので、プラネタリウムは諦めることにした。

入ってすぐのところに、昔から時代に沿って発達していった船の展示がある。すべて実物大のようだ。奥に進むと今度は航空機だ。一番奥には戦闘機があり、上の階に行くと、飛行機ができた頃の機体が展示されていた。真ん中に「ライト」と羽根に書かれた飛行機がある。子供のとき、病気になると見上げていた模型飛行機の実物大である。その模型飛行機は、父がどこかで見てきたものを設計図なしで、自分で作ったものだった。それを父は天井から吊るしていた。病気になると見上げていたのでよく覚えている。そしていつも、どちらが前だろうかと考えていた。今回の実物大ではっきりした。プロペラの付いている方が後ろで、ライト兄弟らしい人形が、プロペラの反対向きを見ていたのでわかった。父が存命で、これを見たら喜ぶだろうと想像したが、私には単なる展示物でしかなかった。

別の部屋に行くと、いろいろな科学的展示物があったが、それほど興味を惹かなかった。それで天文関係の部屋を探した。やっと探し当てて入ってみたが、これといって興味を惹かれなかった。それで博物館を出ることにした。見学時間約二時間であった。

□エングリッシャーガルラン

エングリッシャーガルランは、マリエン広場から見ると、北の方向にある公園である。ニューヨークのセントラルパークに匹敵するくらいの広さをもち、市民の憩いの場になっている。中央には人工の湖もある。コペンハーゲンでは多くの白鳥を目の当たりにしている。水辺があれば必ず水鳥がいるだろうと予想して、まずこの公園に足を運んだ。

中央駅でＳバーンに乗り、マリエン広場でＵ６に乗り換えて、数駅北上した。そして道路に沿って数百メートル東の方向に歩くと公園らしき木立が見えた。道路をジョギング中の女性が木立の間に消えたので、そこで道から逸れると公園に入れた。すぐに地図にあった湖に遭遇した。予想通り多くの水鳥がいた。湖の周辺には小さい道があり、ジョギングする人、犬を連れて散歩する人、ところどころにあるベンチに腰をかけている人とさまざまだった。ゆったりと過ごす日曜日の午前中といった感じがした。

日本人は、週末は都会の雑踏の中に入り、ショッピングに余念がない人が多い。そのため、デパートなどは週末が書き入れ時なので、従業員は総出でその対応をし利益を上げる。そして平日の適当な日に休みをとる。これも一つの考え方のようだ。しかし、どこか営利的で心の豊かさが欠けるように感じられる。その点欧米の人々は週末は全く働かない。平日は活気のある街が週末はゴーストタウンになる。そして家族や友人とこのような公園等に出かけて行って、ゆったりと時間を過ごし、翌日からの英気を養う。私はこのような欧米人の生活習慣が好きだ。

少し南の方向に歩いてみた。木立の間に芝生の区間が見えたからだ。行ってみると水鳥が湖から上がって、陸地で羽を休めていた。近づいても逃げようとしない。人間を恐れていない。たぶん危害を加える人がいないので、人間も自分たちと同じ動物の一種と見ているように思えた。近くで水面にいる水鳥にエサをやる人がいた。一斉に水鳥たちが集まってくる。だれもそれを咎めようとしないし、エサをやらないで下さいという立て札もない。すべてを管理しようとする何処かの国との違いを感じた。芝生の方に行ってみると、そこにも水鳥が人間たちの中にいた。動物好きの人にはたまらない公園のように思えた。

午後、もう一度エングリッシャーガルランに出かけてみた。今度は湖よりずっと南の、芝生の広場になっているところを目指した。ミュンヘン、サッポロ、ミルウォーキーと歌に出てくるコマーシャルが昔あった。ビール会社のコマーシャルで、これら三つの都市はほぼ同じ緯度にあることを表していた。この日は雲一つない快晴で風もなかった。だから午後は気温がどんどん上昇した。ヨーロッパの真夏を感じさせる一日になった。

Ｕ６のユニバーシティ駅からエングリッシャーガルテンに入った。入り口付近は人でごった返していた。そして冷たいものを売る店も繁盛していた。芝生内に入るとぐっと視界が広がった。大きな野球場が十分収まる広さだった。そして人の数がすごかった。人、人、人だった。中央に川が流れているようだった。そこに行ってみた。すると両岸の至る所で人々が日光浴をしていた。皆、着けているのは水着だけだった。中には川で水浴びをしている人もいた。川といっても幅五メートルくらいだった。しかし水の流れは速かった。水温を確かめるとかなり冷たかった。イザール川の支流を使って公園作りをしたようである。

さらに北方で何かイベントをしているようで、そちらに行ってみた。しかし、何を何処でしているのかわからないうちに疲れてきた。寄る年波と昨夜の睡眠不足のせいだろう。トイレに行きたくなって入ろうとすると金を要求された。いくらかと英語で聞いてもドイツ語しか返ってこなかった。すると列に並んでいた女性が、英語で「いくらでもいいです。あなたの気持ちだけ払って下さい」と答えてくれた。払えと言った人は、五〇セント要求したようだが、皿の中にはもっと小さいコインがあったので、二十セント支払って用をすませた。

この日は日光浴の人々、イベントに集まった人々など、この公園に集まった人の数は万を下らないだろう。去り行く夏を精一杯満喫しようとした人々のようだ。長い暗い冬を考えると、少しでも太陽の恩恵に与りたいと願うヨーロッパ人の習性が窺えた。

□ミュンヘン空港

帰国日ミュンヘン空港に着き、チェックインカウンターに行った。するとすべての人が自動チェックインの機械を使うようになっていた。九月下旬、アメリカのコロラドスプリングスから帰国するときも同様のシステムだった。両方の空港は建物も近代的で、すべてが時代の先端をいっているようだ。これからすべてが自動になりそうなので、それに慣れる必要がある。ただ、今回は「機械は扱えない」と係員に言うと、ヘルプを付けるからと言われた。そしてトライした。

まず、自動チェックイン機に自分の名前を入れる。次に経由空港と最終目的地を入力する。最後に機械の所定の場所に、パスポートのバーコードの付いているところをかざすと、私の帰りの航路が表示された。これで間違いないと機械に答えると、搭乗券と手荷物預かりの札が出てきた。これをもって手荷物預かりカウンターに行ったところ、係の者が半券を渡してくれて万事うまくいった。簡単なことなので覚えれば問題ないようだ。

それにしてもミュンヘン空港は明るくて広い。近代的な空港といっていい。手荷物検査を通過し、搭乗口に向かっても、狭苦しさはまったく感じなかった。搭乗口付近の待合室も広々していて気持ちがいい。以前のパリ・シャルルドゴール空港とは雲泥の差である。さらに今回、フランクフルトまで利用した航空会社のサービスもよかった。ふつうなら、特別会員には特別のラウンジがあってくつろげるが、一般の搭乗者はただ待合室で待つだけである。しかしこの航空会社は、そのような一般の搭乗客にも無料のコーヒー紅茶のサービスを行っている。それにそのサービスを受ける搭乗客もマナーが行き届いている。ややもするとそのようなサービスを行っている場所は汚れがちだが、ここはきれいだった。だから一杯コーヒーをいただいた。そして定刻通りフランクフルトに飛び立った。

二〇〇八年十一月中旬

ハンブルク

airplane travel

首都ベルリンが大変気に入ったので、第二の都市であるハンブルクに興味を持った。それで滞在予定都市リスト入りした。経路もロンドン経由でロンドンからの飛行時間も短く、行ってみようかという気になった。

□アルスター湖畔のホテル

二〇〇九年四月二十九日、ハンブルク空港に降り立った。日本では五月連休時で航空料金は高い時だった。しかし勤務している時だったので、時間が取れるのはこの時期しかなかった。

このときすでに空港からSバーンで中央駅まで行けた。しかし情報の古いJ航空旅行案内を見ていたので、空港から中央駅にタクシーで向かった。そして中央駅付近で降りてホテルを探したが見当たらなかった。そしてかなり歩いてやっとホテルに到着した記憶がある。

このホテルでは朝食付きにしていた。初めての街は西も東もわからない。いつも朝食を付けることにしている。レストランの場所は一階だが、玄関に近い部分で前方にアルスター湖が広がっていた。ヨーロッパも春本番になり気持ちの良い朝になり、湖を眺めながら朝食をいただけた。

部屋で一休みしてから街に出た。まず中央駅を目指した。ベルリン中央駅と比べると貧弱なものだ。そして駅の西側に出たところ、こちらの方が開けていてデパート等があった。スーパーマーケットも駅近くにあり、食料品の買い物はここですればよいと思った。よく見ると中央駅からホテルまでバスで行けることがわかった。距離的にそれほど遠くないが、この方が楽である。ホテルから南下するとUバーンの駅がある。Uバーンだと中央駅までは一駅だ。初日は付近の探索が主目的で、適当に夕食を買ってきて部屋で食べて寝た。ここのホテルにプールは付いていなかった。それでこの滞在中は歩くだけのエクササイズにしていた。

帰国日時間待ちでアルスター湖畔で湖を眺めながら時間を潰した。ここにも白鳥がいた。この日は天気が下り坂でしばらくすると雨になった。それでホテルに戻り時間までロビーで寛いだ。次回はもう少し長い滞在にして、さらに大きくまわりいろいろ見ることを考えていた。

□ヴァンツベック

二回目のハンブルク旅行はヴァンツベーカー・ショッセというSバーン駅の近くにホテルを

とった。ベルリン・シュパンダウにある行きつけのホテルの系列だ。この付近も初めてで、この滞在でも朝食付きにした。部屋は日本でいうビジネスホテル型でシャワーだけだ。しかし明るくて清潔、しかも値段が安いということでここにした。朝食は典型的なコンチネンタル・ブレックファーストだった。

ハンブルクは、公共交通機関乗り放題の観光客用の切符は、七十二時間が最長である。使い始めた時刻から三日後のその時刻までである。到着した翌日、まず中央駅付近に行って、前回滞在で行ったところを見て回った。

この滞在の主目的は、ベルリン・シュパンダウにあるスパの系列スパに行くことだった。ホテルから大きな通りに出て、次のバスストップで降り、バスを乗り換えて二つ目のバスストップで降りると、目の前がそのスパのヴァンツベック館だった。なお、このスパについては第二部「旅の雑感」の「文化の違い」に詳細を書いている。そちらを参照されたい。

いつも午後一時頃に入館し、午後七時過ぎにホテルに戻っていた。ホテルに戻って濡れたものを干してから、近所のレストランに行って夕食にした。駅前にレストランが二つあった。両方行ってみて、近い方が気に入ったので、夕食はいつもこちらの店にしていた。この頃はビールも飲んでいた。黒ビールの美味い店でいろいろ食べて楽しめた。

□ポッペン・ビュッテル

ヴァンツベーカー・ショッセは空港から直通で来ることができる。二十分くらいで到着する。空港駅からS1になり、ヴァンツベーカー・ショッセを通って中央駅方面に行く。空港駅の次の駅はオールスドルフという駅である。空港線は後でできた支線で、最初はオールスドルフから北北東に向かうSバーンだけだった。その線の終点がポッペン・ビュッテルだ。それで空港線から来た電車の後部に、オールスドルフでポッペン・ビュッテルから来た電車を接続している。この接続時、日本だとゆっくり行って、車内放送で注意を促すが、ハンブルクでは何も言わないでいきなり強い振動が来る。どちらが良いかわからないが、日本人客には馴染みのない方法だ。

空港に向かうとき、六両編成の電車の前三両がポッペン・ビュッテルに向かい、後ろ三両が空港に向かう。これは何度も放送しているので、間違う人はいないだろう。しかも旅行者用に英語を使っている。

そのポッペン・ビュッテルに行ってみた。オールスドルフから林の中に入って行く感じで、両側にたくさんの木が見える。そして二十分くらいで終点ポッペン・ビュッテルに着く。ここもこぢんまりした静かな街で、駅前にはいろいろな店が並んでいる。東側はバスターミナルになっている。ここでバスに乗って、ヴァンツベックに戻ったこともあった。

西側に出て少し北上すると、ベルリン・シュパンダウにあるスパの系列スパのポッペン・ビュッテル館がある。ヴァンツベック館が工事中のときこちらに来ていた。

このエリアにはデパートもあるので入って見てきた。いろいろな店が入っていて、チェーン店になっている珈琲店も軒を並べていた。屋上に出ると非常に見晴らしがよく、天気の良い日は気分爽快になる。西の方向には空港があって、真上を飛行機が飛んで着陸していくのも見えた。中央駅付近やヴァンツベック界隈とはまた違った雰囲気があり、時々こちらに来て散策するのも楽しみの一つになった。

□ヴァンツベック・マークト

ヴァンツベーカー・ショッセから歩いて十分くらいのところが、ヴァンツベック・マークトである。ここはバスターミナルになっていて非常に賑わっている。ポッペン・ビュッテルからここまでの直通バスも出ている。そしていろいろなところに行くことができる。ヴァンツベック・マークトはスパのヴァンツベック館に行くとき、徒歩だと通るところである。それで帰りにここのレストランで夕食にしたこともあった。チェーン店のデパートもあり、ショッピングセンターもある。そして小さいホテルも見つけたので、最近はこちらのホテルにしている。

このホテルは部屋数が少ないようで、早めに予約しないとすぐ満室になる。場所が便利なところにあり料金が安いので人気があるようだ。入り口の間口が狭いのでうっかりしていると通り過ぎてしまう。フロントロビーも狭いが、そこで無料のコーヒーサービスをしているのはありがたい。ただ水道水を使っているので、ただコーヒーというだけだ。さらに私には良いことがあった。フロントにスパのヴァンツベック館の割引券があった。最初これを使ったとき、ホテルに電話していたが、宿泊客であることを確認できたので、そこに書かれているように料金は一割引になった。

部屋も小さい。ベッドと机があり冷蔵庫は置かれている。トイレとシャワーのある部屋も狭く、シャワー室は仕切られているが、その中が狭いので四苦八苦でいつもシャワーを浴びている。しかしこの部屋は清潔さには問題ない。三つ星のホテルだが、便利さと清潔さ、そして安さで人気があるようだ。

二〇一七年二月ハンブルクを訪れこのホテルに泊まった。少し西には新しくスーパーマーケットもできて大変便利になった。そこで買い物をするのも楽しみで、同じビルに入っているパン屋のサンドイッチが気に入って、お昼はいつもこれにしていた。そのパンを楽しんでからスパに行くこともあった。

□受託手荷物破損

二〇一三年四月、パリ経由でハンブルク空港に降り立った。それほど大きな空港ではなくゲートから歩いて手荷物受け取りに行けた。ロンドン経由のときは入国審査が必要だが、パリはEUに入っているので要らなかった。

しばらくして私の受託手荷物らしきものが見えた。大きく破損しているのは遠くからでも一目瞭然だった。手にとってみて驚いた。ここまで破損させるにはどうすればよいか首を捻るくらいの酷さだった。すぐに係員に言おうとしたが見当たらなかった。誰もいなかった。大嫌いなフランスの航空会社で、それ以上ここで時間を費やしたくなかったので、そのままホテルに向かった。今にも中の物が出てきそうだった。

ホテルにチェックインし、中身を取り出して破損度をチェックしたが、これでは帰りに使えないと判断し新しいものを買うことにした。中央駅西口付近にデパートがあり、そこに行って物色した。今回破損したものより一回り小さい同じメーカーのスーツケースがあり即座に購入した。壊れたものを捨てたいが、どうすればよいかホテルに聞いたところ、廊下に出しておいて下さいということだった。このくらい大きいものを捨てるとき、日本ではいろいろ手続きが必要だが、ドイツはそれはないようだ。思いがけない出費だったが、使っていたのが古くなっていたので、新しいものに取り替えるにはよい機会だった。

□ハンブルク空港

この空港は小さい。ターミナルは二つになっているが、繋がっていて歩いて数分で、間違ったときもそれほど時間はかからない。私はプライオリティで出国時、ビジネスクラスチェックインができ機内持ち込み品検査も別ルートが通れる。それでいつも速くここを通ることができる。検査場を抜けるとすぐに免税品店がある。ここではよくドイツワインを買った。当初マイン川沿いで採れた葡萄のワインが多かったが、ここでライン川沿いのワインを買って試してみた。これも良かった。それでここで購入することが多くなった。

免税店を抜けて、搭乗ゲートのあるところまで行き、すぐのエレベーターで上がるとラウンジに行ける。三階がラウンジエリアで、エレベーターを降りてすぐのところが受付になっていて、搭乗券とステータスカードを見せると入れる。パリ経由でF航空の場合は入室を断られる。一度断られてからはB航空を使うようにしている。

ここのラウンジは全ての航空会社のラウンジになっている。吹き抜けの建て方になっていて、滑走路もよく見え明るくモダンである。スペースはそれほど広くないが、人の出入りが激しいので混雑することはない。飲み物は普通のラウンジのもので、特別なものは温かいソーセージくらいである。私はいつもソーセージをいただいて、一時間くらいで退散する。

ハイリゲンシュタット

airplane travel

定刻に初めて経験するウィーン国際空港に到着した。入国審査は簡単なもので、パスポートにスタンプを押されただけだった。時刻は十時半になろうとしていた。しかし、私のスーツケースはなかなか出てこなかった。いつも利用する航空会社の特別待遇に慣れたので、特にこの待ち時間が長く感じられた。

空港から市内へはいろいろな行き方がある。私は中央駅付近にホテルを予約していたので、鉄道で行く予定だった。その方法は二つあって、一つは中央駅まで所要時間十数分という特別列車、もう一つはSバーンという市民の使う列車に乗る方法である。後者だと三十分くらいかかると旅行書には書いてあった。少し迷ったが、深夜で初めてということもあって、特別列車「キャット」を使うことにした。ホームまで行くとすでに列車は発車寸前に見えた。時刻表がそこにあり見ると五分以内の発車であることがわかり、これを逃すと三十分待って最終列車に乗らないといけないことがわかった。それで急いで切符を買うため自動券売機の前に立った。そこでいろいろトライしたが機械の反応はなかった。困り果ててあたりを見回すと、十メートルくらい先にもう一台自動券売機があり人が使用していた。それで、急いでそこに行って買い方を見た。機械の使い方はすぐに理解できたが、そこにいる人数を考えるとその券売機を使うには時間がかかりそうだった。仕方なくもう一度先ほどの券売機に戻り切符を購入した。旅行書には八ユーロと書いてあったが、ここでは十ユーロ取られた。ほとんど発車時刻になっていたので急いで乗車した。

発車後、しばらくして車掌のような女性が切符のチェックに来た。見せるとスタンプのようなものを押され、それで終わりだった。車内放送のようなものは全くなく静かに走行した。そして十数分で中央駅に到着した。人の後について道路に出たが、方角が全く分からなかった。外国はすべての道路に名前が付いている。見るとホテルの前の道路でないことはすぐにわかった。こういうときのためにコンピュータで検索したホテル付近の地図を印刷し、手に持つようにしている。明るいところで見て、だいたいの方向がわかった。

ヨーロッパの石畳の道は、見ている分には風情があっていいが、スーツケースを転がすには適さないようだ。大きな音がし、まっすぐに進まない。悪戦苦闘してホテルの前と思われるところに来たが、それらしきものは見当たらなかった。今回予約を入れたホテルは、ブダペストで泊まったホテルの系列であった。それでそのロゴを見つけたので、間違いはないが、入り口がわからない。ロゴの前の建物に入ろうとしたが鍵がかかっているし、ロビーのようではない。困っていると、通りすがりの人がこの通路の奥だよと言わんばかりに指差してくれた。それでこれまた石畳の路地を悪戦苦闘しながらスーツケースを転がして先に進むとロビーに到着した。チェックインを済ませ、風呂に入ってベッドに潜り込んだのは、十二時を過ぎてからだった。日本時間では翌朝の午前七時を過ぎた頃で、山形駅を出発してから、二十五時間経っていた。

今回予約したホテルは朝食付きであった。朝食時間は六時半から十時半であることはチェックイン時に確認していた。私にとって旅の一つの楽しみである。時差の関係で五時前には目を覚まし、それ以後眠れなかった。それで六時半きっかりにレストランに降りてみた。まだ泊まり客の姿はなく、私が一番乗りのようだった。すべてが整っていないようで、従業員が慌ただしく動いていた。何が並んでいるか隈無く見てから適当に席に着いた。すると従業員の一人が近づいてきて部屋番号を聞いていった。

メニューはミュンヘンのホテルとほとんど同じだったが、一つだけ違うものがあった。アムステルダムとコペンハーゲンでお目にかかった「煮豆」である。日本の煮豆に似ているが、少しケチャップが入っているようで脂っこさを感じた。またよく見ると焼き魚のようなものはなかった。スモークサーモンだけだった。いつものように小一時間かけて朝食を済ませた。

このホテルはロビーでインターネット接続がただである。食後はロビーの一角でメールのチェックとインターネット検索をした。ロビーも広いスペースで豪華なソファーとテーブルが置かれていた。泊まり客の幾人かもコンピュータを持ち込み、私のようにメールのチェックを行っていた。

次の仕事は公共交通機関の切符の購入である。事前に旅行書で学習し、この街はちょっと変わっていることを知っていた。外国の観光都市は、Sバーン、Uバーン、トラム、バスのすべてをある期間使える切符をもっている。一日切符、三日切符、一週間切符といった具合である。日本にはそのようなものが見当たらないので、外国人観光客は不自由していると思われる。この切符を購入するときいつも考えることである。この街の一週間切符が今まで滞在した都市と勝手が違っていた。一週間切符は月曜日から始まるようになっている。実際にこの切符を購入してよく見ると、有効期限がはっきりと印刷されていた。それには、九月二十一日から九月二十七日と記載されていた。ということは、九月二十一日を過ぎた火曜日、水曜日にこの切符を購入すると二、三日損をすることになる。また週末に購入するとすぐに使えない。購入した日から一週間ではないので注意しないといけない。

予備知識をもって自動券売機の前に立った。パネルにタッチすると言語選択しろと言ってきた。迷わずイギリスの国旗にタッチした。すると切符の種類が表示された。この日は日曜日だったので、一日券を示す文字にタッチした。すぐに料金が表示され、購入するか聞いてきた。イエスにタッチし、五ユーロ七十セント入れると、下から切符が出てきた。翌日一週間切符を同じ要領で購入した。料金は十四ユーロだった。いかに一週間切符が安いかがおわかりいただけると思う。

初日は日曜日ということで大きく回り、主に公園に足を運ぶことにした。ウィーンは『美しく青きドナウ』で有名な都市である。しかし加藤雅彦著『ドナウ河紀行』にもあるように、現在のドナウ川は護岸工事によって、昔の面影はないと書かれていた。行ってみてそれがはっきりわかった。ドナウ川本流の中に、中州のような人工の島も造られていた。しかしよく見ると、昔の川の氾濫の跡があちらこちらに残っている。それらが三日月湖になっている。そういうところを公園にし市民の憩いの場にしている。この辺の街作りの巧みさに感心した。実際に足を運んでみてよくわかった。それにしてもドナウ川の川幅が広い。以前訪れたハンガリーの首都ブダペストはこれより川下にあるが、川幅はもっと狭かった。また緑がたくさんある。自然を破壊することなくうまく利用し、生活の中に取り入れているなという印象を受けた。

ウィーンといえば「音楽の都」という印象が強い。中世からヨーロッパ音楽の中心地で、多くの音楽家がウィーンで活躍した。ハイドン、モーツァルト、ベートーヴェンをはじめ、シューベルト、ブルックナー、ブラームスと数え上げればきりがないくらいだ。しかし、私はベートーヴェン以外に興味はない。彼は耳の病気が治らないことがわかり、自分の余命も長くないのではないかと考え、遺書を書いている。何度も遺書を書いたようだが、その中で一番有名なのが「ハイリゲンシュタットの遺書」であろう。一八〇二年十月に弟に宛てて書いた遺書である。ハイリゲンシュタットというのはウィーンの中の地名で、地下鉄、つまりＵ４の終着駅である。ウィーンの北の外れハイリゲンシュタットには、ベートーヴェンが住んだいくつかの家やゆかりの場所が点在している。当時はほんとうの田舎で、ウィーンの森に続くブドウ畑がすぐ背後に広がっていたようだ。ハイリゲンシュタット遺書の家も記念館として公開されている。

U4ラインは中央駅に入っていてそれに乗ってハイリゲンシュタットまで行った。そこでバスに乗り換え数個目の停留所で降りた。最初よくわからず行き過ぎてしまって戻ってみると、バスの通過した道に沿ってベートーヴェン公園があることに気づいた。さっそく入ってしばらく歩くとベートーヴェンの像があった。この日この公園は閑散として人気が全くなかった。その像の前にあるベンチに腰を降ろし、しばらくその像と話し合った。顔の艶をみると三十代前半のベートーヴェンに見えた。いろいろ聞きたかったが、私のベートーヴェン研究は若いときのことで多くの記憶が失われていて、足跡等が思い出せなかった。一七七〇年に生まれて一八二七年に、ここウィーンで没したことくらいであった。

像の上方を見ると木の枝が小さく動いていた。風はなかったので不思議に思いよく見ると、そこにリスがいた。さらに目を凝らすと別の枝にもリスの姿が見えた。そこでふとモントリオールにいたときを思い出した。そして何故か、モントリオール時代とは関係のない大学院時代にタイムスリップし、「ベートーヴェンの曲のメロディーは、シューベルトに劣らないくらい美しい」と言った同級生のことを思い出した。

大阪弁丸出しの彼もクラッシック音楽のファンであった。出身も関西の名門大学である。専門は解析系で、常に自信満々の態度をとっていた。私より二、三歳下だが、実力もありそうで一目置いて、あまり接しないようにしていた。その大柄な態度を毛嫌いする同級生もいた。私が修士課程から博士課程に進学するとき、何故か厳しい基準であった。結局同級生九人全員が博士課程進学を希望したが、私を含めて五人が不合格だった。その中に彼が入っているのに驚いた。そして五人の内四人は留年し、翌年再度挑戦したが、誰一人進学できなかった。そして私同様、彼もこの年でこの大学院を離れ、高校教師の道を歩んだ。その後彼の消息は全くわからなかった。それほど親しくなく、ただの同級生というだけだったので、気にも留めないでいた。同窓会誌にもずっと「住所不詳」であった。その彼の住所と職業の欄が近年書き換えられた。見ると、公立高校の校長になっていた。それを見たとき、彼も心に秘めたものがあり、じっと耐え忍んでこの日を待っていたように思えた。悔しい気持ちで去った大学院に、その地位を見せつけているように感じられた。これは私も一度考えた方法だった。しかしそれは私の流儀ではないと思い、別の道を歩んで行った。

その辺で今回の会話は終わって、公園をぶらぶらした。間口は狭いが奥は広々としていて、ゆっくり散歩するにはいいところである。帰り際にもう一度先ほどの像のところに行ってみた。すると、私が像と向き合って話し合っていたとき近くを二、三回行き来していた人が、私の座っていたのと同じ位置に腰をかけてじっと像を見つめていた。この人もベートーヴェンのファンで、同じように彼と会話しに来て、しばらく順番待ちをしていたのではないかと思った。

夕食は、いろいろなところで楽しんだ。二日目に旅行書にあったレストランに行ってみた。地元でも評判のいいウィーン料理のレストランという案内で期待していた。午後七時を回っていたので、店内はたいへん混み合っていた。一人だと言うとカウンター席に案内された。迷わず旅行書で推薦していた「ターフェルシュピッツ」を注文した。旅行書にはさらに、「やわらかく煮込まれた牛肉は絶品、ほうれん草ペーストや西洋わさびなどを付けて食べるとさらにおいしい。ともにサーブされるスープには肉のうまみがたっぷり」と記載されていた。さらに、食事と一緒にオーストリア産白ワインが合うとあった。それでグラスワイン白を追加した。そのとき隣の席に客が座った。そして同じものを注文していた。しばらくするとワインと水とパンが来た。それを味わっていると、隣の客の手が私の水に伸びた。これは私のだ、と言うと、手を引っ込めた。そうこうするうちに注文の品が並んだ。テーブルが小さいのでたいへんだった。料理を運んできたウェイターが、自分が盛りつけると言って、空の皿にスープを入れただけで去って行った。まずこのスープを飲めと言っているようだった。しばらくして、スープが空になっているのを見て、肉類を入れて行った。そのやり方がかなり乱暴だった。その後いくら待っても来ないので、自分で皿に盛って食べた。するとまたそのウェイターが来て自分がすると言った。それで皿に盛ったものがなくなって、しばらく待つことにした。フィニッシュはどうするのかを見たかった。近づいてきたウェイターは何も言わずに片付けていった。終わっていないと言う暇もないくらいの早業だった。満腹感もあり、不愉快さもあったので、デザートはいらないから、請求書をくれと言った。そして請求書を見て驚いた。最初に持って来たパンは料理に付いたサービスだと思っていたところ、これにチャージされ、最後にもって来たパンのような菓子のようなものもチャージされて、三十ユーロ以上請求された。予想より十ユーロ多く払わされた。それでチップはいっさい払わなかった。たいへん不愉快な気持ちで店を出た。このような店があるので注意すべきだろう。

記憶を辿るとブダペストで同じような経験をしていた。注文もしないパンにチャージされた。あのレストランは小さいところで、旅行書には載っていなかった。しかしこのレストランは、いつも利用する航空会社の旅行案内書にも記載されている。悪どい商法をするということも同時に記載すべきではないだろうか。とともに、テーブルに持って来たパンなどは、サービスか否かをすぐに確認すべきだと痛感した。

時間は前後するが、初日はくたびれたこともあって、ホテルのレストランで夕食を済ませた。のどの渇きもあったため、五百ミリのビールでは足りず、さらに小ジョッキを注文した。料理は子牛の肉のカツレツにした。これが、単品で注文する最高値のメニューである。量も適当でたいへんおいしく頂くことができた。それで二十五ユーロで釣りがきた。端数だけテーブルに置くと、サンキューと言って笑顔で去っていた。このマナーの良さと料金の低さから、三日目からはずっとホテルのレストランで食べることにした。

何日目かに、ウィーン風という料理を注文してみた。よく見ると悪どいレストランで注文したのと同じものが並んだ。余計なパン類は全く来なかった。これに五百ミリビールとグラスワイン白の大で、チップも含めて二十ユーロであった。スープの中に入っていた牛肉は、あくどいレストランより少し硬く感じたが、他は全く変わらなかった。そしてこれで満腹になった。店のウェイターとも顔なじみになり、いつも笑顔でホテルの部屋に戻ることができた。いろいろ味わえ、旅行の別の楽しさを経験できたように感じた。特に、子牛のシチューとゲッサーのビールが印象に残っている。次回もこのホテルに滞在しこれを楽しみたいと思っている。


この時季のウィーンは暑い。晴天に恵まれたせいかもしれないが、午後はTシャツで十分だった。しかし、日が落ちると気温はぐっと下がったようだ。「ようだ」と書いたのは、夜は全く外出しなかったからである。ホテルのレストランで、飲んで食べて酔っぱらってすぐにベッドに入ったからだ。したがって、多めに用意した冬物は全くいらなかった。

帰国日、すなわちホテルをチェックアウトする日は土曜日だった。公共交通機関の切符の有効期限まであと二日ある。調べると、あと一ユーロ八十セント払うと、この切符で空港まで行けると書いてあった。一応確かめたが、間違いなかった。それで空港まで復路はSバーンを使うことにした。

このホテルのチェックアウトのタイムリミットは十一時である。ウィーン国際空港十四時十分発ロンドン・ヒースロー便に搭乗するためには、中央駅十一時十七分発空港方面行きのS7に乗る必要があった。切符の購入、移動時間等を逆算すると、十時四十分にはチェックアウトが必要だった。この日もこの時間には晴天になり、暑いと感じるくらいだったが、それ以後のことを考えて少し厚手の物を着込んでいた。それで、空港に着いたときは少し汗ばんでいた。ラウンジを計算に入れていたが、今この空港は改装工事中で、ラウンジは使えないという表示が出ていた。それで仕方なく一般待合場所で時間を潰した。ベルリンからロンドンに移動したとき大幅に遅れたこともあり、乗り継ぎ時間は十分であることを事前に確認していた。しかし今回はすべて予定通りであった。

ウィーン国際空港でチェックインしたとき、ロンドンからの帰国便の搭乗券は手渡されなかった。ロンドンのカウンターでもらってくれと言われた。このような対応をされるとサービスアップグレードしてくれる可能性もあるが、前回のこともあるので余計な期待はしないでいた。するとプレミアエコノミーのお席をご用意いたしましたと言われた。非常口席のエコノミーが本来の席であるとあまり歓迎しなかったが、この日は普通の通路側だったのでありがたかった。テレビ画面は大きく、スリッパ、歯磨き等のサービスも受けられるからだ。食事のサービスはエコノミーと変わらないが。

九月二十七日日曜日、十五時成田着が予定であったが、実際に着陸したのは十四時過ぎだった。スポットも入国審査場近くで、ゆっくり十四時四十八分の成田エクスプレスに乗車できると計算していた。しかし実際はぎりぎりになってしまった。シルバーウィークの帰国ラッシュの日に当たったため、すべてが混雑していたからだろう。滑り込みセーフで午後七時過ぎに帰宅できた。

二〇〇九年十月中旬

三流都市ウィーン

airplane travel

音楽の都として有名なウィーンが、国際都市、観光都市としていかに遅れているか、その「三流性」について述べたい。パリほど嫌悪感を持つことはないが、頻繁に来訪し滞在を満喫したいとは思わない。その理由について詳しく述べたいと思っている。

八月八日㈬、フランクフルト空港へ予定通り、現地時間十七時頃到着した。ビジネスクラスフライトで空腹感もなく、また眠気も全くなかった。しかしウィーンへの乗り継ぎ便は、私のよく利用する航空会社の系列ではないので、ラウンジで待つことはできない。仕方なく空港の至る所にある普通のベンチで待つことにした。ウィーンの三流性その一のため、遅い時刻にウィーン空港へ着くことを避けた。それで二十時十分発の便を押さえてあった。もう一つ後の便だと航空運賃がさらに安かったが敢えてこの便にしたという経緯がそこにあった。ゆっくり移動して出発時刻の約一時間前に搭乗口へ行った。あとは搭乗を待つだけとなった。しばらくして乗り込むことになる飛行機がそのスポットに着き乗客が降りて来た。機内清掃が済み、給油し機内サービス用食料等を積み込んで、搭乗開始となるはずであった。

搭乗口へは出発時刻の三十分前には来るように指示されている。多くの旅行客がその搭乗口付近へ集まって来た。しかし搭乗開始のアナウンスは、出発時刻になっても聞けなかった。航空会社側の係員もそわそわしだし、旅行客も落ち着きがなくなってきた。係員に聞く人もいたが公式のアナウンスは、出発時刻一時間後まで聞けなかった。一時間後に次のようなアナウンスがあった。最初はドイツ語だったのでわからなかったが、次に英語のアナウンスがあり状況を把握することができた。

「テクニカル・プロブレムにより、予定していたフライトはキャンセルになりました」

実は一カ月前同じようにフランクフルトへ着き、同じ航空会社のフライトでハンブルクへ発つときも、全く同じでフライトがキャンセルになっていた。三流国の三流航空会社なら納得できるが、ドイツの有名な航空会社である。この度重なるフライトキャンセルで激怒したがどうすることもできず、係員のいるカウンターへ行き、どうすればいいかを質問した。すると次のように言われた。

「次のウィーン行きに搭乗できるようにするので、現在持っている搭乗券とその便の搭乗券を交換する」

受け取った搭乗券を持って仕方なくその搭乗口へ行くと、二十一時四十五分発となっていた。そこで新たな心配事が生じた。

ウィーンの空港は街の東南にあり中心部まで距離がある。空港バス、鉄道、タクシーのいずれかを利用することになる。最悪の場合タクシー利用になるが、できれば一番料金の安い鉄道を利用したい。その鉄道も二種類ある。一つは「キャット」というノンストップの列車である。これだと十三ユーロの料金を取られる。しかもウィーン・ミッテという場所まで十六分で行けるが、ここまでしか行かない。そこからは地下鉄かトラムに乗り換える必要がある。もう一つの鉄道利用の方法はSバーン（郊外電車）である。S７に乗車する。これだとウィーンの街中まで均一料金四ユーロですむ。キャットの三分の一以下の料金である。所要時間もウィーン・ミッテまで二十五分くらいである。だから誰しもS７を利用する。

そのS７は毎時十八分と四十八分の二本しか出ていない。さらに二十三時台は四十八分はなく十八分一本である。その次は最終電車の○時十八分となる。到着状態を見るとかなりの観光客が二十三時台に到着する。だから二十三時台、○時台も毎時二本の電車を運行すべきではないか。なお二十三時三十五分に最終のキャットが出発する。これに乗るように仕向けているようにも窺える。悪どいやり方である。

次に、このS７に使用している車両に問題がある。どこからどう見ても戦前の車両のようだ。だから、ホームの高さと車両の床の高さが異なっている。車両へ乗り込むには階段を二段上がる必要がある。しかも電車のドアは手動開閉である。旅行客は大きな重い荷物を持っている。それを持って乗り込むのはたいへんな労力を要する。

一方ドイツ（ベルリン・ハンブルク・ミュンヘン）やアメリカ（アトランタ）では、ホームの高さと車両の床の高さは同じである。ホームと車両の間の間隔も短いので、キャリー式バッグなら引きずって乗車できる。ウィーン市内へ入り、他のSバーンやUバーン（地下鉄）の車両を見ると、すべてがこの種ではない。ドイツのリージョナルエクスプレスと同じ二階建ての車両も走っている。Uバーンには最新の車両を使っている路線もある。これだとホームと列車の床は同じ高さだ。だから車椅子でも簡単に乗車できる。何故、空港へ行く列車にその車両を使わないのかを当局に聞きたいくらいだ。だから、ウィーンは旅行客に全く配慮のない三流都市と言いたい。

私が荷物を持って鉄道の「ウィーン空港」駅へ着いたのは、二十三時十五分前後だった。日本のように乗車し、車掌から切符を購入することはできない。予め自動券売機で購入する必要がある。券売機表示をまず英語に切り替え、ウィーン市街行きのボタンを探し、購入することを機械に伝えて料金を入れ、切符を手にするまでに五分くらいは必要である。それで二十三時十八分の列車には乗れなかった。多くの旅行客も同様であった。仕方なく二十三時三十五分発のキャットへ乗り込む人も多かった。ウィーン市交通局の悪どい罠にはまった人々である。私は年金生活者の身分なので、四ユーロで行けるS7で行くことにした。従って駅で一時間待つことになった。私の滞在ホテルの最寄り駅は「プラターシュテルン」で、S7で行くとウィーン・ミッテの次の駅になる。だから先のキャットに乗っても、このS7を待つことになるのではないかという予想もあった。

けなしてばかりなので、一つだけ褒めてやるとしたら、券売機のインターナショナル性である。見ただけで言語切り替え方法がわかるようになっている。国際的な観光都市だから当たり前だが、そうでない都市もあるのでプラス一点やってもいいだろう。

なお、ウィーンもドイツ型の乗車方法なので改札というのはない。だから無賃乗車はやり易い。ただ切符拝見が来たとき罰金を払う必要がある。しかし、この場合深夜ということもあり、多くの旅行客が無賃乗車したと思われる。実際この乗車期間に切符拝見は来なかった。ただ私はいつも乗車券を必ず購入してから乗車するようにしている。

このような時間帯にウィーン空港駅を出発したので、プラターシュテルン駅に着いたのは午前〇時五十分だった。ホテルはこの駅から三百メートル以内であることは、コンピュータを使ってチェック済みだ。要はホテルに隣接する道路を間違えなければ無事到着できる。だいたいの見当で道路を見つけ確認しようとした。アメリカなら交差点の信号の下に、道路名が表札のようなものに書かれていて一目瞭然である。ドイツだと交差点の信号付近、あるいは近くの建物に道路名が書いてある。その感覚で道路名を確認しようとしたができなかった。駅を出るときは確認し、その方向へ行ったのだから間違いないと思われる。それでどんどん進んでみた。

そしてビルの上部に目的のホテル名を探したが、一向にホテル名が見当たらない。それで不安になってきて駅に引き返し、タクシーを利用することにした。すると通りがかりの人がいたので尋ねてみた。彼もこの方向で間違いないというので、もう一度同じ道を同じ方向へ歩いた。すると木の陰にホテル名を書いた小さい立て看板があった。だからチェックインしたのは午前一時半頃だった。

そこで文句を言いたい。一つ目は、道路の名前がはっきりわかるように表示してもらいたい。住所等はアメリカやドイツ同様、道路名が入るので絶対必要なことである。ホテル名も同様である。アメリカやドイツでは、建物の上部に大きくホテル名を書いた看板を出している。何故そのようにしないのか。木陰にある小さい字の立て看板ではわからない。これはこのホテルに限らず、ウィーンのホテルの大部分がそうである。観光客が初めて来た街でホテルを探す。しかも夜遅くなるかもしれないということは、全く考えていないように見受けられる。これもウィーンの三流性といえるだろう。

なお今後、アメリカとドイツを引き合いに出すが、アメリカはアトランタ、ドイツはベルリン・ハンブルク・ミュンヘンを指し、公共交通機関は、アトランタは「マルタ」、ドイツは都市の公共交通機関全体を意味していることを確認しておきたい。

翌日、公共交通機関乗り放題の切符を買いに出た。ここにもウィーンの身勝手さが如実に現れている。ウィーンでは二十四時間、四十八時間、七十二時間、それと一週間乗り放題の切符を販売している。初めの三種類は切符を購入し、自分で切符を切符切り機に挿入し刻印を入れる。その時刻から所定の時間有効となる。この行為をしないと切符を持っていても有効ではないので、無賃乗車と見なされる。これがドイツ型の切符販売方法改札方法で、日本人には馴染みのないことである。だから注意してもらいたい。料金は二十四時間切符が六ユーロ七十セントである。一方一週間券は十五ユーロと格段に安い。だから誰しもこちらを購入したいはずだ。そこでまたまたウィーン交通局の嫌らしさが登場する。一週間券は以前にも書いたように、月曜日からスタートと決まっていて、切符に印刷されている。このことは旅行書にも記載されていて私も承知していた。それで到着翌日の八月九日㈭にこの券を購入した。記載されていた有効期間は、八月六日㈪から八月十二日㈰までであった。三日間損したことになる。一週間券で四日間乗ることになる。それならばと言って、七十二時間券と二十四時間券を購入すると、二十ユーロ近くになり、たいへんな損をすることになる。それを知っていたので私は迷わず一週間券を購入した。

また、この一週間券で空港までは行けない。この有効期間内に空港へ行くには、二ユーロ切符を別に買って、有効状態つまり刻印を入れる必要がある。ではこの一週間券の使用可能範囲はどこまでかというのが問題になる。正直なところはっきりとは把握していない。ベルリン、ハンブルク、ミュンヘンと同じように、ウィーンにもゾーンがある。一週間券購入時「ウィーン０００」と出るので、ゾーン０の範囲だけ有効のようだ。券売機付近にはそのゾーンを示す地図がある。しかしこの文字が小さい。さらに理解に苦しむ書き方がしてある。しっかり見たが結局把握することはできなかった。だからいい加減に動いていたのでルール違反していたかもしれない。

その点前記のドイツの都市はわかり易い。ベルリンは、A、B、Cのゾーンがあるが、地図も大きく色分けしてあってたいへんわかり易く書いてある。しかもSバーン、Uバーン、バス停、トラム（路面電車）の駅には、その場所はどのゾーンに入るかがはっきりわかるように明記されている。ハンブルク、ミュンヘンも然りである。しかもSバーンとUバーンの駅には、大きなSバーン、Uバーンの路線図がある。特にUバーンでは、ホームと電車の線路を挟んだ壁に巨大な路線図がある。ベルリンではその路線図でゾーンがよくわかるようになっている。ハンブルクはその路線図に大きな楕円が描かれていて、その範囲内なら先の一週間券のような切符で、自由に動けると明記してある。さらにその路線図を見ている人が、現在どの駅にいるかもよくわかるように現在位置に大きな矢印を入れている。初めての、あるいは不慣れな旅行客も、これなら間違うことは絶対にない。なおアトランタにはゾーンはない。一律料金でマルタに乗車できる。

さらに駅、バスやトラムの停留所には、その付近の地図と都市全体の地図があり、これにも現在位置がはっきりわかるように書かれている。これも旅行者にはありがたい。しかしウィーンはそうではない。Sバーン、Uバーンの駅に路線図はあるが、小さいのでたいへん見難い。

また付近の地図もあるが、小さくてしかも現在位置を把握するのに困難を要する。これでは役に立たない。だから不慣れな旅行者には無用の長物である。

到着日の翌日、八月九日㈭は六時前に起きて朝食のパンを買いに出た。ホテルの並びにパン屋があったが、混んでいたので駅へ行った。するとスーパーマーケットを見つけた。入ってすぐのところにパン売り場があり二個買った。持参したコーヒーを入れたいのでついでに水も買った。ヨーロッパで水を買う場合、注意しないといけないことがある。炭酸入りが多い。コーヒーには炭酸入りは合わない。私はかなりヨーロッパも詳しくなったので、間違いなく炭酸の入っていないミネラルウォーターを購入した。「Still」と書かれたものか「Ohne」と書かれたものを買えばいいことは知っていた。

ドイツでは、水などのペットボトルに保証金が付いてくる。一つについて二十五セントである。だから一ユーロの水を買ったとするとレジでは一ユーロ二十五セント払う。そして空になったペットボトルを返却する。そのとき二十五セント戻ってくる。これを人間の手でするとたいへんな労力を要するので、スーパーマーケットにはペットボトル返却用マシーンが置いてある。入れ口から空になったペットボトルを入れると、その機械がチェックする。オーケーだと回収される。ダメだと入れ口へ戻ってくる。回収されたとき、これで終わりというボタンを押すとレジの領収書のような紙切れが出てくる。これをレジへ持って行くと二十五セント返ってくるというシステムになっている。

ウィーンはオーストリアだが、人々はドイツ語を話すので、このようなシステムも同じだろうと考え、ペットボトル返却機を探したが見当たらなかった。すぐに必要ないので、後日ということでレジで支払いをして領収書を見た。すると保証金が付いていないことに気づいた。つまりウィーンは日本と同じ資源ゴミとして回収することがわかった。

このスーパーマーケットで感心したことがあるので付け加えておきたい。ヨーロッパでは、スーパーマーケットはだいたい日曜休業である。しかしここは営業していた。平日と同じ午前六時から午後九時まで開店している。駅の構内にあるということで、旅行者等に配慮しているように思える。チェーン店の一つで、街中のいろいろなところで見かけたが、すべて日曜閉店であった。もう一つはパンの販売である。当日の朝焼いたパンは定価で売るが、昨日のパンは値引きしている。だから安心して焼きたての美味しいパンを買うことができた。日本の有名なチェーン店では、当日のパンと昨日パンを同じ場所に置いて、同じ値段で売るという悪どいことをしている。確かに製造年月日は記載しているので、それを確認しない購買者のミスと言ってしまえばそれまでだが、確認しない人を狙っての悪どい商法と言っていい。

毎朝焼きたてのパンを買いに、このスーパーマーケットへ足を運んだ。前日買っておくことも考えたが、焼きたてが食べられるというので、朝買いに出ることにした。ヒンヤリとした空気を吸って散歩するにはもってこいである。空気がクリスピーといっていい。しかしその心地よさも駅までであった。
そこでまたウィーンの三流性に出会わなければならない。ヨーロッパはトイレが有料である。ホテルから駅へ向かい、一番近い入り口を入ったところに有料トイレがある。いつも誰かが待っていた。しかし夜になると様子は一変するようだ。駅へ入る入り口付近が小便臭い。夜だと死角になる場所で、ここで用を足す人が多いようだ。毎日通ったのでいつも嫌な思いをしていた。ドイツではこんなことはなかった。

到着翌日、昼食を摂るためレストランを探した。まずホテル付近を探した。すると数軒あった。それで見栄えのよさそうなレストランへ入った。そこで驚いた。店内の至る所で煙草を吸っている。各テーブルに灰皿も置いてある。アメリカでは、公共の建物の中では禁煙が当たり前で、吸うと法律違反になる。ドイツでも同じである。しかしここウィーンは違う。唖然として言葉も出なかった。しばらくしてレストランのウェイトレスに、禁煙席はないかと聞いてみた。すると別室へ案内された。この部屋はドアで仕切られているので、煙草の煙が入ってくる心配はない。しかし別のレストランは、店内の一部分が禁煙席であるため、煙草の煙に悩まされることが多かった。さらに小さいレストランでは、吸い放題で禁煙席はなかった。だからレストランを探すとき机の上の灰皿を見た。灰皿が至る所にあるレストランは避けることにした。

しかしホテルのレストランは、どこを見ても灰皿はなかった。私の泊まったホテルでも、数回食事したが快適であった。また前回宿泊したホテルのレストランも同様である。だから嫌煙者はウィーンで食事をする場合、ホテルのレストランを利用することをお勧めする。

昼食後、シュテファン教会へ行ってみた。古い由緒ある教会のようで観光客でごった返していた。入ってみると人混みの中へ入ったようで、息苦しさを感じるくらいであった。少し動くと土産物売り場があった。観光客相手の商売である。これを見て教会の威厳が吹っ飛んだように感じた。ドイツの片田舎の教会の方が神聖さを感じるくらいである。シュテファン教会へは二度と行きたくないと思った。とともにウィーンの観光地へも行かないと決心した。

リング大通りを一番のトラムで回ってみた。至る所に観光客の喜びそうな建物がある。その入り口付近は人でごった返している。だから中を覗いてみようという気にはなれない。また建物についての知識を得たいとも思わない。観光ガイドの本は持参していてそれを見れば一目瞭然だが、その気にはなれなかった。

ウィーンへ来る前予備知識が必要と考え、岩波新書『ウィーン　都市の近代』田口晃著を読んでいた。政治的な話が多く馴染めない書であったが、その中にあったルエガーという市長の名は覚えていた。そのルエガーがこのリング大通りを完成させたと理解した。そしてヒットラーが画家になろうとウィーンで勉強したことは有名だが、そのヒットラーが政権を掌握したとき、このルエガーの市制を参考にしたというニュアンスがこの書にあった。そのようなことを思い出しながらリング大通りをトラムで回った。

レストランはさすがに観光地らしく、英語メニューを揃えているところが多かった。内容を見ると、ドイツで食したものと大差なかった。しかしドイツがウィーンのレシピを模倣したものもある。「ヴィエナー・シュニッツェル」がそれである。元来は、子牛のカツレツだが、それを応用してポークを使ったメニューがある。この方が値段は安い。ただ我々日本人には、どう見ても「トンカツ」である。それに、レモンが添えられているだけだからちょっと味気ない。

前回泊まったホテルのレストランで「カルブス・グラーシュ」を注文した。小さい皿に入ったサラダとポテトがサイドに付いてきた。メインは子牛の肉を角切りにしスープの中に入っていた。スープもおいしかった。調べるとシチューの一種のようだ。これを肴にヴァイツェンビールを飲んだ。それでこの日は、少し満足してホテルへ戻ることができた。ここで「少し」と書いたのは、ヴァイツェンビールが生ではなく、ボトルに入っていたからだった。ハンブルク、ミュンヘンでは「生」のヴァイツェンビールを味わっている。「生」ではないのかと聞くと、ヴァイツェンビールはすべてボトル入りだと言われた。これも私にはウィーンの三流性に思えた。なおヴァイツェンビールは小麦で作ったビールで苦みがなくひと味違う。ただアルコール度数が高いので注意すべきである。

滞在中のある日、ベートーヴェンと話したくなりハイリゲンシュタットへ行った。ベートーヴェン像の前のベンチに座った。そして見上げると前回とは違うように思った。気のせいだろうが、少し小さくなったように感じた。それで公園内を歩いた。かなり大きな公園で行ったことのない方向へ行ってみた。するとスイミングプールがあった。公営のようだ。聞いてみると、五ユーロで誰でも泳げるという返事が返ってきた。ミュンヘンは三ユーロ五十セントだったように記憶している。値段も高いようだ。

私は四十五歳くらいに、毎日のエクササイズをジョギングから水泳に切り替えた。腰痛と膝のことを考えてそのようにした。水泳は、一週間以上やらないと水泳用の筋肉が落ちて再開したとき筋肉痛に悩まされる。それで海外へ出ても、可能なら水泳を欠かさないようにしている。それで翌日このプールを利用した。五ユーロを入り口で払い中に入った。更衣室は男女の区別をしていない。ドイツに多いがここも同じだ。ドイツで慣れているので違和感はなかった。この日は客が少ないようで更衣室には誰もいなかった。スイムウェアに着替えプールへ出た。コースが二つに仕切られていて、あとはフリーに泳げるエリアになっていた。いつも感じるのだが、ヨーロッパのプールはどうも二十五メートルより長い気がしてならない。係員に聞くと二十五メートルと言っているが。そして水温が低い。これは海外のプールに共通している。この方が実は泳ぎ易い。疲労度が全然違う。入った時は冷たく感じるが、一往復もすると体はホカホカになる。

コースでは各コース一人ずつ泳いでいるだけなので、私もコースで泳ぐことにした。先客がターンをしたのでコースで泳ぎ始めようとした。そして前方を見て驚いた。往路と復路が同じであった。普通、コースでは右回りするのが常識である。万国共通ではないだろうか。右回りだと四人ぐらい同一コースでも気持ちよく泳げる。このように右回りせず、往路と復路が同じだと一コースに二人以上入れなくなる。プールには当然監視員がいる。横に泳ごうとすると注意していたが、このコースでの泳ぎ方には何も言わなかった。それで呆れ返ってコース以外のエリアで泳ぐことにした。別の日に別のプールへ行ったが同じであった。私はこのこともウィーンの三流性と言いたい。

帰国日になった。出発時刻は午後三時半だったので、午前中はホテルでゆっくりすることにした。これがヨーロッパを去る日の常である。エレベーターのところに、出発時刻の遅い人は遠慮なくフロントに申し出てくれ、チェックアウトは正午だが調整すると書いてあった。それで一時間半延長したいと言うと料金を要求された。無料ではない。ドイツではこんなことはなかった。すべて無料で早めに申し出るだけを強調していた。ここにも観光客を食い物にしようとするウィーンの魂胆が見え隠れしている。それで、正午にチェックアウトし荷物を預けて昼食に出た。

今度は、ウィーン市内から空港へ行くことになる。もちろん一番安いSバーンを使用する。

そこでプラターシュテルン駅の券売機の前に立った。少し慣れてきたのですぐに英語に切り替えた。するとエアポートという文字を見つけた。タッチするとキャットの料金を要求してきた。本来ならキャットとSバーンの両方を表示し、選択させるべきではないか。不慣れな旅行者ならすぐにキャット切符を購入してしまう。これもウィーン交通局のあくどいやり方である。

私はその罠にははまらなかった。もう一度最初の画面に戻しよく見てみた。すると「行き先」という表示を見つけた。これをタッチすると、行き先を指定すれば料金がわかり、切符を購入できることがわかった。この辺のことは、何度か行ったドイツで得た知識だ。するとそこに「エアポート」という表示があった。それをタッチすると、四ユーロで行けることがわかり、すぐに切符を購入した。

列車の時刻を見るためテレビ画面の側へ行った。すると見知らぬ旅行者風の若者に声をかけられた。まず英語をしゃべるかと聞いてきた。「イエス」と言うと英語で質問してきた。空港へ行きたいがどの電車に乗ればいいかというものだった。それでテレビ画面を指差し、この列車に乗ればいいと教えてやった。そのとき手に持っていた切符を見せ、これはその券売機で買えるよと教えてやった。しかしその若者は「サンキュー」とだけ言って、ホームへ向かった。無賃乗車するつもりだなと即座に感じた。この日もその列車の車掌は切符拝見に来なかった。だから私も悪意があれば、無賃乗車できたことになる。

午後二時過ぎに空港駅に着いた。そして出発ゲートへ急いだ。ここからは到着時とは違うルートである。前回は工事中で動き難かったが、今回はスムーズに進んでいった。チェックインを済ませ手荷物検査場を通過してゲートへ行った。私のよく利用する航空会社の系列だと、ここでラウンジが使えゆったりできる。飲み物食べ物はふんだんにある状態だ。しかしこの航空会社は系列が違う。だから往路のフランクフルト空港同様に、普通の待合所で待った。するとトイレに行きたくなった。表示を探しその指示に従った。ドアを開けると階段があった。トイレは一つ下の階である。ここでまた呆れ返った。最近内装を変えたばかりである。旅行客は手荷物とはいえ荷物を持っている。それなのにこの構造は何か。全く旅行客のことは考えていない。

最後にウィーンの三流性のだめ押しを見たように感じた。そして航空機に乗り込んだ。子牛のシチューとゲッサーというビールはうまかったので、これを最後にしたいとは思わないが、しばらく来たくないという気持ちを強く持ってウィーン空港を離陸した。

なお、この原稿は二〇一二年九月中旬書いたもので、現在は少し改善されているかもしれないことを付け加えておく。

ロンドン地獄と天国

airplane travel

二〇〇七年十二月二十六日、初めてロンドンに向けて旅立った。ここまでヨーロッパでは英語圏以外の国が多かったので、言葉で苦労しない国に行くことを考えた。さらに、ヨーロッパの主要都市で、ハブ空港があるところだから多くの航空会社が乗り入れている。ということは行き易いことにつながる。それでこの国を訪れることを決意した。

□ボクシング・デー

英国入国について出発前少し調べたことがある。入国時のパスポートの残存期間である。私の有効期限は入国時、すでに二カ月を切っていた。チェコに入国のとき困ったので英国大使館に聞いてみた。すると出国時まで有効期限があれば問題ないという返答だった。それで一つ問題は解決していたが、テロの関係で入国審査が厳しくなっているという情報があった。だから時間がかかることが想定される。ロンドンでの午後四時は日本時間の午前一時で眠くなってきている。だからできるだけ早く入国手続きを済ませたい。不安と期待をもってその場所に立った。するとアメリカ入国ほど厳しい状況ではないことがすぐわかった。テーブルの脇に立っている入国審査官のところに行き、入国目的を言い、出国日を言って、帰りの搭乗券を見せればそれで終わりだった。現在はテロの関係でアメリカ並みに厳重になっていることを付け加えておきたい。

一分少々でそこを通過し、私はプライオリティのため、すでにターンテーブルにそれらしきスーツケースがありすぐにとりに行った。機内持ち込み一つとこのスーツケースだけが手荷物で、これでホテルに向かうことができた。

ホテルはパディントンという駅の近くにとっている。空港からパディントンまでヒースロー・エクスプレスで行ける。料金は片道十五ポンド五十シリング（約三千六百円）と高いが十五分で到着する。他に、地下鉄やバスで行く方法もあり、その方が料金的にはるかに安いようだ。しかし疲れていることもあって私はエクスプレスを選択した。それで案内に従って切符売り場に向かった。この国は公用語が英語なので問題なく切符売り場に着いた。すでに行列ができていて一番後ろに並んで順番を待った。しばらくして順番が来てヒースロー・エクスプレスの切符を購入したいことを告げた。この列車は途中の駅には止まらない。それでそれ以上何も言う必要はなかった。そのとき意外な答えが返ってきた。

「本日、ヒースロー・エクスプレスは運行していないのでバスで行って下さい」

それでバスの乗車券をそこで購入しバス停に向かった。料金は十ポンド二十シリング（約二千四百円）だった。これが一苦労だった。かなり迷ってうろうろした。三十分近くかかってやっと発着場に辿り着きバスに乗車した。満員の状況で出発し、三十分くらいでパディントンに到着した。

この十二月二十六日は「ボクシング・デー」である。イギリス・アイルランド・スコットランド・オーストラリア・ニュージーランド・カナダ・ケニア・香港などで採用し休日になっている。クリスマスの翌日で、元々は教会が貧しい人たちのため寄付を募ったクリスマスプレゼントの箱（ボックス）を開ける日であった。それで「ボクシング・デー」と呼ばれるようになった。クリスマスも仕事をしなければならなかった召使いたちに、翌日家族と過ごさせるためにつくった休日でもあり、主人が箱（ボックス）に贈り物を入れて召使いに配ったようだ。他には、クリスマスにカードや贈り物を届けてくれた郵便配達人にも、労いの意味を込めて二十六日に箱入りのプレゼントをする日でもあるようだ。またこの日はバーゲンセールが行われる日でもある。

クリスマスの日はヒースロー・エクスプレスは運行していたのかどうかはわからないが、運行していたならばその従業員たちの労を労い、この日は運行しないとするのは、ボクシング・

デーの意に則していると言えなくはない。しかしクリスマスから新年にかけて旅行のシーズンであり、交通機関は書き入れ時でもあるだろう。そこで運休するというのは我々東洋系の人種には理解できないことである。その日を休日にしクリスマスに働いたことの労を労うのが正しいのか、それとも自己犠牲の精神で働くのがいいのか、これは難しい問題で、どちらが間違っているとも断定し難いようである。しかし日本人には馴染み難い制度であることは確かだろう。

□地獄の苦しみ

ホテルのあるサセックスガーデンというのは、大きな道だが、実際に車の通る車線は二車線で、歩道の部分が多くとってあって、木が植えられ少しガーデン風にしてあるところだ。当初コンドミニアムだったようだが、今はそれを改造してホテルにしたように見える。だから大きなアパート風の建物が軒を連ねて建っていて、一軒一軒仕切られ、その一つ一つがホテルになっている。入り口を入るとすぐにロビーになっていたが、アメリカで泊まるホテルとは全く違っていた。このホテルはインターネットを利用して自分で探したホテルだ。出発前にコンセントの形状とシャワーだけか湯船もあるのかメールで聞いたが返事はなかった。チェックインが終わったときその旨を聞いたが、満足な回答は得られなかった。面倒だから無視したようだった。

部屋に入ってまずその狭さに驚いた。ダブルベッドが中央にあるが、その両脇のスペースはほとんどない。かろうじて一方に机と椅子があったが、持ち込んだスーツケース等を置く場所にも困るほどだ。机の面も狭く椅子は踏み台といった方がいいくらいお粗末なものだ。ただ湯沸かしはあったので重宝した。机の側にドアがあり、開けてみるとトイレとシャワーが付いていた。この部分は最近新しくしたようで近代的な感じがした。まずベッドに横になり一休みしながら、この空間に十二泊しないといけないのかと思いうんざりした。

時刻は六時半頃で、夕食にしたかった。しかしホテルにはレストランはなく、あたりにそれらしいものもなかった。それで持ち込んだおにぎりで夕食を済ませることにした。インスタント味噌汁も持ち込んでいて水の調達が第一だった。ホテルの印象が悪く、イタリアでの盗難被害を思い出し厳重に持ち物には鍵をかけ外に出た。さっき来た道に水を売っている店を見つけていた。今夜はそこで買うことにした。エビアン一リットル半で一ポンド九シリング（約二百五十円）は高い。しかし今夜は安い店を探す余裕はなくそれで我慢し購入した。ここでは無料プラスチックバッグにその水を入れてくれた。

ロンドン時間午後七時というと日本時間午前四時である。機内ではうとうとした程度で眠気は十分ある。それで夕食を済ませた後シャワーも浴びずまず寝ることにした。たぶん夜中に目を覚ますだろうが、そんなことはかまっていられなかった。ベッドに横になるなりすぐに寝付いたようだ。

いつものように午前三時過ぎに目が覚めた。少し空腹感がありパンを持っていたが、我慢して朝食を待つことにした。昨夜は夕食を済ませすぐに眠りについたので、持ち物はそのままスーツケースに入っていた。それでまず必要なものを取り出し、わずかしかない引き出し等に入れ、十日余りの滞在を少しでも快適なものにしようと努力した。このホテルを選んだ理由の一つに、宿泊費が安かったことがあげられる。十二泊で七百五十二ポンド（約十八万円）だから一泊一万五千円である。調べるとここが最低料金に近かった。ロンドンは高いところだと聞いていたのでこの辺で手を打った。他にはパディントンの駅から近いということと、インターネットが無料で接続できることであった。いまやコンピュータは旅の必需品である。その理由はインターネット接続でその街の情報を得ることにある。グーグルでその街の地図を出し、行きたい場所を検索すると、そこがどこにあるかが即座にわかる。地図の縮尺を上げると地下鉄駅も出るので、地下鉄路線図と平行して調べると即座に行き方まで把握できる。また最近覚えたことだが、行きたい場所までどこから行くかをインプットすると、車で行くルートまで出る仕組みになっている。他にはメールを見ることもできるしもちろん送ることもできる。さらにクレジットカード支払いをしたとき余計なチャージはないかも見ることができる。

外国でクレジットカード支払いは気をつけないといけないと聞いている。カードの情報を盗まれ法外なチャージをされる人がいる。それでクレジットカードを使ったとき領収書をきちっと保管し、余分なチャージをされていないかチェックするようにしている。それもコンピュータを持参しインターネット接続ができれば可能である。だから今回もクレジットカードを使うと、数日後にはチェックを怠らないようにした。もし身に覚えのないチャージがあればカード会社の担当者にメールをできるようになっている。なお今回の旅行では、身に覚えのないチャージは皆無であったことを付け加えておく。

朝食は七時半から九時半までで、地下の食堂で食べるように言われていた。レストランといった類いのものからはほど遠かったのであえて「食堂」と記すことにする。その食堂に入ると初老の女性が迎えてくれた。まず「コーヒー」か「紅茶」かを聞かれた。迷わず「コーヒー」と答えて適当に席に着いた。三十人以上入れるところで、各テーブルには、ジュース類を入れるグラス、トースト用の皿、コーヒーカップ、ナプキンが配置されていた。少し離れたところにオレンジジュースとアップルジュース、チーズ、ミルク、コーンフレーク、ゆで卵が置かれていた。自由に食べて下さいということで、まず、チーズ、アップルジュースとゆで卵を取って席に着いた。しばらくすると、先ほどの女性がトーストを持ってきてくれた。小さい薄手の食パンをトーストし、斜めに切ったものを六枚もってきた。ジャムとバターは机の中央にあった。コーヒーはよく見るとインスタントだったが熱いのを運んでくれた。たっぷりカップに二杯ありこれで十分だった。これで満腹になり部屋に戻った。この日は他の泊まり客に食堂で会うことはなかった。その後この食堂が満席になることは一度もなく、多くて数人見かけたくらいだった。なお後半はよくゆで卵のサービスは省略された。またこのゆで卵の作り方が悪いようで、ほとんど半熟だったり殻が取り難いことが多かった。

外出し夕方ホテルに戻ったとき少し汗ばんでいた。寒いという情報があったので厚着して外出した。しかし店や乗り物に乗ると暖房が利いている。それで汗ばんでしまった。しかもそのときホテルの部屋の暖房は止まっていた。各部屋で暖房の調節はできず、中央でコントロールする暖房の仕組みだ。それでどうも寒い思いをしたようだ。翌日から咳が出だした。うがい薬のイソジンはいつも携帯していて、さっそくうがいして風邪対策を行った。その甲斐があって大事にはいたらなかった。夕食を済ませシャワーを浴びたいが部屋が寒い。シャワーの湯の温度をみるとかなりぬるい。これでは風邪を引いてしまう。それに眠気もきていた。その日は午後八時頃だが寝ることにした。

目が覚めると午前一時だった。暖房はがんがんに利いていて暑いくらいだ。シャワーの水温はあまり高くないが、洗面所のお湯はかなり熱いのが出る。それでシャワーを浴びることにした。今回から「洗い桶」を持参している。主目的はひげ剃りをするとき、ヒゲが濃いので十分に蒸したい。洗面所ではすぐにお湯が冷めてしまうので、その対策で持参したものだった。シャワーを浴びた後、洗面所の熱めのお湯を洗い桶にとって数回体にかけた。これで十分に暖まることができ、シャワー上がりに体を冷やす心配はなくなった。それにしてもシャワー室が狭い。体を洗っていると手がぶつかる。近代的で清潔な造りにはなっているが不便を感じた。シャワーを済ませベッドに横になると何やら照明の付近を飛んでいる。よく見るとハエだ。あまりにうるさいので仕方なく始末した。またその照明が暗い。しかもベッドの側の照明は電球が切れている。机は小さくて狭く、これではコンピュータを使って書き物もできない。だんだんとこのホテルを選択したことを後悔し始めた。しかも翌日、昼ホテルに戻ったときハウスキーピングに入った形跡で窓が開けっ放しになっていて、しかも入った人が持ち込んだ空のペットボトルが机の上に置きっぱなしになっていた。二日目もチップは五十シリングにした関係で嫌がらせされたようにも見える。それで三日目から一ポンドのチップを置くようにしたところ以後そのようなことはなくなった。

ただ、翌日チェックアウトという日の昼戻ったとき、ベッドは整えられていたがシーツを入れてなかった。新しいのがベッドの上に置いてあるだけだった。自分でベッドメイキングをしろというようにも受け取れた。

先のベッドの側の電球については、三日目に申し出たらすぐに新調しその日から点灯した。しかしシャンプーはなくなっても補充されることはなかった。これも申し出ないといけなかったのかもしれない。アメリカのホテルだと毎日新しいシャンプー、石けんに替えていく。少しサービス過剰と思えるくらいだがここは全く違っていた。石けんも小さいのが三つ置いてあっただけだった。それは予想がついたので大きな石けんを一つ持参していた。朝、朝食時にコーヒーを入れてくれてトーストを作ってくれる女性が、ハウスキーピングに来ているということがわかった。それに対する感謝の意味で三日目からチップを一ポンドにした。しかしチェックアウトの日は、小銭がなかったこともあり、ベッドのシーツが置かれただけだったので、チップは省略した。もう二度とこのホテルを利用することはないだろうから。

ホテルで、朝食時にコーヒーとトーストのサービスをし、ハウスキーピングもしてくれた女性の言語は英語ではなかった。もう一人のホテルの従業員と会話しているときわかった。私にはフランス語に聞こえたので「今、フランス語で話していたのですか」と聞いたところ「ユーゴスラビア」の言語で話していたと答えてくれた。イタリア語もフランス語に似ているので私には区別がつかない。ロンドンはニューヨークに匹敵する国際都市なので多国籍都市になるのも無理はないだろう。

□天国の喜び

二〇一四年十二月三日、再びロンドンに向けて旅立った。今回の旅行目的はファーストクラス搭乗だった。もちろんマイル使用である。せっかく乗るのだからサービス時間の一番長いところということでロンドンになった。ホテルも五つ星を選んだ。一泊日本円にして九万円くらいだ。これはラウンジ付きで値段が跳ね上がっていた。場所はハイドパークの北東端で、パディントンまでヒースロー・エクスプレスで行って、そこからはタクシーを利用した。外からは普通のホテルに見えたがサービスは最高だった。ロビーは広くなかったが係員と対面で椅子に腰をかけてチェックインできた。

部屋に入るとウェルカムのフルーツが卓上に用意されていた。大きなダブルベッドで部屋も広く、バスルームも広く明るかった。海外では珍しいウォシュレットになっていた。スイミングプールは地下にある。十五メートルプールでサウナもプールサイドに付いていた。ここでも自由に取れるフルーツがあった。プールはそれほど混んでいなくて毎日気持ち良く利用した。

食事は全てラウンジで済ませていた。朝食は決められた時刻にスタートし、メニューも豪華で腹一杯いただいた。昼食のサービスはなく、午後二時頃紅茶タイムになり、このときケーキがサービスされた。それで朝食時に昼食分のパンは頂いていた。夕食時ワイン、ビール、ウイスキー等のサービスと温かい食べ物が二、三並び、もちろんパン、野菜、果物もありこれで十分夕食になった。そして常時コーヒーやソフトドリンク、そして果物はいただけるようになっている。詳しくは第二部の「ホテルラウンジランキング」の部分を参照されたい。

チェックアウトは正午までで、チェックアウト時荷物の預かりをお願いしたところ、荷物を取りに来るまでラウンジを使って下さいと言われ、再度、ラウンジキーを渡してくれた。従って、出発までゆっくり時間待ちができた。

ロンドンではもう一軒ラウンジ付きの五つ星ホテルに滞在した。ここはリージェンツパークに近いところで空港から地下鉄を使っていた。ホテルの系列は前者と同じでほとんどのサービスが同じだった。ただ一泊五万円くらいでラウンジの食べ物の質が落ちていた。しかしラウンジに置かれているクッキーは最高に美味しかった。もらってきてロンドン土産にし帰国後もコーヒータイムに味わっていた。

スイミングプールはロビーに隣接して設置されていた。十五メートルくらいの長さだが途中から浅くなっているので泳ぎにくかった。それに混んでいることが多く、利用度を見て入る必要があった。

次回ファーストクラスでロンドン旅行するときも、このいずれかのホテルでゆっくり寛ぎたいと考えている。

オーストラリア

airplane travel

一九八七年夏、パースにある大学で国際学会が開催された。そのとき初めて赤道を越えて南半球へ飛んだ。さらに一九八九年十二月末シドニーを訪れ年末を過ごした。

二〇〇〇年七月、再度パースで国際学会があった。その後オーストラリアに縁はなく退職を迎えた。そして二〇一五年、オーストラリア旅行を思い立った。目的は南天の星座を見ることだった。シドニーとパースはすでに行っているので別の場所にしたかった。しかしJ航空の飛んでいないところは考えたくないという理由でよく調べてみた。そこでケアンズとゴールドコーストが候補に挙がった。両方とも海岸線にある。海の上には光がないから、星がよく見えるだろうと考え、この両地への航空券を手配し旅行の準備を始めた。優雅な旅行を考えてホテルはラウンジ付きの部屋を予約した。

□オーストラリア入国

調べてみるとオーストラリア入国には、ＥＴＡの申請が必要であることがわかった。これはエレクトリック・トラベル・オーソリティーの頭文字を取ったもので、オーストラリアの電子入国許可である。旅行者の氏名、生年月日、旅券番号、渡航目的などを事前にオーストラリア移民局へ登録するものである。有効期限は一年間でその期間は何度でも訪問できるが、滞在期間は三カ月以内に制限されている。この登録には手数料としてオーストラリアドル二十ドルをクレジットカードで支払う義務がある。アメリカ入国にもＥＳＴＡ（エスタ）が必要で、こちらは二年間有効で料金は米ドル二十一ドルである。アメリカの方がこのシステムの導入は早かったようだが、私はビザを持っていたので登録したのは最近であった。つい最近カナダもこのシステムを導入したと聞いているが、まだ申請したことはない。

オーストラリアは有効期間が一年ということで、なるべく出発間際に手続きを行うことにした。一つ目の旅行予定は二〇一五年一月十三日㈫から約二週間滞在のケアンズであった。初めてでコンピュータ操作が苦手ときていたので、一カ月前の前年十二月十八日に行った。サイトへ入り指示に従って進めていった。すると簡単にＥＴＡの申請を行うことができた。この経験で次回は間際で十分という感覚を持った。しかしすべてが電子化されると便利ではあるが、コンピュータ操作に不慣れな人には大変になった。これを旅行業者に頼むと数千円の手数料を取られるだろう。古き良き時代が懐かしく感じられた。

□ケアンズ

私がいつも利用しているＪ航空はケアンズへ直行便を飛ばしている。しかしいろいろと不便なことが多くシドニー経由便を選んだ。これだと成田空港午後七時台の出発になる。Ｊ航空は最近アップグレードがやりやすくなった。アップグレードとは、基本的にエコノミー席を購入しマイルを使い追加料金を払って、ビジネスクラスの席にアップしてもらうものである。シドニー便では追加料金と使用マイル数は、アメリカ線やヨーロッパ線と比べると少なくて済む。ただ夜の出発で機中泊になる。Ｊ航空ビジネスクラスもこの時期からフルフラットの座席になり、完全に横になって寝られるようになった。しかし食事サービスは現在のシドニー便とは異なり、二度目の食事は「和食」と「洋食」の選択しかなかった。現在のように「お好きな時に何度でもどうぞ」というサービスではなかった。

この日成田空港のファーストクラスラウンジへ午後五時頃入った。ビジネスクラスということで軽めの食事にして搭乗した。搭乗機は予定時刻に離陸し一路シドニーへ向かった。晴天で進行方向に向かって右側の席で、鹿島灘の先にある銚子市付近が地図と全く同じようにライトアップしているのが見えた。しばらくすると夕食のサービスが始まり、ワインを一杯だけもらって、食事を楽しみ横になって眠りに入った。

目を覚ますと時刻は午前二時過ぎで辺りの照明が消されて暗かった。この時刻は日本時間である。このとき行き先のケアンズの時刻がわからなかった。シドニー着は現地時間で午前六時半であった。シドニーは基本的に日本時間とは一時間の時差があり、この街は夏時間採用で、日本より二時間進んでいる。だから日本時間にすると午前三時過ぎに朝食のサービスになる。それで目を覚ましてからしばらくすると辺りが明るくなり、食事の注文を取りに来た。迷わず「和食」にして食事を楽しんだ。その後入国カードが配られ四苦八苦した。まず書かれている字が小さすぎて読むのに苦労した。次に規定が厳しくなっているのに驚いた。機内放送でも、食料品は絶対に持ち込まないことと、虚偽の申告には罰が与えられることを強調していた。

ビジネスクラス搭乗者には、機内で入国審査場のプライオリティカードが配られ、到着してから少し早く審査を受けることができた。入国カードを提出し審査を待った。するとそのカードに何やら記号を書き込んで、これを持って「行け」と言われた。預けた荷物を取って申告なしのレーンに並び、おっかなびっくりで係員にカードを手渡すと、すんなり通過できオーストラリアへ入国した。ここからはネットで調べた道筋を辿った。K航空への乗り継ぎはそのまま進んでカウンターへ行き、手荷物を再度預けて国内線行きの無料バスに乗り込めばよかった。それもすんなりいって国内線ターミナルに着き、K航空のビジネスクラスラウンジへ入った。もしK航空以外でオーストラリア国内線に乗り継ぐ場合、料金が目を剝くほど高いエアポートトレインに乗って国内線ターミナルへ移動する必要がある。普通では考えられない国内線への移動方法である。イギリスのガメッツサが如実に出ている気がする。

K航空国内線ビジネスクラスラウンジは予想以上に素晴らしかった。ケアンズまでシドニー空港から三時間の飛行である。ここでも一つ驚いたことがあった。国内線エコノミークラスにもかかわらず食事のサービスがあることだ。それほど豪華ではないが、食事が配られその後アイスキャンディのサービスがあった。そして、現地時刻正午過ぎにケアンズ空港へ着陸した。この旅行予約を入れたときケアンズの正確な位置を把握していなかった。出発直前に調べたところ南緯十六度である。これは熱帯に入る。預けた荷物を取り外に出てその暑さを体験した。ホテルへはシャトルのようなものに乗って行った。次々に客をホテルで降ろし私は最後になった。しかし五つ星ホテルで、すぐにチェックインし部屋に入り大満足した。ラウンジ付きの部屋で早速ラウンジへ行ったが、鍵がかかっていて午後五時に開くと書いてあった。ビジネスクラスフライトでも睡眠不足で少し眠った。

午後五時に待望のラウンジがオープンした。空腹だったのでいろいろ食べて、ビールも飲んだ。それで六時過ぎに酔っ払って部屋へ下がりベッドに潜り込んだ。

深夜午前一時頃目が覚めた。そこで外へ出て南天の星座を見ることにした。ここは南緯十六度でオリオン座が天頂より少し南にあり、南東の方向から南十字星とケンタウルス座α星とβ星が昇ってくるところだった。しかしオリオン座以外はすぐには把握できず、しばらくしてから気づいた。それにしても雲が多すぎて星がしっかり見えない。その後毎夜深夜から明け方外へ出て空を見上げたが、大部分は雲に覆われて晴天の夜空には出会えなかった。

翌朝、午前六時半にラウンジが開き朝食を摂りに行った。典型的な西洋風朝食メニューが並んでいるだけだった。しかしロケーションは最上階にあり、眺めが良く飛行機の発着のよく見える場所にあった。

私がこのホテルを選んだもう一つの理由はプール付きであった。ブーメラン型のプールで、カーブして端から端まで泳ぐと五十メートルある。だから到着の翌日から毎日泳いだ。

街に出てみると昼間は気温が高く蒸し暑さを感じた。東洋系の観光客と店が多いのが目についた。またすべての値段が高いのに驚いた。ミネラルウォーターが一リットルオーストラリアドル二ドル以上で売っていた。しかし歩いてみるとスーパーマーケットを見つけ、ここでは六十セントだった。

夕方飛行場方向へ海岸線をウォーキングした。綺麗な入り江になっていたが海水浴をする人は見かけなかった。歩いているとき立て看板のようなものを見つけ、近づいて読んでみると「ワニの生息地域だから気をつけろ」と書いてあった。それで誰も海水浴をしない理由が納得できた。

帰国時シャトルバスから辺りを見ていると、飛行場に近づくに従って二メートルくらいの鉄で作った網の塀が目についた。そこにも「ワニがいるので近づくな」と書いてあった。結局人間がワニの楽園に侵入しそこを破壊して飛行場を造ったことに気づいた。復讐に燃えるワニの気持ちも理解できる。

復路は、ケアンズ空港からシドニー空港へ飛び、シドニーで一泊して翌朝の成田便に乗るという行程であった。ケアンズ空港K航空国内線ラウンジも食事ができる豪華なものだ。満足して搭乗しシドニー時刻午後三時半頃シドニー空港へ着いた。一晩眠って翌朝発つので空港近くの安いホテルを予約してあった。しかしそこへ行くのに骨が折れた。その辺にあるホテル全体に対して、一台のシャトルバスしか出ていなかった。しかも三十分に一本の割合だ。またそのホテルは、日本円で一泊一万円以上の値段だが、全くお粗末なものだった。トイレとシャワー室が一つになっていて、布のカーテンで仕切られているだけだ。だからシャワー使用後、全体が水浸しになった。また近所に食料品を買うコンビニのような店もなかった。幸いケアンズラウンジでもらってきたものがあり、それでその夜の飢えを凌いだ。

翌朝空港シャトルで空港へ行き、チェックインを行ったとき、出国カードのようなものを書くように言われた。ニュージーランドでは出国時金を取られたが、ここではそれはなかった。ただ私の場合プライオリティで、そのレーンを通って気持ちよく中へ入れた。ここでもK航空のファーストクラスラウンジが使えた。

□ゴールドコースト

この年二度目のオーストラリア旅行にゴールドコーストを選んだ。同年二月八日㈰からケアンズ滞在と同じ日数で予定し、同じ系列のホテルでラウンジ付きの部屋を選んだ。航空券もアップグレードでビジネスクラスにした。二度目のシドニー空港で、勝手がわかっていてスムーズに行った。入国カード記入用に拡大鏡を持参していた。ゴールドコーストは一時間と少しの飛行時間で到着した。空港から前回と同じようにシャトルを利用した。ここでは一時間近くシャトルに乗っていたように記憶している。ホテルにチェックインし、指定された部屋のフロアにエレベーターで上がると、右に行くと私の部屋になり、左に行くとラウンジだった。部屋に入り荷物の整理をしてからすぐにラウンジへ行ってみた。ここは午前六時半から午後十一時までずっと開いていることを確認した。入り口のドアは透明ガラスで、中に二人この部屋の管理に当たる係員がいた。ラウンジへの入室は部屋と同じカードキーを利用できた。早速飲み物を少しもらい、朝食の残り物のようなパンが置いてあり、これらで私のこの日の昼食を済ませた。夕方の酒と軽食タイムは、午後六時から九時までで、部屋に戻って昼寝することにした。

午後六時半から夕方の軽食の時間が始まる。これは平日で午後八時半、週末で午後八時までであった。しかしその後もラウンジは開いているので出入り自由だった。ケアンズのホテルと比べるとメニューは豊富だが、料理は何日かのサイクルで同じものが繰り返された。ここではオーストラリア産ビールとワインを少々もらって満腹になると部屋へ帰り眠った。すると午後九時頃喉が渇いてきて目が覚め、再度ラウンジへ行きソフトドリンクを飲んでから、またベッドに入るという習慣になっていった。

朝食サービスは午前六時半に始まるので、その時刻にはラウンジへ行くことにしていた。ケアンズより少し豊富なメニューであるが、よく見るとあまり代わり映えはしなかった。常に開いているので何か飲みたいとき、あるいはぼんやり外を眺めたいとき、いつもこの部屋へ行くようにしていた。

このホテルのプールは三十メートルあった。ゴールドコーストは南緯二十八度くらいで、日本で言うと初秋の時季であり水が冷たく感じられた。ちょうど私の部屋の窓から見えたので、空いているのを見計らって降りて行くようにした。その後、近くに室内温水プールがあることに気づき、滞在後半はこちらで泳ぐようにした。これは二十メートルくらいのプールだった。

ここでも夕方ウォーキングをしていた。強い海風を利用してカイトのようなものに乗るスポーツを楽しんでいる人が多かったが、海水浴を楽しむ人は少なかった。そのような人がいると浜から注意を呼びかけていた。何故かをラウンジ係員に聞くとサメが多いので、注意を呼びかけているという。そのとき最近のサメによる犠牲者の話も聞いた。

夜、外に出て空を見上げると、ケアンズで見たときより、南十字星とケンタウルス座α星とβ星が上がっていた。一カ月後であったので約三十度高く昇っていることになる。だからホテルの部屋の窓から見ることもできた。何度か南天の星を見上げていると、だんだん星座等に馴染みができてパッと見てもわかるようになった。

ケアンズとゴールドコーストは東海岸線にある。海上では、夏場海水をどんどん蒸発させ活発に雲を作る。それに東風、特に海からの風が強く、その風に乗ってどんどん雲が陸地に来るので、天文観察には向いていない場所であることがわかった。それでラウンジ係員に、天文観察にはどこが良いかを聞いたところ、内陸か、西海岸が良いと教えてくれた。オーストラリア内陸は砂漠地帯で、ここには毒ヘビが多いことは知っている。熱帯付近の海にはワニ、中緯度付近にはサメ、そして内陸砂漠地帯には毒ヘビと、大変危険な大陸であることを改めて思い知らされた。

ケアンズとゴールドコーストは、両方とも前記のように気候上の問題があるが、観光客の集まるところなので夜通し近所が明るかった。ゴールドコースト海岸は、陸地から海に向かってサーチライトのようなもので照らしていた。ケアンズでも一部がそうだった。だから深淵の宇宙にある天体は見えない。この旅行のため八倍の倍率を持った双眼鏡を持参したが、無駄に終わった。それでこの二つの街には二度と来ないと決めた。ただ今回は両方ともラウンジ付きの部屋にしたので、ホテル側からいろいろな差し入れがあった。着いたときはウェルカムのフルーツが、そして毎日ハウスキーピングの後にチョコレートのサービスがあった。ミネラルウォーターも常に机の上にあった。料金をそれなりに払えばそれだけのサービスを受けられることを知った。

ゴールドコーストからの帰国時もシドニーで一泊する必要があった。前回の経験から街中にホテルを取り、二百ドル以上の部屋にしたが、それほど代わり映えしなかった。J航空の帰国便が、朝の出発であることが宿泊を必要としている。しかしその便に乗る前に入るK航空ファーストクラスラウンジで今回も快適に過ごすことができた。一長一短である。いろいろな経験をすることが旅の楽しみの一つでもある。

ケアンズとゴールドコーストの旅から夏場東海岸で滞在しても、南天の夜空を楽しむことができないことがわかった。それで来年はパースに行くことにした。しかし帰国便に乗るために一泊したシドニーは、それほど暑さも感じない気候で夏場でも天気も悪くなかった。緯度が高いため海上で水を吸い上げる力が弱いからだろうと判断した。南十字星が西に傾く頃、再度南半球を訪れたいと考えた。それでこの年の十月初旬シドニー旅行を計画した。

シドニーとパース

airplane travel

シドニーは一九八九年末から一九九〇年正月に滞在した。このときモノレールが走っていた。気味の悪いホテルに滞在し嫌な思いをした記憶がある。そのシドニーが見違えるほど変わっていった。高層ビルが乱立し、モノレールは跡形もなく消えていた。だから街中にホテルを取っても、照明で星の光はかき消されてしまう。幸い最近二回のシドニー一泊滞在で、公共交通機関の知識を得た。それで、少し郊外にある「クロヌラ」という東海岸の街にホテルを予約した。地元民の発音を聞くと「クナラ」と聞こえる。この旅もアップグレードビジネスクラスで予約を入れた。

二〇一五年九月二十八日(月)シドニー空港へ降り立った。三度目ということで、問題なく入国審査を済ませ外に出た。過去二回は国内線乗換であったが、今回はシドニー滞在だ。七時台の電車に乗った。これは、昔からあった線に空港線を追加して便利にした公共交通機関である。この線は、空港で降りるときは異常なほど高額の請求がある。ロンドンの悪しき慣習を受け継いでいるようだ。前回一泊するためにタウンホールへ行ったが、これで二十ドル以上取られた。距離的には短いが何故か高額の料金になっている。今回は、いろいろなところへ行こうと考えていたので、一週間のフリーパスのようなものを買った。これは自動販売機ではなく人との対応で購入できた。そのときクロヌラの発音に不安があったので、書いたものを見せここのホテルに滞在し、いろいろな場所へ行きたいと言った。すると帰りは空港へ来るかと聞かれそのようにすると言ったところ、調べた金額以上の請求を受けた。仕方なく請求額を払って切符を持ってホームへ出た。一駅中心街とは逆方向へ行き、乗り換えてクロヌラ方面行きに乗った。約四十分遅い速度で走った。クロヌラに八時半頃着いてホテルへ向かった。ちょっと迷ったが、すぐに見つけて無事辿り着いた。しかしホテルは一般的に午後二時か三時のチェックインと決まっている。安宿ほどその基準を順守する傾向にある。ここはそれほどの安宿ではないので、昼頃には部屋が用意できると言われた。それで荷物を預けて少しぶらつくことにした。

朝食を適当にパンを買って済ませ、十一時半頃ホテルへ戻りフロントロビーで腰をかけていると、用意ができたと声をかけられ部屋へ入ることができた。ビジネスクラスだったから一睡もしない状況ではなかったが、睡眠不足でありしばらく眠ることにした。約二時間眠って目を覚ましシャワーを浴びて行動開始になった。そこで窓から外を再度見たときこのホテルを選んで良かったと感じた。海岸線が一望に見渡せ、リトルハワイの雰囲気があった。それで毎年一度はシドニーに滞在しこのホテルに泊まろうと思った。

夜、外へ出て夜空を見上げると天頂近くに星の密集しているところがあった。すぐに星座名を判定できなかった。しかしこの付近の星座だと日本でも見られる。それでホテルへ戻り星座を調べたところ、蠍座と射手座であることがわかった。このとき惑星が近くにあり蠍座の象徴で火星の敵と言われているアンタレスとその前方にある三つの星がわからなかった。蠍座は日本では地平線近くに見えるので大きな星座の印象を受けるが、天頂に昇ると小さくなる。その側の射手座も同様だ。南十字星は地平線方向へ動いていて、天の南極で点対称となるところにアルケイナーという星がある。これがはっきり見えた。この星は冬ハワイへ行くとオリオン座の右下に見られる。左下に見えるのは長寿星と言われているカノープスで、これは私の郷里でも見ることができる。しかし東京の緯度では難しい。アルケイナーは郷里では緯度の関係で見ることはできない。

ケアンズやゴールドコーストとは違って街灯だけであまり星の観察には影響しない。それに雲も少なく夜空を見上げるには良いところであることがわかった。ただ、夜になると特に海風が強く感じられた。風邪をひかないようにする必要がある。

クロヌラは小さい街だが、駅から北の方向へ伸びる商店街があり、スーパーマーケットもあり食料品の購入には事欠かない。レストランも適当にあり、観光客はほとんど来ないところで、ゆっくり滞在できる印象を持った。ただシドニー中心部へ行くには、電車で一時間近くかかることもわかった。

帰国日になった。シドニーは夏時間を導入している。オーストラリアは地方によって導入しているところとそうでないところがある。だからちょっと気をつけないといけない。この時期シドニーはまだ冬時間だった。だから午前八時十五分が帰国便の出発時刻になった。クロヌラから空港まで電車で約一時間かかる。一般的に出発時刻の三十分前には搭乗口へ行く必要がある。しかし航空会社窓口のチェックインや出国手続きの時間も考えないといけない。私の場合J航空の上級会員であり長い列の後ろに並んで長時間待つ必要はないが、所要時間はゼロではない。さらに、ラウンジで朝食を楽しむということも考えている。世界一のK航空ファーストクラスラウンジで朝食を楽しむのも旅の一つの目的である。さらに電車は途中で乗り換える必要がある。その時刻表はインターネットで検索できる。六時半までにチェックインカウンターに到着したいと考え逆算した結果、クロヌラ始発の午前四時五十五分の電車に乗る必要があった。だから四時起床で四時半ホテルチェックアウトのスケジュールを立てた。夏時間帯だとこれらは一時間後で良いことになる。今回もビジネスクラスであり乗り込めば美味しいものが食べられ、ゆっくり眠れるという目算もあった。それでこのようなちょっと過酷な行程にした。すべて予定通りになり、帰国便に乗ることができた。

二〇一六年一月二十五日成田発シドニー便にビジネスクラスで搭乗した。前回九月のシドニー搭乗時はシェルフラットという完全に横になれない座席であったが、今回はフルフラットになる座席で、美味しい食事を頂き、ゆっくり眠ることができた。さらに二度目の食事は、食べたい時にいくらでもオーケーというサービスに変わっていた。J航空の主要路線は、かなり前からこのサービスであったが、シドニー便はこの年からだった。

三度目のシドニー空港乗り継ぎで全く迷うことはなかった。K航空国内線乗り継ぎバスに乗り国内線ターミナルに着くと、すぐにK航空国内線ビジネスクラスラウンジを目指した。ここで二時間近く時間があった。折角だから少し朝食を頂いてゆっくり出発時刻を待った。

オーストラリアは大陸である。この最終目的地はパースで、オーストラリア大陸の西の端にある。前述のように学会で二度訪れていて今回が三回目であった。しかし十五年ぶりで大きく変わっていることが予想できた。シドニーとパースは普通二時間の時差だが、このときシドニーが夏時間採用で三時間だった。このフライトも国内線エコノミーであったが、昼食のサービスがあり、最後にアイスキャンディがデザートに付いた。K航空のサービスの良さに満足し快適なフライトになった。

パース空港へは正午過ぎに着陸した。少し暑さを感じたが、ケアンズのような熱帯特有の蒸し暑さではなかった。当初シャトルバスでホテルへ行くことを考えていたが、乗り場がわからなかったのでタクシーを利用することにした。それで午後二時前にホテルへ到着した。しかしすぐに部屋へ入れなかった。ここは大きなホテルなので用意ができ次第入れてもらえるようだが、その準備がまだのようだった。用意ができ次第声をかけるのでそちらのソファーに腰をかけて待ってくれと言われた。三十分以上待ったが声がかからなかった。それで再度フロントへ足を運んだところ準備はできていた。係員が声をかけるのを忘れていたようだ。部屋は北向きでスワン川の広がったところがよく見える部屋だった。

このホテルではラウンジ付きの部屋にはしなかった。それで翌朝の朝食やミネラルウォーターを買う必要があり、暑い中を歩いてスーパーマーケットへ買い物に行った。場所はインターネットで予め調べてあった。そこで何か異常を感じた。人出が多すぎる。それに皆が河岸を目指している。日本に例えると花火大会の日のようだった。目的を達成しホテルへ戻りベッドで休んでいると、空軍のジェット機やヘリコプターの音が聞こえてきた。いつも静寂だったスワン川の入り江も船でいっぱいになっている。異常を感じながら適当に買ってきたもので夕食を済ませベッドで休んでいた。夜空を見上げるために外に出るには時刻が早すぎた。するとドカーンという大きな音がした。何が起こったのか、ついに戦争が始まったのかと思って窓から外を見ると、大きな花火が打ち上げられていた。次々に入り江に停泊していた船から花火が打ち上げられ素晴らしいショーになった。遠くを見るとフリーマントルの街でも同じような花火大会が見られた。これはラッキーだと思って終了までゆっくり花火大会を楽しませてもらった。このように近いところから花火大会を見るのは初めてだった。何のための花火大会か。私の十五年ぶりのパース滞在を祝してくれているとは思えなかった。疑問を持ってその日は眠りに就き、翌日フロント係員に聞いてみた。すると「オーストラリアの日」を祝したイベントだと言われた。インターネットで調べると一月二十六日はその日であると書いてあった。早い話が、アボリジニの楽園をイギリスが分捕った記念日であることがわかった。

パース滞在初日は花火大会のため夜間観察はできなかった。翌日の夜から午後八時過ぎに外へ出て夜空を見上げた。昨夜、人々が花火大会を見た場所は公園のようになっていて、夜空を見上げるには良いところである。オリオン座が上下逆さまになって西に傾き、スワン川の方向から南十字星とケンタウルス座α星、β星が上がってきた。これらの星の日周運動の軌跡を逆に辿ると、これらの星は常に地平線の上にあることがわかった。天頂にはカノープスのある「りゅうこつ座」があった。このりゅうこつ座の二つの星と、その隣にある「帆座」の二つの星で「偽十字」を構成している。それもはっきり見ることができた。そしてケアンズやゴールドコーストよりはるかに観察条件が良いことがわかった。

シドニーが大きく変わっていたので、パースも同じだろうという予想で街中を歩いてみた。すると初めて来た一九八七年八月に見た建物を多く発見し、あまり変わっていないことに気づいた。ホテルも外から見ると少し思い出があった。それでホテルのフロントで聞いてみたところ、二〇〇〇年代に入って名前が変わったことを知った。つまり約三十年前、初めて異国の地に一人で深夜午前二時頃空港に到着し、タクシーで乗り付けたホテルであることを知った。なんという偶然か。その夜は過去のことがいろいろと走馬灯のように頭の中をよぎった。

約三十年前この地を訪れたとき、出席した国際学会を主催した数学者に予め連絡を取っていた。出発前メールで知らせたところ、どこへ行きたいかと聞いてきた。二十歳以上年上の大数学者で少し躊躇したが思いきって「パース天文台へ行きたい」とメールに書いたところ、日曜日のナイトツアーの予約を入れたという返事があった。

当日ホテルのフロントまで迎えに来てくれたその数学者は、まずキングスパークへ連れて行ってくれた。車の運転は奥様で彼女にも何度か学会でお会いしている。二〇〇〇年七月の学会では空港まで迎えに来ていただいて、朝食をご馳走になっている。今回もキングスパーク散策後、ご自宅へ招待され夕食をご馳走になった。そのとき彼に最近書いた論文のことを聞かれ、帰国後別刷りを送ってほしいと言われた（パース天文台については第二部の「自然観察」の部分を参照されたい）。

帰国の行程は次のようであった。二月四日午後十一時五分発シドニー便に乗り、シドニー空港で午前九時十五分発成田便に乗り換える。この時刻だけ見ていると何も問題ないように見えるが、全て現地時刻で、このときシドニーとパース間には三時間の時差があった。だから、体が慣れているパース時間帯では午前三時過ぎにシドニー空港へ着陸することになる。さらに、飛行機では着陸の一時間以上前に起きていないといけない。午前二時過ぎに機内が明るくなって起こされた。だからほとんど眠れていなかった。しかし到着時のシドニー時刻は午前六時半過ぎで明るくなっていた。このとき日本への帰国便はビジネスクラスを取っていたので機内で眠れたが、エコノミーでは大変だと予想できる。それで今後パースへ行くときは、このような乗り継ぎにしないで、二都市滞在型で航空券を購入し、一日以上シドニーで滞在する方が賢明であることがわかった。このときもシドニー空港では、K航空ファーストクラスラウンジを使用し、気持ちの良い朝食をいただいている。

この行程にはもう一つ問題点があった。パースではホテルのチェックアウト時刻が午前十一時である。それからシドニー便出発時刻までは約十二時間ある。この時間をどうするかを考えた。空港でのチェックインが済めば大きな荷物は預けられ、K航空のビジネスクラスラウンジでゆっくりできる。ラウンジへ入れば飲み食いは自由なので、半日近い待ち時間も苦にならない。パースの街中で半日近く潰すのも嫌だったから、ホテルを十一時にチェックアウトし、タクシーで空港へ向かった。K航空国内線チェックインカウンターへ行ったところ、チェックインは午後五時からだと言われた。しかしラウンジへは入れるので、空港のすぐ外にある大きなロッカーへスーツケースを入れ、手荷物だけ持ってラウンジへ行き、Eチケット控えを見せれば入れるという案内を受けた。それでトライすることにした。まず困ったのはそのロッカーの場所だった。探し回り人に聞いてやっとその場所へ着いたが、今度は使い方がわからなかった。全て機械で行うので書いてあるものをよく理解しないといけない。幸い英語でなんとか理解して荷物を預けることができた。使用料は十四ドルだ。ラウンジまではスムーズに着き入室し、ちょうど昼時で昼食をいただいてくつろぐことができた。しかし十二時間近い時間の使い方には大変苦労した。反面良い経験ができたという収穫もあった。

二〇一六年六月下旬

メルボルン最悪の旅

airplane travel

一月後半の山形は一年中で一番寒い。それで一昨年からこの時期夏を迎えるオーストラリア旅行をすることにした。一昨年、一月はケアンズ二月はゴールドコーストに行ったが、再度行きたいという気持ちにはならなかった。それで昨年はパースだけにしたところ、ここは気に入って本年も二月に行く予定でいる。今のところシドニーとパースは、この時期行くに値するところという評価を与えている。二都市だけでは寂しいのでもう一つ開発しようと思って、本年はメルボルン旅行を設定した。その出発日を一月十五日にしていた。

今回のメルボルン旅行は、山形から国内線で羽田に行き、高速バスで成田空港まで移動して、夕刻出発するシドニー便に搭乗し、シドニーでメルボルン行きに乗り換えるという行程を取っていた。その国内線の部分が欠航になった。大雪が原因である。朝六時に欠航を知らせるメールが入った。この時点でこの旅行をキャンセルすることも考えた。その場合航空運賃は全額払い戻しされる。自己都合でキャンセルするときは三万円手数料として徴収される。昨年夏ウィーン旅行を計画していたが、これは台風接近で国内線が欠航になり仕方なくキャンセルした経験があった。この場合時間帯の関係で、ウィーンのホテルを無料でキャンセルできたが、今回はメルボルンが日本より東にある関係で無料キャンセル期間を過ぎていた。だからこのメルボルン旅行のホテルキャンセルを欠航を知らせてきた時点でですると、三万円くらいキャンセル料が発生する。それで成田空港まで新幹線と成田エクスプレスで行くことにした。国際線であるシドニー便出発時刻は午後七時三十分だった。それで午前八時に予約デスクがオープンしてから電話し、国際線から搭乗することを伝えた。これを伝えておかないと国際線をキャンセルされるからである。

天気予報を見ると、これから天候がひどくなりそうだった。それで早めに山形を発つことにした。旅行に出かけるときいつも冷蔵庫を空にして行く。だからこの時点で食料は全くなかった。それも早めに出る理由の一つになった。後日の情報によると、この日は夜吹雪になったそうだ。遅く出かけていたならば新幹線もストップしていたかもしれない。結局午前九時六分発の新幹線で成田空港へ向かった。

福島駅で仙台から来た新幹線の後ろに繋げ東京へ向かった。しばらくすると空は青空に変わっていた。ホームタウンは冬型の気圧配置になると、毎日このように抜けるような青空になる。冬山形から抜け出すといつも、もう一度このような青空の冬を経験したいと思うようになった。

実は、ここまでに一つ不手際をしていた。出発日の前日、生ごみを出す日になっていた。それを出し忘れてしまった。二週間近く留守にするからどうしても出しておきたかった。大雪情報に気持ちが行っていて、この作業を忘れてしまったようだ。仕方なく大きな袋に入れて、ベランダに置くことにした。夏場だったら、それでも帰宅時臭くて仕方がない状態だが、冬場で急場しのぎにそのような方法を取った。この辺から、不幸な旅になる前兆が出ていたようだ。

この旅行もアップグレードビジネスクラスで、ラウンジで食べ過ぎないようにして搭乗時刻を待った。J航空ラウンジに午後二時頃入りほぼ五時間居たことになる。至れり尽くせりのサービスで、長時間は全く気にならない。

午後七時に優先搭乗が始まった。私のステータスだとファーストクラス扱いで、ファーストクラスの乗客と同じ時刻に搭乗できる。席について早速そこに置いてある雑誌に目を通した。しばらくするとオレンジジュースかシャンペンのどちらにしますかというサービスがあり、出発準備が整ったという機内放送があった。そのあとはお決まりのコースになった。

この日のシドニーは天気が良くないようで、北側から滑走路に向かっていた。晴天だとシドニーの街を右手に見て、大きく右旋回し南側から滑走路に進入する。この場合私の着いた席からシドニーの街がよく見える。それを考えてこの席にしたが今回はハズレだった。

オーストラリアは前にも書いたように入国規則が厳しい。食べ物を持って入れない。そのほか多くの規制があり、違反のないようにして入国審査を受けた。幸いすんなり出られすぐに国内線乗り継ぎカウンターへ向かった。

メルボルン便までの乗り継ぎ時間は一時間余りだ。それで少しラウンジで過ごしただけで搭乗口へ向かった。この国内線もJ航空のステータスが生きていて優先搭乗で乗り込み席に着いた。わずか一時間余りの飛行で十一時にはメルボルン空港に到着し、いろいろ考えたがやはり楽だからということでタクシーを使ってホテルへ向かった。地元の人は、「メルボルン」とは発音せず「メルボン」と言っているように聞こえた。最初の「メル」の発音は弱く聞こえた。スペルを見ると後半の部分は、映画『ジェイソン・ボーン』の「ボーン」のスペルになっている。つまり「メルボルン」は和製の発音であることがわかった。

タクシーに乗るとこのタクシードライバーがおしゃべりで、いろいろな話をしてくれた。五十数ドル要求されたが六十ドルで釣りはいらないと言ったところ、上機嫌になって自分の携帯番号まで教え、次に利用するときもぜひ自分に連絡してくれという態度を示した。しかし私は一度も連絡しなかった。

予約したホテルに正午過ぎに着いたが部屋がまだ準備できていないということで、荷物だけ預かってもらってしばらく時間を潰した。今回はアパートメントホテルにしていた。それで早く部屋に入れてもらい食料の買い出しをしたかった。それに睡眠不足で眠い状態だったが、仕方なく付近を歩いてスーパーマーケットを探した。しかしいつ入れるかわからなかったので見ただけで買わなかった。

午後一時過ぎやっと部屋に入れた。そしてカーテンを開けて驚いた。すぐ前に隣のビルがありそこの住人の窓があった。向こうもカーテンを閉めたままだが、こちらも開けたままにはできない。従って滞在中ずっとカーテンは閉めたままで暗い部屋で一週間以上我慢した。

今回のメルボルン旅行は、当初帰国日にメルボルンからシドニーへ朝移動し、そのままシドニー空港でＪ航空の帰国便に乗る計画だった。しかしそのオーストラリア国内線の部分が欠航になってしまった。Ｊ航空からその旨を知らせる電話が入り、仕方なく前日シドニー入りし一泊する予定に変更した。そこで当初朝食なしで予約を入れていたこのホテルの滞在期間を一日短くした。その予約変更時、朝食込みになってしまったようだ。メルボルンでホテルの朝食を食べるのも悪くないと考え、そのままにしてこのホテルへ着いた。ホテルの朝食は普通バイキング形式で午前六時半頃スタートする。そのつもりでいたところ全くアテが外れ、隣のレストランで食べるように言われ食事券を渡された。しかも開始時刻は平日が午前七時、週末は午前八時からだった。

到着した翌日朝七時きっかりに指定された隣のレストランへ行くと、二人の東洋系女性がこれから準備を始めるところだった。少し待つと入ってよいと言われ、席についてホテルで渡された朝食券を手渡した。すると飲み物は何か一つで、二十ドルまでのものを一つ注文するように、そしてそれ以上注文したいときは、その分は支払うように言われた。この朝食には一食二十ドル近く支払っている。それでドリンク一杯と何か一皿ということになる。仕方なくコーヒーと「ビッグブレッキー」を注文した。メニューを見るとパンと卵料理を選択できるように書いてあった。しかし注文を取りに来た女性は卵料理の注文だけしか聞かず、パンは勝手に決めたようだ。私は海外で半熟、あるいは生に近い卵を食べるとお腹を壊す。だからいつもスクランブルエッグにしている。そのように頼んで持って来たものを見ると、大きな皿にトーストした食パンが二切れあり、その上にスクランブルエッグが乗っていた。側にベーコンとポテトコロッケ、そして焼いたトマトがあった。トマトは二つに切ってあった。食べてみるとボリュームはあったが、ドリンク一杯には閉口した。普通西洋人は朝食にオレンジジュースを飲む。またヨーグルトや果物を食べる。野菜も少し摂る人がいる。それなのにこの内容では誰でも文句を言うのではないかと思った。ときには七時にレストランへ行っても入れてもらうのに十分以上待ったこともあった。これが一週間続いたのだから苦痛というより他の言葉が探せない。

週末はサービスする女性が変わった。東洋系ではなく白人女性だった。するとパンの注文も聞いてきた。そこで「ビッグブレッキー」ではなく「ベジタリアンブレッキー」に変えたところベーコンが煮豆に変わり、ポテトコロッケがほうれん草に変わった。しかし全体的なことに変わりはなかった。

ホテルの部屋に閉口し、朝食には苦痛を感じる毎日だったが、良いことも少しあった。ホテルに近い一角だけはトラムが無料で利用できた。だからスーパーマーケットへは無料で簡単に行けた。また無料区間の最終駅まで乗ったとき、そこにショッピングセンターを見つけた。早速中を見て回ったところ、魚料理をする店を見つけた。メニューを見るとアトランティックサーモングリルと書いてあった。テイクアウトできるか聞いたところオーケーだと言われ、すぐに買ってその日の夕食にした。これが最高にうまかった。スーパーマーケットのサーモンは、燻製でタスマニアサーモンだったが、ここで世界最高のアトランティックサーモングリルを食べられるとは思わなかった。それで毎日その魚屋へ行っていろいろな魚にトライした。

やっと忌々しいメルボルンを去る日が来た。不愉快な朝食を済ませ八時過ぎにチェックアウトした。そのとき滞在の感想を聞かれたので、怒りを込めて「最低だった」と言ってやった。特に部屋のカーテンが開けられなかったことと、朝食がひどかったことを強調しておいた。部屋については申し出れば替えてやったと言っていた。今頃言っても遅い。それがわかっていて何故こんな部屋にしたのだと言ってやりたかった。最後に「ネバー・カムバック」と怒りを込めて言ってホテルを離れた。

往路はタクシーを使って六十ドル費やした。それで帰りは安い方法のスカイバスという乗合バスで空港へ向かうことにした。乗車券は自動販売機でもデスクでも買うことができた。なんとなく人間相手の方が良いと考えデスクで購入した。料金は十九ドルだ。釣り銭なしで支払えたが、五十ドル札を崩したかったので五十ドルで支払い釣り銭をもらった。バスの切符売り場だからという安心感で釣り銭をよく見なかった。後で見ると三十一ドル釣り銭が来るはずなのに、十一ドルしか戻って来なかったことに気づいた。つまり二十ドル札と十ドル札、それに一ドルコインが戻ってくるはずだった。しかしもらったのは十ドル札と一ドルコインだけだった。つまり二十ドルごまかされたことになる。公共交通機関の切符売り場でこのようなことをするメルボルン人に腹が立った。それで二度とこの街には来たくないと誓った。

シドニー滞在はいつもよく利用したホテルで、不快感はなくよく眠れ朝六時にチェックアウトした。帰国便の出発時刻は九時十五分で、空港までは十五分くらい電車に乗れば着く距離だ。だから急ぐ必要はなかったが、早くこの不愉快な旅をしたオーストラリアから出国手続きをしたいのと、世界一の評価を与えているオーストラリアのK航空ファーストクラスラウンジへ入りたかった。それでタクシーで空港に向かった。帰国便もビジネスクラスだった。それで多く食べる予定はなかったが、ここまで何も食べていなかったので軽い朝食は必要だ。エコノミー席の場合はたっぷり食べるところ、この日はサンドイッチとフルーツだけにしておいた。ここのオレンジジュースも最高の評価を与えている。だからこれは少し多めにいただいた。しかしコーヒーはお世辞にも美味いとは言えなかった。それにオーストラリアでコーヒーを注文するとき、ブラックコーヒーと言っても理解されない。ここでは「ロングブラック」と言う必要がある。それ以外のコーヒーを注文すると必ずミルクが入ってくる。この辺を注意しないといけない。

定刻の出発でシートベルト着用サインも消え食事のサービスを受けた。ここからはお決まりのコースで気持ちのよい時間を九時間近く過ごすことができた。忌々しいメルボルン滞在も、この至福の時間を過ごして少し忘れることができた。少し睡眠も取り気持ち良い状態で成田空港へほぼ定刻に着いた。受託手荷物も私のステータスだと早く出て来るので、早めに回転台付近へ行って自分のスーツケースを待った。返却のための回転台始動からそれほど時間がかからないうちに、自分の黒いスーツケースを見つけることができた。ふと見ると番号キーのところに異常があることに気づいた。手に取って見ると二つある番号キーの一つが破損していた。すぐに近くにいたJ航空係員にその旨を話したところ、税関検査を済ませ外に出て国内線乗り場付近の事務所へ行くように言われた。行ってみるとリモアの鍵破損ならば、部品さえあればすぐに直るということで、すぐ近くのリモア修理店へ連れて行かれた。幸い部品があり、ものの五分もしないうちに鍵は完全な形に戻った。再度J航空の先ほど行った事務所に戻り、書類作成に必要なことを聞かれただけで放免になった。費用はすべてJ航空が支払った。

この日は羽田空港周辺にホテルを取っていて翌朝山形へ戻る予定だった。成田空港から羽田空港へは高速バスを利用した。バスに乗り込んでしばらくすると、今回の旅のことがいろいろ思い出された。前日の生ゴミ出し忘れ、往路国内線の欠航、メルボルンホテルの悪さ、最低朝食の悪夢、公共交通機関切符売り場の計画的犯行、そしてこの最悪の旅の最後のオチはスーツケースの鍵破損だった。後日国内線欠航分の料金をJ航空が返してきた。額はわずか五千円程度だった。成田空港まで出るために、実際はJRを使ったので一万三千円近く支払っている。

ここでも大損していることになる。

このようなとき、私は、自分の体に何の異常もなく帰国できたのだから、それが一番だと考えるようにしている。

後日の海外旅行でも国内線欠航があった。そのときも新幹線と成田エクスプレスで成田空港に行き国際線に搭乗した。しかしそのときは国内線航空運賃の払い戻しではなく、陸路移動の運賃全額をJ航空が支払ってくれた。理解に苦しむことである。

二〇一七年四月中旬

第二部　旅の雑感

自然観察

airplane travel

海外の国に行くといろいろなものが違ってくる。食べ物や風習にも違いがあって面白いが、自然現象にも種々の違いがあり、うっかりしていると見過ごしてしまうものもある。ここで海外で経験した自然の違いにスポットを当てたい。

□北アメリカ大陸

一九八八年夏モントリオールに仕事で行って一カ月半滞在した。研究活動でほとんど制約のない滞在だった。ホスト教授の愛人が住んでいたアパートを提供された。私は自炊するので、日本の生活のように味噌汁を作っていた。このとき煮干しは持参した。いつものように煮干しで出汁をとっていた。日本ではその煮干しの出し殻を野良猫にやっていた。ここは寒いところだが、夏は野良猫の姿があり、適当な入れ物に入れて道端に置いていた。

するとあるとき野良猫が来て煮干しに近づいた。反応を見たくて遠くから観察していた。その猫にとって煮干しはもちろん初めてのようだ。まずニオイを嗅いでいた。それで食べ物であることがわかったようで、少し口に含んで軽く噛んで味わった。そのとき「これは美味い。我々の大好物の食べ物だ」と思ったのか残りはあっという間に無くなった。私の方を見て、もっと欲しいというサインを送っていたが、今日はこれまでで、また明日持ってくると日本語で言ってその日は終わりになった。

あるとき同じように煮干しを置いて観察しているとリスが来た。北アメリカ大陸は齧歯類が多いようで、いたるところでリスを見ていた。するとリスもその煮干しを取ろうとした。そして取り合いになり、結局リスが口に咥えて木に登りリスの勝ちになった。

その後ハワイ滞在でも同じようなことをしたが、ハワイの野良猫は煮干しの味は知っているようで即座に食らいついた。これを見ると、あのモントリオールの猫にとって煮干しは生まれて初めてだったと考えられる。

ホスト教授が親戚一同を引き連れドライブに行くようで、私も誘われて同行することになった。どこに行ったかは覚えていないが、行った先に沼地がありギンヤンマがいたのには驚いた。私は子供の時よくギンヤンマを昆虫採りの網で採っていた。このとき虫取り網はなかったが、帽子を被っていてそれで捕獲した。そこは慣れたもので一発で採れた。模様は違ったが、昔よく採ったギンヤンマ類であることは間違いなかった。よく見てから離してやったところ、同行した子供が欲しがっていたようで、再度ギンヤンマ採りに挑戦したが採れなかった記憶がある。

アトランタでは朝ウォーキングをしていた。バックヘッドにホテルをとっているが、ビジネス地区から外れると高級住宅街になり、緑の多い道を歩くことができる。ここでもよくリスを見かけた。ちょっと近づくと木に登って姿を消す。遠くから観察していると可愛さを感じる。

そのアトランタのバックヘッドで蟬の鳴き声を聞いた。街路樹に留まって鳴いていた。時刻は夕方に近かった。日本のクマゼミはだいたい朝鳴くが、この蟬は昼間だった。近づくと日本の蟬のように人を察知して静かになる。できれば手にとって見たいと思ったが、せめて木に留まって鳴いている姿を見たかった。結局それを見ることはできなかった。

アトランタではトンボ類は全く見なかった。ホテルのある地域には沼地がないので見られないだけかもしれない。しかしアメリカ南部なので、ガラガラ蛇がいる可能性があり、沼地には近づきたくないと思っている。

一九九四年春、デトロイトで金環食を見た。日食の一種である。真昼に急に真っ暗になるのが皆既日食で、金環食は月が太陽表面にすっぽり入ってしまって、周囲に太陽がはみ出している状態になっている。従って真っ暗にはならない。だから望遠鏡等の機器を使って観測するときは十分な注意が必要である。少しでも望遠鏡等の機器を通した光が目に入ると瞬時に盲目になる。だからプロの観測者の指示に従うのが良いだろう。地球の公転軌道も月の公転軌道も周期性はあるがいつも違うので、日食も皆既日食になったり、金環食になったり、部分日食になったりする。

この金環食を見たのは初めてデトロイトを訪れた時だった。そこで公園を探した。周囲の開けたところだと公園が良いので、必ずプロに近い人が望遠鏡で観測していると予測しての行動だった。予想通りで安全に観測できたのを思い出す。

□ハワイ

仕事でハワイに行ったときお世話になった大学はホノルルにある。日本人の多いワイキキから4番のバスで十五分くらいだ。高専教師時代、研究で春休みと冬休みは二週間、夏休みは六週間滞在した。春と冬は大学のゲストハウス宿泊なので自炊はできなかった。夏はコンドミニアムを借りるので、キッチンが付いていて自炊していた。すると煮干しの出し殻ができるので野良猫にやっていた。

大学キャンパスはワイキキから北の方向にあって、キャンパスの北側は丘陵地帯になっている。そこで野良猫が大繁殖している。現在は数十万匹くらいになっていると思われる。あるとき夕方四時頃になり研究室から帰ろうとしたとき、野良猫がある研究棟の外に集まってきた。そ何事が始まるのかとしばらく観察していると、男性が出てきて猫の頭を撫でたりしていた。そしてエサをやっていた。それを野良猫が待っていたことがわかった。何処にも猫好きはいるようだ。

ハワイには蛇がいないので安心して草むらに入れる。本土からいろいろなものの持ち込みを制限している。もちろん動物類も持ち込まないので、生態系が安定しているようだ。マングースをよく見かける。ゴソゴソしている草むらを見るとそこにいる。

ハワイ滞在のもう一つの楽しみは天体観察だ。ホノルルは北緯二十一度なので、当時の日本の住まいのある三十四度よりはるかに南にある。だから夜空の星の角度が変わってくる。オリオン座が高く北極星は低い。従って南中したオリオン座の左下にある全天で二番目に明るい恒星カノープスがよく見える。日本だと、南中したときに微かに見える程度である。ここまで来るとオリオン座の右下にあるアルケイナーという明るい星も見える。一九九六年正月に滞在したとき、北斗七星付近にヒャクタケ彗星が見えた。また一九九八年冬にはヘイル・ボップ彗星が北極星付近に見えた。

そして日本では絶対に完全な十字は見えない南十字星が、このホノルルでは見える。北斗七星が南中したとき南の水平線上を見ると十字が立った形で見える。完全に上がるが、雲の出やすい水平線上なので、天気に左右される。そして場所をピンポイントで知っていないと見られないかもしれない。当時は商船高専教員だったので、航海実習に出た学生に南十字星の見方を教えておいた。すると帰国して私の顔を見るなり「先生、見えました」と言って喜んでいたのを思い出す。

私は当時大学キャンパスから見ていたが、お勧めはアラモアナの南にあるマジックアイランドである。ここはアイランドというが島ではなく半島で、アラモアナセンター前のビーチを造ったとき出た土の埋立地だと聞いている。朝夕のジョギング、ウォーキングに絶好の場所である。退職後私はこの付近のホテルに滞在し、ここで天体観察している。

□南半球

一九八七年八月初めて南半球を訪れた。パースにある大学で行われた国際学会出席が目的だった。そして副目的が南十字星観察だった。そのためカメラを二台持っていって、一台は天体写真用にした。このとき月が満月近くになっていて、天体写真の条件は良くなかった。

学会の始まる三日前にホテルに入り、余裕を持って南天を見ることができた。このときパースは今ほど栄えていなかった。二十四時間フロントの開いているホテルは一つで、そこに午前二時半頃チェックインした。翌日は早めに寝て朝早く目覚め、外に出て南天を観察した。北の空にいつも見るのとは逆になっている獅子座が印象的だった。オリオン座も上下逆さまで、ベテルギウスが右下でリゲルが左上にあった。

学会が始まり宿泊も大学の寮になって、キャンパスから夜空を見ることができた。南緯三十二度くらいで南十字星は地平線の下には行かない。それで毎日見ることができて、たくさん写真も撮れた。偽十字も写真に撮ったところ、帰国して写真部の学生にパネルにしてもらったとき、南十字星ではなく偽十字がパネルになったのには驚いた。こちらの方が大きいので間違ったようだ。それを私の研究室に長い間飾っておいた。

南半球に行くと太陽が北の空を右から左に動く。気にしないで見ていると南半球に来た感覚がないだろう。例えばレストラン等に入ったとき、北向きの窓で日光の入るテーブルを占拠する。そして机の上の何か背の高いものを中央に置く。そしてその影の移動状況を見ると、影は左から右に動いているのがわかる。太陽が右から左に動いているからだ。

次に月を見てほしい。日本でいう上弦の月の頃がいいだろう。三日月だと左側が輝いている。北の空に月が見えて、太陽は西の地平線下に隠れているので、そちらから光が来ている。だから左側が光っている。

次に南側が見通せる場所に行って星の日周運動を見る。一度見て南十字星の位置を確認し、一時間後に同じ場所で再度南十字星を見ると、時計回りに動いたことが確認できる。一方、日本では北斗七星の動きを見ると時計とは逆の回り方をしている。

その南十字星は南半球では秋の星座になる。年末の夕方南十字星を見ると、地平線あるいは水平線上すれすれのところに見える。このとき十字は上下逆さまになっている。私が初めて南十字星を見たのは八月だったので、夕方真上近くに見えた。南中した南十字星の内部に石炭袋が見える。暗黒星雲である。また左上にジュエルボックスと呼ばれる散開星団が見える。しかし最近のパースは光公害でそこまで見えなくなった。

数年前パース天文台に行った。パースの東の方向にあるエリアだ。車がないとアクセスできないような辺鄙な場所にある。一九八七年八月初めパースで行われた国際学会を主催した数学者が現在も健在で、このとき彼の車で連れて行ってくれた。一時間以上東に走り、道を尋ねてやっと辿り着けた。ここは山ではなく民家のない林の中という感じだった。予約制なのであらかじめ彼が予約を入れておいてくれた。詳細はグーグルで検索できる。

ナイトツアーは午後八時半からであった。中へ入るなり、オーストラリアの天文カレンダーが目に付き早速購入した。すぐに説明が始まり、望遠鏡のあるところへ案内された。まず驚いたのは辺りの暗さだった。だから星が浮き上がるように輝いて見えた。三台の望遠鏡で天体を見せてもらった。

最初に観たのは「タランチュラ星雲」だった。これは大マゼラン雲の中にある。北半球にある日本では絶対に見えない。次は南十字座β星の下にある「ジュエルボックス」だった。直訳すると宝石箱である。宝石箱の中で宝石が輝いているように見える星団である。次に上下逆さまに見えるオリオン座のM四二を見せてもらった。実は私自身、この星雲をはっきり見ることはできなかった。望遠鏡で見る画像は、写真に撮った画像のように光を多く集めていない。だから個人差でよく見えない人もいる。最後は木星が上がってきて、木星の縞模様と三個のガリレオ衛星であった。この時の縞模様は非常によく見えた。それが終わったとき、時計の針はすでに十時半近くを指していた。ここでナイトツアーは終わりになった。すぐに私のホテルを目指してドライブが始まり、帰路は一時間くらいでホテルへ着いて、フロント付近で別れた。帰りの車中の窓から、南十字星とケンタウルス座α星とβ星がよく見えた。しかしホテルへ近づくに従って辺りが明るくなり、浮き上がって見える状態ではなくなっていったのが残念だった。しかし非常に有意義な時間を過ごし、満足してベッドに入ることができた。

次回は一人で行きたいと考えたが、車がないと不可能のようだ。タクシーで行って、何時に迎えに来てくれと頼んでも、来ないとどうしようもなくなる。この天文観測エリアは、夜は誰もいない状態になる。

なお、ここは昼間も人を集めてデイツアーをしているようだ。しかし公共交通機関では絶対に行けないところである。

シドニーに行ったとき、シドニー天文台を訪れた。昼だったがプラネタリウムで星を見せてもらって、南十字星等の写真を購入できた。ここは有名なサーキュラーキーから少し東に行ったところで、その付近のホテルをとっていれば、徒歩で十分に行ける距離である。夜もいろいろな催しをやっているが、街のど真ん中にあるので、空が明るすぎてマゼラン雲は絶対に見えない。

シドニーは行きやすいところである。しかし、ここで南天の天体観察をするならば、サーキュラーキーのあるエリアでホテルを取るのは避けた方が良い。

私はその目的で数回シドニーに滞在した。このときはいつもクロヌラというところにホテルを予約した。シドニー空港の地下に行ってまず切符を買う。オパールカードを買った方が良いようだ。そしてサーキュラーキーとは逆方向に行く電車に乗る。一つ目の駅ウォリー・クリークで乗り換えて、クロヌラ行きに乗る。その終点である。所要時間は国際線空港駅から四十分くらいだ。ここは小さい街になっているので、スーパーマーケットもあれば、テイクアウトできる店もたくさんある。ここは東がすぐに海岸で、東の方向の星がよく見える。天体観察にはお勧めのスポットだ。

□珍しい現象

二〇〇七年十二月二十六日、初めてロンドンに向けて旅立った。ヨーロッパ便は到着空港側の都合を考えて、日本を正午前後に飛び立つことになっている。私の搭乗したこの便はちょうど正午が出発時刻だった。

この便ではエコノミークラス座席で、進行方向に向かって右側の窓際だった。グローバルの会員であるので非常口席が取れて、前の席はなくゆっくり足が伸ばせるところだ。

離陸時に襲われる睡魔に耐えて、上空に行き機内サービスの食事が始まり、一本目の白ワインをもらって食事を楽しみ、その酔いでしばらく眠った。
二、三時間眠ったようで機内の照明が暗くなっていた。そこで窓際なので窓のシャッターのようなものを少し上げて外を見た。すると地平線の少し上に満月に近い月が見えた。今日は月がお供してくれると思いながら窓のシャッターを下ろしもう一度眠りにつき小一時間眠った。まだ月はあるかなと思って再度窓のシャッターを上げたところ、月は前回とあまり変わらない位置に見えた。そのとき異常に気づいた。
搭乗機は日本からヨーロッパに向かっている。ということは西に向かって飛んでいる。私の席は進行方向に向かって右側の窓際の席である。だから窓からは北の空を見ていることになる。さらに、離陸後三時間くらい経過したところだからシベリア上空である。だからかなり緯度の高いところを飛んでいる。そして月が北の地平線上にある。ふつう、北半球では月は南の空にあるはずだ。赤道近くになると北の空に見えることもあるが、北の地平線の少し上に見えることは絶対にない。このことを少し説明しよう。

月は地球を公転している。公転軌道は、地球を赤道で半分に切ったときの切り口を延長した平面上にあると考えて良い。実際はその平面を少し上下しているようだが、大きく逸脱することはない。だから、北半球から月を見ると、いつも南の空に見えることになり、逆に南半球から見ると、いつも北の空に見えることになる。

そこで、フライトアテンダントを捕まえて確かめてみた。「我々は西に向かって飛行しているのだから、右側の窓の外は北の空ですね」と聞いてみると、最初は不審な顔で反応したが、少し説明するとわかったようで、機長に電話して聞いてくれた。機長の答えも「確かに北の地平線上に月が見えている。これは非常に珍しい現象で、いつでも見られるものではない」という説明だった。そこで、何故北の地平線上に月が見えるのかについて考えてみた。地上では絶対見えないが、地上一万メートルのところを飛んでいるから見られる現象であることがすぐにわかった。

そのときの位置関係は次のようである。図を参照してもらいたい。機内から見えた北の地平線上の月は、イリュージョンでも何でもない正真正銘の月である。地上一万メートルまで上昇しているので、北極を越えた向こう側にある月が見えたのである。紙に円を描いてみる。これを地球とする。つまり横から地球を見ていると想定する。次に円の中心を通る直線を引く。これが架空の赤道である。その直線を左右に延長する。向かって右側の少し離れたところに点Mをとる。これが月である。この円を時計とすると、月は三時の位置を延長したところにある。次に十一時のところに点Aをとる。これが現在飛行中の機体から最短距離にある地上の点である。点Aからだと右側にある月は絶対見えない。左側にあるときだけ見え、それも南の空に見える。しかし機体は地上一万メートル付近にいる。ということは、さっきとった十一時の円周上の点Aより離れた円の外側点Bにいる。その機体の点Bから円に接線を引いてみる。二本引けるが、十二時の点より少し右にあるところに接点をもつ接線だけを考える。この接線を延長し、赤道を左右に延ばした線と交わる点Cをとる。点Cより月が右側にあれば、搭乗機から月が見えることになる。このような位置関係になったので、搭乗機の窓から北の地平線上に月が見えたのである。地球と月の距離から、北の地平線を大きく離れて、上空に見えることは現在ではありえない。しかし、月は地球からどんどん離れていっているので、将来はもう少し高いところに見えることになるだろう。ただそのとき人類は存在していないかもしれないが。

飛行機と月がこのような位置にくることは、頻繁に起こることではないが、二度と起こらないことでもない。確率は低いがときどき起こることで、ベテランパイロットは何度か目撃しているかもしれない。

ロンドンに近づくにつれて緯度が下がるので月は見え

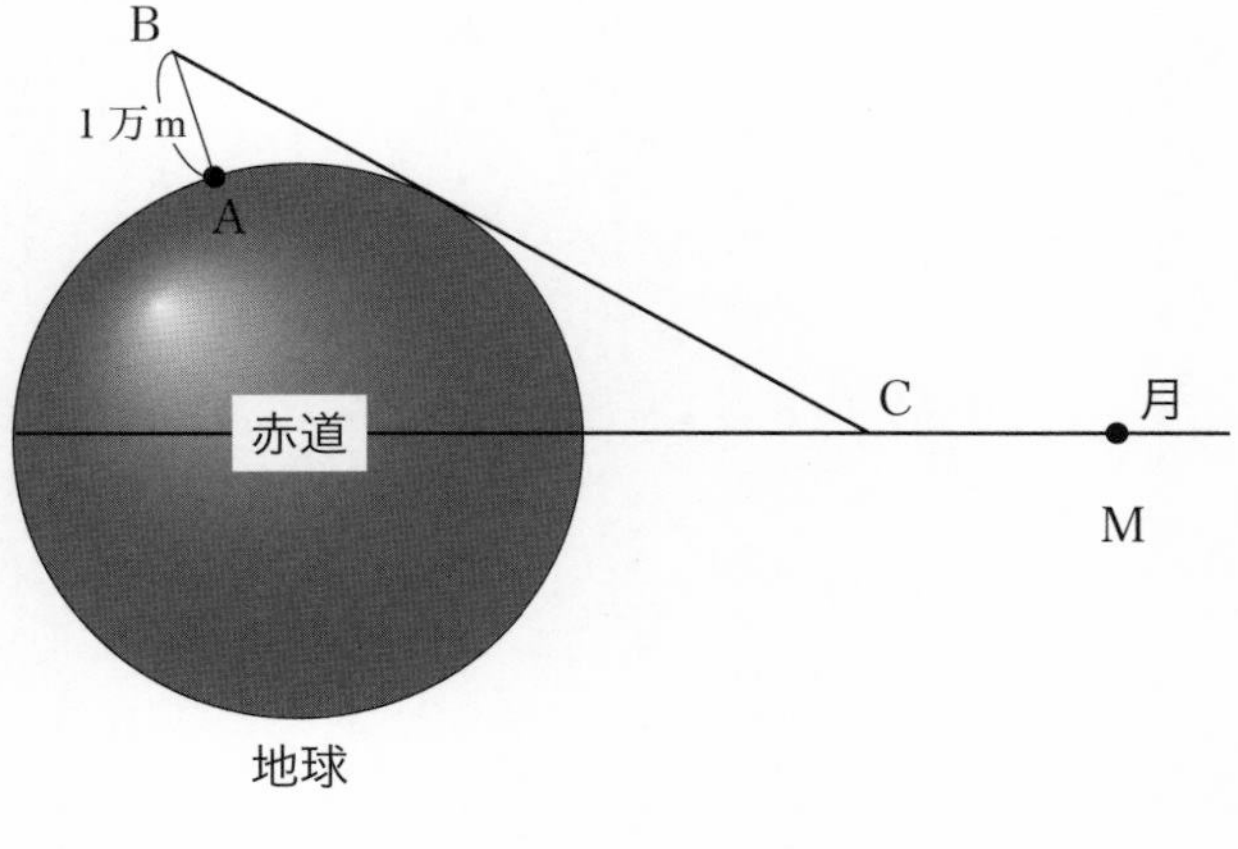

なくなった。食事のサービスが終わったとき再び窓の外を見ると、今度は日本の旅客機が少し低いところを平行に飛行しているのが見えた。これも珍しいことである。

サマータイム

airplane travel

二〇一〇年三月二十六日は四時に起床した。今回は初めての経路で成田空港に入る予定だった。まだ外は暗かった。すぐに食事にし、コーヒーを楽しんで時間を待った。海外出発日の朝は髭剃りをしない。前日にすることにしている。だから朝の時間がゆっくりとれた。慌てて出発すると忘れ物をする可能性がある。そして五時十五分に家を出て駅に急いだ。駅に着いたのは五時二十五分だった。すると改札口がまだ開いていなかった。五時半からという知らせが書かれていた。仕方なく時間を待って、開くと同時にホームに急いだ。いつも新幹線ホーム利用だが今回は在来線ホームだった。しかもいつもは南下するが仙山線は北上した。列車は定刻に発車した。外を見ると雪が残っていた。しばらく行くと「山寺駅」だ。進行方向に向かって左側に出口があり彼方に山が見えた。逆方向はすぐ崖になっている。左側に行くと有名な山寺だろうと想像できた。山寺を過ぎたあたりで車掌が通りかかり駅から時刻表の記載について質問し、問題は解決した。

山寺を過ぎると山岳地帯に入りしばらくして長いトンネルに入った。それを抜けると仙台側に出て空の状態が変わった。そこまで鉛色の雲があったがそこからは青空だ。郷里で冬場に見る晴天である。これだけ天気が違うのかと改めて驚いた。列車は定刻に仙台駅に着き、乗車案内に従って迷うことなく仙台空港行きの車両に乗車できた。これでやれやれ一安心だった。

仙台空港駅にも定時に着いた。電車の先頭車両方向に改札口があり、そこを抜けると通路があって空港に直結していた。迷うことなく空港に入った。いつも利用する航空会社の便に搭乗だと、特別会員専用の窓口があり、愛想良く応対してもらえた。しかし今回はライバル航空会社で勝手がわからない。そこで適当に聞いてみると、すでに搭乗券は持っているので、手荷物を機械に通した後、こちらに持って来て下さいという案内だった。当初は預ける荷物はなかったが、成田空港に宅急便で送った荷物の中に、ひげ剃りを入れるのを忘れていた。それを持っているので小さい方の荷物は預けなければいけない。そうしないと没収されるからだ。それで少し時間がかかり、セキュリティに急いだ。そこがたいへん混雑していた。八時三十分までにいくつもの出発便があり長蛇の列だった。手荷物検査のレーンが三つしかないのが問題だ。この辺は仙台空港の構造が悪い。搭乗口に着いたのは出発時刻の十分前だった。この航空会社も今後利用は多いと見込んでマイレージカードを作っておいた。それにマイルを入れなければいけない。事後だと面倒だから。搭乗口付近でうろうろしていると係員がヘルプしてくれた。すぐカードにマイルを入れてもらって搭乗機に急いだ。国内近距離便なので小型だった。大阪から山形に飛んだときと同じような機種だ。席は満席にはほど遠かった。

成田空港には九時五十分頃着陸したが、いつもとは違うターミナルに入った。しかも預けた荷物を受け取らないといけない。その後ターミナル巡回無料バスに乗って、いつものターミナルに入ったのは十時十五分だった。

ライバル会社は、私のよく行くミュンヘンそしてウィーンには直行便を飛ばしている。これらの便を使うと仙台空港でチェックインすれば、預けた荷物は到着空港で受け取ることになりたいへん便利である。しかもその日の午後目的地に到着する。今後はその選択肢もあるのではないかということが脳裏をかすめた。

ここからはルーティーンである。自宅で預けたスーツケースをいつもの場所で受け取り、特別会員専用チェックインカウンターで手続きを済ませ、専用セキュリティを通過しラウンジに入り搭乗開始時刻を待った。その時刻の五分前に搭乗口に行き、優先搭乗で指定された座席に着席し離陸を待った。その座席も特別会員なので非常口席を確保してもらっていた。しばらくすると客室乗務員の一人が近づいて来て「××様。いつもご利用ありがとうございます。何かございましたら、御遠慮なくお申し付け下さい」と丁寧に挨拶していった。この一連の特別サービスを考えると、やはりこの航空会社を利用した方が気持ちよく旅行ができると再認識した。

十一時間の空の旅も残り二時間くらいになったとき、いつも食事がサービスされる。そのときふと気がついた。明日は三月二十七日土曜日である。三月最終の日曜日の午前中、冬時間が夏時間になる。サマータイムを採用している国は多く、国によって切り替える日は違うが、ヨーロッパは三月最終日曜日の午前二時を午前三時にする。つまりここで時計を一時間進ませることになる。現在金曜日の夕刻にヨーロッパに到着する便に搭乗している。この機内に土曜日に日本に向けて飛ぶ人はほとんどいないと推定できる。しかも日本人には不慣れな習慣である。そこで機内放送でその旨を伝えてはどうかと考えた。今回の旅行期間中に時計を一時間進ませないといけなくなる。ということは、時計を進ませるのを忘れると、帰国時に一時間早く出ないといけない。慣れない人だと乗り遅れる可能性も出てくる。航空会社は旅を手助けする業務だろう。決して余計なことではないと思うが、読者の方々はどう考えられるだろうか。

ホテルにチェックインしたのは二十時過ぎだった。日本時間では午前四時でたいへん眠い状態にある。一刻も早くベッドに入りたかった。しかし少し汗ばんでいるのでシャワーを浴びてからにした。前回二度ブダペストに滞在した。このとき両方とも中央市場近くにホテルをとった。今回はウエストエンドシティセンターというショッピングセンターに隣接するホテルだ。ホテルのランクは同じ「四つ星」だが料金は今回の方が安かった。初めてブダペストを訪ねたときの宿泊には、朝食は含まれていなかった。これはトラベルエージェントに手配してもらったからだ。二度目は自分でコンピュータを操作し確保した。それには朝食が含まれ、料金もその前より安かった。今回もトラベルエージェントに手配してもらったが、朝食付きのところをという条件を出しこのホテルになった。こうなるとサービスがどのように違うかを見るのが楽しみになる。

初日の起床はいつものように四時半頃だった。時差の影響でこれ以上眠れない。仕方なく起床し、荷物の整理などを行って、朝食の時刻六時半を待った。時間きっかりに行くとすべてが並んでいない場合が多い。それで五分遅れでレストランに入った。案内にあったようにバイキングスタイルだ。私はこのように朝食をいただくときいつも箸を持参する。そのため小さいバッグを持って行く。多く取りすぎて困ったとき、バッグに入れて持ち帰ることもできる。有名なホテル系列なので豪華な朝食だった。煮豆のようなメニューもあった。いろいろ食べて満腹になり部屋に戻った。そうなると少し眠くなる。そこで少し睡眠をとった。

隣接するショッピングセンターが気になる。この日は土曜日だから営業時間が短い可能性がある。閉まっていることはないというのは、前回の滞在で確認していた。それで九時に行ってみた。入り口の営業時間を見ると土曜日も日曜日も同じだ。三階建ての建物に太陽光線がよく入るように設計されていた。しかし夏場になると温室になり暑いのではないかと心配するような建て方だ。デパートではなく個人営業の店の寄せ集めで、土曜日ということもあって店を閉めているところも多かった。

朝食を腹一杯食べたので、昼食は小さいサンドイッチ一個で十分だった。それを買いに出て少し街を歩いた。そのついでに三日間の公共交通機関フリーパスを購入した。地下鉄の切符売り場で土曜日でも人間との対話で購入できることを知っていて問題なかった。この街も近代化が進み、ドイツのようにすべてが機械化すると、現地の言葉を理解できないと購入できなくなるだろう。しかしベルリンのように、ボタン一つで英語表示に変換できれば問題ないのだが、その辺は国の政策に関わる点のように考えられる。パリでは機械で切符を購入するようなことはしなかったのでなんとも言えないが、たぶん英語表示に切り替えることはできないのではないかと推測できる。

その切符は購入時から七十二時間有効のものだった。それで「早く使わないと」と考え適当にトラムに乗ってみた。トラムは道路をゆっくり走るので街並みがよくわかる。南の方向に行く列車に乗ったが、街がかなり変わったのに驚いた。前回来たのは二〇〇七年三月で、あれから三年経っただけだった。特にハンバーガー関係のファーストフードの店があちこちにあるのに驚いた。それで前回泊まったホテル付近に行ってみた。するとよく買い物をした雑貨屋のような小さい食料品店はなくなっていた。夜だったのでよくわからなかったが、空港も工事しているようだし、道路工事もしていたようだ。翌日有名な「鎖橋」の一つ北の橋に行ってみたところ、その橋も架け替え工事をしていた。街が近代化に向かって加速しているように感じられた。

午後四時を過ぎ少し疲れてきた。何度も仮眠はしていたが、根本的に睡眠不足は隠せない。疲れてきたようで、これといった当てがあって動いているわけではないので、夕食まで一休みのつもりでホテルに戻ることにした。夕食は昼食を買いに出たとき目星をつけておいたレストランがあり、今日は探す必要はなかった。カードキーでドアを開け、まず手を洗ってベッドに横になろうとした。そのとき部屋の事務机の上に紙切れのようなものが置いてあるのに気づいた。椅子に腰をかけその紙切れに目を通した。それはハンガリーの言語であるマジャール語と英語の両方で書かれていた。マジャール語は読めないが、英語の内容から同じことが書いてあると推察できた。

お客様
次のことにご注意下さい。三月二十八日日曜日の午前二時にサマータイムが始まります。午前二時が午前三時になります。どうか、時計のセットを忘れないで下さい。

××ホテルチーム

飛行機の中であれほど気にしていたサマータイムへの切り替えをすっかり忘れていた。このチラシを見て思い出した。と同時に昨年この時期に滞在したホテルの対応を思い出した。昨年はベルリンのクーダムにある同じ四つ星のホテルであった。そのホテルでは、土曜日の朝からエレベーターに貼り紙がしてあって、同じような内容のことが書かれていた。これもドイツ語と英語で書かれていたのを覚えている。エレベーターでは見過ごしてしまう可能性がある。このように各部屋の机の上にチラシを置いてくれれば、絶対に見逃すことはないだろう。今回のホテルの気配りがうれしかった。

アドベンチャー

airplane travel

特別会員専用チェックインカウンターでは、正装した男女係員が手際よく動いていた。今回はエコノミー席で会員証を提示し、エスコートされカウンターに着いた。パスポートとEチケット控えを提示したとき思いもかけない言葉が返ってきた。

「お急ぎのところ誠に申し訳ありませんが、本日のアムステルダム便は、機材の準備の関係で三時間遅れの出発となります。したがってミュンヘンへの乗り継ぎ便の搭乗は、本日は不可能です。アムステルダムでのホテルと翌朝の乗り継ぎ便の手配はこちらで行います。もちろんホテルにかかる費用も当社で負担させていただきます。いかがいたしましょうか」

ミュンヘンにはフランクフルト経由、あるいはミラノ経由という行き方がある。

「ほかの行き方で手配できませんか。すでにミュンヘンのホテルは支払済で、返金は不可能の状態です。できれば今日中に着きたいのですが……」

「いろいろ調べてみますので、しばらくあちらのお席でお待ち下さい」

十数分ソファーに腰掛けて待っていると、先ほどの係員がもう一人その方の上司のような人を連れて近づいて来た。

「ミラノ便を調べましたところ、やはり本日のミュンヘン入りは無理なようで、ミラノでご一泊されないといけないようです」

そこでフランクフルト経由について聞いたところさらに数分待たされた。

「フランクフルト便は、すでに満席になっています」

これが返事だった。こうなれば仕方がない。三時間遅れのアムステルダム便に乗り、航空会社が手配したホテルに泊まって、翌朝ミュンヘン入りする以外なかった。その旨を伝えたところまたまた数分待たされた。

「アムステルダム便はプレミアエコノミーのお席をご用意いたしました。また明日のミュンヘン便もご予約をお取りいたしました」

そう言って搭乗券とEチケット控えを渡されたとき、もう一枚搭乗券のようなものがあった。

「これはご覧のようにお食事券です。この空港内のレストランでしたらどこでもお使いになれます」

そう言って千五百円の食事券を渡された。そこでこちらの仕事を一つ航空会社側にさせようとした。

「今夜はミュンヘンのこのホテルを予約しています。本日中には到着できないことをホテル側に伝えていただけませんか」

そう言ってホテルの予約控えを見せた。そこでまた数分待たされた結果その返事はこうだった。

「アムステルダムに当社の現地係員がいます。その係員にお申し付け下さい。その時間でも十分間に合うと思いますので」

結局このような仕事はなるべくしたくないという意図が窺われた。それで、もうこれ以上要求せずレストラン街に向かった。しかし内心は楽しかった。食事券が手に入り、無料で昼食を食べられ、さらに航空会社が用意したホテルに宿泊できる。いつもと変わらないルートで現地到着は面白くない。たまにはこのようなハプニングが起こってもいいだろう。これも一つのアドベンチャーであるから。


実は、このようなアドベンチャーは通算三回目になる。一回目は十年以上前だった。サンフランシスコに名古屋からポートランド・オレゴン経由で向かったときだった。搭乗機は定刻に名古屋空港を離陸し一時間くらい順調に飛行した。このときの航路はアリューシャン列島からアラスカ南岸を通るルートであった。北海道東岸を過ぎた頃、機体に異常があるということで、急遽名古屋に引き返すというアナウンスが入った。それで引き返し修理してもう一度飛び立ったことがあった。こうなると到着は大幅に遅れ、乗り継ぎ便を利用する客は、この日はポートランド止まりになる。航空会社は今回とは違い外国籍の会社だった。このときは翌日の乗り継ぎ便の手配、この日のポートランドでのホテルの手配、それにホテルでの食事券二十ドルが与えられただけだった。ホテルは最上級ではなく、二十ドルで夕食と朝食は無理でかなり足が出た。さらにサンフランシスコに着いたのが翌日の夕刻で、土砂降りだった記憶がある。踏んだり蹴ったりの旅になった。

二回目は、二〇〇四年七月特典航空券を使ってパリに行ったときだった。特典航空券とは航空会社のマイルを貯めてそれで得る航空券である。しかしそれも完全に無料ではなく、空港税とか燃料費を請求される。そのときも三万円くらい払っている。なおそのときは今回と同じ航空会社であった。

当時九州の大分に住んでいた。関西空港から出発で、そこまではＪＲを使う予定でいた。それで出発の前夜ＪＲの切符を購入し、自宅に戻ったとき航空会社から電話が入った。機材の準備の関係で明日の大阪発パリ便は六時間以上遅れ、出発時刻は午後八時、現地到着は深夜の二時頃になるという知らせだった。それで搭乗するか否かを問い合わせてきた。搭乗する場合は現地到着が深夜になり、航空会社側で空港近辺のホテルを用意するということだった。全くの観光目的だったため即座にオーケーした。そして購入したばかりのＪＲの切符の時間変更にもう一度駅まで行った記憶がある。もちろんパリのホテルは押さえていたので一泊分は損をした。出発日午後五時過ぎにチェックインすると、すぐに今回と同じ食事券を渡された。金額は同じく千五百円だった。いろいろ値上がりしている時代だがこの金額の値上がりはその後なかったらしい。エコノミー席をビジネスクラス席にするというようなサービスもなかった。そのときはまだこの航空会社の現在のような特別会員ではなかったからと想像できる。だから現在使用しているこの航空会社の空港特別ラウンジも利用できなかった。食事を済ませ搭乗すると席はガラガラだった。それで適当に空いている席を数個占拠し、完全に横になってゆっくり眠って行くことができた。

ちょっと道草が長くなったようだ。本題に戻りたい。午後〇時四十五分発が三時間遅れの午後三時五十五分発になった。三時間余計に待たされることになったが、そこは抜かりなくその時間を有効に使った。まず貰った食事券はこの日のうちに使用しないといけない。いつものファーストクラスラウンジは使用できるので軽い食事はできる。二種類のカレーライスとサンドイッチやサラダ、冷やしうどんなどが食べられる。昼はラウンジで適当に食べて、機内食に備えようと考え、朝から食事をそれに対応できるようにとっていた。若いときだといくらでも食べられるが今はそうはいかない。といって折角の食事券を無駄にはできない。少し考え今回はラウンジの軽食は無視し、食事券できちっと昼食をとろうと決心した。といって、昼食に超過料金を取られるのはばかばかしい。それでジャスト千五百円のメニューを探し食事券を使用した。搭乗開始は三時半と記載されている。食事を終えても二時間以上待ち時間があった。

　そこでラウンジに入り、まずこの日泊まるミュンヘンのホテルに、本日はミュンヘンに到着できない旨を伝えることにした。このラウンジでは無線でインターネットに接続できすべて無料である。インターネットが見られればメールが打てる。それを利用した。しかし英語で書く必要がありビジネス机を占拠し、何度も読み返して間違いないことを確認してから送付した。これでも時間は十分にある。ラウンジに入ったとき、すぐにシャワーは使用したので他にすることがない。そこでこの日マッサージはできないかと聞いてみた。午後三時なら予約は入れられると言われた。所要時間は十分足らずだから問題ないことがわかり予約を入れた。もちろん無料である。

　これが生まれて初めてのマッサージの経験になった。予約時刻に所定の場所に行くと中年の男性が待っていた。まず体に大きな傷痕、特に手術の傷痕のようなものはないかを聞かれた。左膝の内視鏡手術だけであとはないと答えた。そこで上半身だけアンダーシャツ姿になって、ベッドに俯せに寝るよう指示された。言われたようにするとすぐにマッサージが始まった。フレンドリーな人で、どこに行くのかなど聞いてきて会話も弾んでいった。これはマッサージというより指圧と言った方がよく、利き手の親指で強く押してこられた。ときどき痛みを感じることもあったが、気持ちよく感じることの方が多かった。十分足らずで終わった後、礼を言うとまたご利用下さいと言われて部屋を出た。

マッサージの後少し飲み物で喉を潤してから搭乗口に急いだ。今回も搭乗口は本館側だったのでラウンジからの距離はあまりなかった。搭乗の順番は、ファーストクラス、ビジネスクラス、特別会員が優先的に搭乗させてもらい、そのあと一般のエコノミークラスの乗客となる。私は特別会員なので会員証を提示しながらその場所を通り機内に入った。

いつものように、優越感に浸りながら搭乗したが、パリ便同様ガラガラの状態だった。エコノミーも空席だらけ、プレミアエコノミーも同様だった。ただファーストクラス、ビジネスクラスは満席に近い状態だったようだ。きちっと調べたわけではないのではっきりしたことは言えないが。この航空会社にとって重要と思われる客は、本来はエコノミーでもビジネスクラスに座らせたようである。私がプレミアエコノミーだったということは、それほど重要な客ではないと解釈できる。エコノミーとプレミアエコノミーは食事は全く同じである。ただ座席が少しデラックスで、前のテレビが大きく、歯ブラシ、アイマスク、耳栓、スリッパなどのサービスがあるくらいだ。ただこれだけ空いているとエコノミー席の方がよかった。エコノミー席は隣の座席との間の肘掛けは、ちゃちな作りなので上に上げることができる。ということは中央の席だと五つくらいの席を一人で使える。だからパリに行ったときのように完全に横になることができる。実際にそのようにしていた客は多かった。しかしプレミアエコノミーの席は、座席がデラックスで隣との肘掛けはがっちり固定されている。従って横になることは不可能だった。

ビジネスクラスだとミネラルウォーターは五百ミリのペットボトルをくれるが、エコノミーは三百五十ミリのペットボトルしかくれない。この日にミュンヘン入りする予定だと、あまりこのミネラルウォーターを貰っても、乗り継ぎ便に乗るとき手荷物検査ですべて没収される。それで乗り継ぎのあるときはいつも、機内で飲み干して余計なものは貰わないようにしている。しかし今回は違った。この日はアムステルダム滞在で受託手荷物も手元に帰ってくる。さらに翌日行くミュンヘンは初めての街なので様子がよくわからない。水の調達には手間取ると考えられる。そこで配っていた小さいミネラルウォーターをできるだけ多く貰うことにした。ヨーロッパ便は機内の一部に飲み物食べ物を置いたところがあり、そこに行ってできるだけ貰ってきた。結局四本貰ってバッグに入れておいた。これが後になって役に立った。必要なとき、食べ物もバッグに詰め込んでくるときがあるが、今回は食べ物は全く貰わなかった。なおここで貰ったペットボトルのミネラルウォーターは、この日アムステルダムで受け取ったスーツケースに入れてミュンヘンに持ち込むことができた。

搭乗機はヨーロッパ時間午後九時を少し回ったところでアムステルダム・スキポール空港に着陸した。この空港への到着はこれが三回目になる。だからパスポートコントロール等のことは知り尽くしている。しかし今回は特別で、機外へ出たときまずこの航空会社の地上係員と接触する必要があった。機外に出たところに多くの係員がいて、てきぱき客の手配をしていたので、自分の名前を言うだけで十分だった。するとプリントされたものを渡された。見ると空港に隣接するホテルが、この日宿泊するところであることがわかった。そしてチェックインのときこのプリントを提示するように言われた。さらに私がこのホテルで受けるサービスのすべてがそこに記載されていた。それによると午後十時からホテルの一室でバイキング形式の夕食サービスがある。翌朝は朝が早いということで、ブレックファースト・ボックスを用意するので、チェックアウト時にホテルのフロントで貰うようにと書かれていた。そこの係員によると、ホテルまでエスコートするので、手荷物受け取り場所で、手荷物を受け取った後待機するように指示された。

手荷物は例によってこの航空会社の特別会員ということですぐに出てきた。同じホテルに行く人は多く、かなり待つ必要がありそうだった。そのとき、そこにいた同じようなサービスを受ける外国人客が、すぐ近くなのでこれなら我々で歩いて行くことができるから、一緒に行かないかと誘ってきた。それで同行したので、普通の日本人乗客より早くホテルにチェックインできた。部屋は考えていたようにデラックスで申し分なかった。そして十時を少し回ったとき指定された場所に行った。お腹はあまり空いていなかったが、折角のサービスだからと考えお言葉に甘えることにした。

指定された場所に客は一人もいなかった。ホテルの従業員に、まだ準備中だが椅子に腰掛けて待つように言われた。さらに飲み物は自由に飲んでくれと言われたのでそのようにした。飲み物は、ソフトドリンクがレモネードとオレンジジュース、それにコーヒーと紅茶だった。しばらくすると食べ物が運ばれてきた。しかし全部揃ったのは十一時少し前だった。その頃には客も増えていたが満席にはならなかった。ホテル側が大きな部屋を用意したようだが、客はそれほどいなかった。料理はひと通り全部食べてみたが、味付けは日本人に合うように作ってあった。魚あり、チキンあり、ビーフありで豪華なものだった。

料理が揃うまで一人で椅子に腰をかけて待っていると一人の外国人が入ってきた。少し話してみるとドイツ人で、シュツットガルトに帰る途中だという。東京に一週間仕事で滞在していて、この正月にもう一度日本に行き、一週間ほど滞在するとも言っていた。日本の冬は初めてのようで、いろいろと気候について質問してきた。それで適当に答えておいた。私が山形在住でミュンヘンに行くことは伝えたが、身分は明かさないでいた。外国人は図々しいのが多いから、うっかり気を許して遊びに来てくれ等と言うと、厚かましく来る恐れがある。だからいつも注意している。なかなかフレンドリーな紳士できれいな英語を話す人だった。結局食事中も会話が弾んだが、お互い名乗らないで「お会いできたことを感謝します」という意味のありふれた挨拶で別れた。

なおこの日泊まるはずのミュンヘンのホテルには、日本にいるときメールを出してその旨を伝えておいたが、念のためアムステルダムで地上係員にホテルに連絡させようと思って機外に出た。しかしあれこれすることがあって忘れてしまっていた。なお今回のミュンヘン滞在に使ったホテルは、インターネットを使って自分で探したホテルだった。

翌朝六時頃起床した。しかし外はまだ暗く、明るくなりだしたのは、七時を過ぎてからだった。ミュンヘン行きの出発時刻は午前八時四十五分である。しかしチェックインカウンターを探すのに迷うことが予想されたので、七時にホテルをチェックアウトした。そのとき貰ったブレックファースト・ボックスをすぐに開いて見た。というのはペットボトル入り水、あるいは缶入りのコーラなどは、手荷物検査の際すべて没収されるので、搭乗口まで持ち込めないからだ。見るとサンドイッチが二個、林檎一個、ヨーグルトが二箱入っていた。ヨーグルトが危ないと判断した。それでホテルのロビーでこの朝食を食べることにした。食べ終えてゴミ箱に捨てるとき、そこに同じようなものが捨ててあるのに気づいた。他にも同じことを考えて、ここで朝食をとった人がいたようである。

スキポール空港の案内は悪いので前回も迷ったが、今回もわからなかった。今回搭乗するチェックインカウンターはこちらと書いてあるが、その方向に行くと次の案内には全く別のことが書いてあった。戻ってインフォメーションにいる人に聞いても、そちらの方向だと言って指差すだけだった。仕方なく直進すると、探している場所の案内に出くわした。それで無事に辿り着くことができた。途中にももっと案内がほしい。

搭乗口に着いたのは八時前だった。この頃ようやく明るくなって昼間らしくなってきた。しかし時季的なものか雨が降り出した。この時期のヨーロッパの雲の状況を見ると、北の方には常に雲がかかっている状態だ。ただドイツは晴れの多い時季だと聞いていた。

二〇〇八年十一月中旬

ドイツワイン

airplane travel

搭乗機は予定の時刻にスポットを離れ滑走路に向かった。隣は空席で外がよく見えた。それでいつも以上に気をつけて空港の様子を観察した。というのは、前日貨物機が着陸に失敗し炎上して犠牲者が出ていた。その事故の場所を知りたかった。残骸のようなものは完全に撤去されていた。ただよく見ているといつもと違うところに向かっている。いつもは西から東に向かって飛び立ち、一度太平洋上に出てから大きく旋回し、北西に向かう航路をとるがこの日は違っていた。大きく旋回した様子がなく北に向かって離陸したようだ。これも事故の影響かと思って、しばらくしてキャビンアテンダントに聞いたところ、事故の影響ではなく風向きの関係だという説明があった。

離陸後小一時間たって飲み物サービスが始まった。ビジネスクラスのときは、ラウンジでは食べないようにしている。それでお腹はペコペコだった。だから食事の時間が待ち遠しかった。右隣の人がおいしそうにシャンペンを飲んでいたが、以前の失敗を思い出してここはソフトドリンクで我慢した。そして本日のメニューに目を通した。いつものように洋食は肉か魚の選択で和食は一通りだった。前回ステーキがおいしかった。この日も迷わず洋食の肉にした。そこで少し酒を飲もうとしてワインの種類を見ると、見慣れないものが一つあった。よく見るとドイツの白ワインである。それでそのワインをトライすることにした。しばらくしてワインが来てすぐに一口飲んでみた。たいへん口当たりのいいワインだった。それで詳しく銘柄等を読んでみた。メニューには次のように、原語の下にカタカナで記載されていた。

「キッチンガー・ホフラート・バッフス・クーベーアー・ハルプトロッケン」

前菜を終えたときグラスは空になった。甘口の飲みやすいワインですぐにお代わりがほしかった。キャビンアテンダントも注意深く見ていて、すかさず歩み寄ってきてその旨を尋ねてきた。イエスと答えたいところだが、メインディッシュがまだ並んでいなかった。それでもう少し後にして下さいとお断りした。十分くらい待っただろうか。楽しみの食事が来た。それですかさずワインを注文した。別の銘柄にしましょうかという問いかけに、おいしかったので同じものをと答えワインを待った。トータルで三杯飲んで終わりにした。酔っぱらいすぎると二度目の食事にひびくので、ほどほどにしてしばらく眠ることにした。

予定通りベルリン・テーゲル空港に着いた。そして荷物をとってバスに乗り、ホテルに向かった。三度目のベルリンなので迷うことはなかった。ホテルの位置もグーグル検索で承知していてロスタイムなしにチェックインできた。部屋に入るとトラベルエージェントの説明通り、広い部屋でバスタブもある快適な空間だった。すべてに満足しひとまず外に出て水の調達をした。ベルリンの俗にいう「クーダム」で、スーパーマーケットの場所も十分に把握している。三十分くらいで部屋に戻り風呂を済ませると眠気が襲ってきた。無理もないことである。日本時間では明け方になっている。飛行機内で眠ったといっても仮眠なので当然だろう。自宅を出てほぼ二十二時間たったところだ。すぐにベッドに入った。

翌日昼食を済ませ、一休みしてからフロントに降りて、インターネット接続について聞いてみた。するとこのホテルは無料で接続できることを知った。ただ特別のログインネームとパスワードが必要でさっそく教えてくれた。こうしておかないとロビーに来れば誰でも接続可能になるからだろう。インターネットが繋がりさっそくメールのチェックを行った。そしてハワイに住むドイツ人の友人にメールを送った。ベルリンに来たことと往路の機内でおいしいドイツワインを味わったことを知らせるためだった。彼はワイン通だ。それで機内から持って来たメニューを見て銘柄等を詳しく伝えた。

翌朝、コンピュータでメールチェックすると、ハワイからメールが入っていた。ワイン通なので往路の機内で飲んだワイン、

「キッチンガー・ホフラート・バッフス・クーベーアー・ハルプトロッケン」

について、次のような詳しい説明をくれた。

「キッチンガー」はヴュルツブルグの近くの街の名前である。ヴュルツブルグにはもう一人のドイツ人の友人がいて昨年七月に訪ねている。だいたいの場所を説明するためにヴュルツブルグの名前を出したようだ。「ホフラート」は使われたぶどうの採取された畑の名前を示し、「バッフス」はぶどうの種類を意味する。「クーベーアー」は政府が付けたワインの品質ランクを意味し、「ハルプトロッケン」は少し甘口を示すとあった。さらにドイツは北方にある関係で、赤ワインを作るために必要なぶどうの栽培が困難なため白ワインが主流であるという説明がつけられていた。赤ワイン用のブドウ栽培には十分な日射量が必要で、もう少し緯度の低い地方が適しているようだ。この話は彼との会話で聞いた覚えがあるが、そのときは興味を引く話ではなかったため、軽く聞き流したようである。なお彼は赤ワインが好みなので、ドイツワインはあまり飲まないと聞いていた。

現在滞在しているのはベルリンである。ヴュルツブルグはドイツの南方だが、探せば同じワインが手に入る可能性は高いと判断した。そこでフロントで探してもらうことにした。機内から持って来たメニューの冊子をもってすぐにフロントに降りた。フロントは英語で十分なので問題はなかった。応対した係員はまずコンピュータの検索でワイン専門店を探した。そして電話をしてくれた。言葉はドイツ語なので内容はわからなかったが推測はできた。そこで探しているワインに話題が移ったとき、その係員は「バッフス」ではなく「バフース」と発音していた。航空会社のカタカナによる記載もいいかげんだなと思いながら聞いていた。電話の会話はどんどん進展したが、その店に目的物はないように感じられた。電話を切った係員が英語に切り替えて電話の内容を説明してくれた。思った通りだった。それで諦めて部屋に戻った。よく考えると同じものでなくてもいいのではないかという結論に達し、近所をうろついてワイン専門店を探してみた。

人間というのはわがままなもので、欲しいと思ったときすぐに手に入れないと気が済まない。そして焦って探せば探すほど目的物は遠ざかっていくようで思うようにいかない。仕方なくこの日は諦めることにした。翌日昼食のサンドイッチを買いに出た。前回の滞在で知った店で買うことにして、そちらの方向に足を運んだ。しかしこの店もすぐには探せなかった。迷っているとすぐ前にワイン専門店があった。それですぐに入ってみた。

目的物は俗に「フランケンワイン」と言われていて、入れ物が変わっている。ブランデーの入っている瓶の形に近い。だから探し易い。機内で飲んだ「バフース」が入っていたのもそのような瓶だった。ドイツワインのセクションに行くとすぐにわかった。いろいろな種類のフランケンワインがあったが「バフース」は見当たらなかった。折角見つけたのだからと考え適当に一つ買ってみた。昼前でこれから冷蔵庫に入れておけば、夜には十分冷えているだろうという目論見があった。部屋に冷蔵庫はなかったがミニバーの小さいのがある。そこでいらないものを外に出せばスペースはつくれるという計算もあった。しかし普通瓶のワインを一晩で空けるのは不可能である。二日か三日かかる計算だった。部屋にはワインの栓抜きはあった。それでその夜風呂の後さっそくトライした。そのとき買った銘柄は次のものだった。

「ハンス・ヴュルシュンク・二〇〇七・イフェファー・コルブ・シャウレーベ・カビネット・トロッケン」

　飲んでみると「ドライ」つまり辛口だった。機内で飲んだ少し甘口を想定していたので意外だった。このときフランケンワインはすべて甘口だと理解していたからだ。それでさっそくハワイの友人にメールを送った。すると翌日「トロッケン」は辛口を示すので選択を間違ったと指摘された。「ハルプトロッケン」と書かれたワインが私の口に合うだろうというサジェッションがあった。がっかりしたが捨てるわけにもいかず、我慢して飲み干すことにした。すると二日目の夜は前夜ほどの失望感もなくすこし味わえた。そしてこの瓶はこの夜で飲み干した。こうなると飲み過ぎで翌日がたいへんになる。元々酒は弱い方なので二日酔いに苦しんだ。結局翌日は昼過ぎまで酒が体内に残っている状態だった。

　午後になってやっと酒気が抜けたようで、ポツダム通りの方に行ってみた。ポツダム宣言の行われた歴史的な街ではなく、その街の名前をとって通りに付けただけだ。ここにはショッピングセンターがあり、それを見るのが主目的だった。Uバーンで乗り換えなしだ。ショッピングセンター内に入り、ぶらぶらしているとスーパーマーケットを見つけた。いつも利用するクーダムのマーケットとは規模が違っていた。しかしこれからショッピングセンター内をうろつくので、買い物をするとしても帰り際にする予定だった。ワインセクションがあり見回すとフランケンワインがあった。よく見ると「バフース」と書いてある。これで機内で味わった甘口のワインが今夜は楽しめると思い帰り際に一本買った。外に出ると雨になっていた。傘を持ってこなかったため少し濡れてしまった。

ドイツワインとの出会いはもう一つ新しい窓を開いた。今まで夕食はスーパーマーケットで購入した物で済ますことが多かった。どこの国に行っても「寿司」は売っている。年をとるに従って食も細くなってきた。それで寿司と野菜少々と持参したインスタント味噌汁で十分になった。あるいは寿司の代わりにファーストフードの中華ものなどにすることもあった。ときどきレストランも利用したが、味のわかったチャイニーズレストランしか行かなかった。お金を節約したいという気持ちはそれほどない。理由を詮索すると「レストランを探すのが面倒だ」というのが最初にくる。次にくるのが「レストランに入ると夕食に費やす時間が長くなる」だろう。友人とレストランに入り話しながらゆっくり食事を摂るのならいいが、一人でぼんやり食事をするのだから、さっさと食べてホテルに戻りたいという気持ちが強かった。最後にくるのが「地元の物を食べようとする意欲がない、興味がない」になるだろう。

しかし往路における機内のワインによって、食べ物も地元のものを食すれば、もう一つ楽しみが増えるのではないかと考えるようになった。それで初日の夕食を除いて、すべてレストランで夕食を摂るようにした。それも中華や日本食ではなく、なるべく地元の人の行くレストランにした。

二日目の夕食に適当なレストランに入ってみた。ウェイトレスが寄ってきたとき英語のメニューを頼んだ。開けて見ると値段はそれほど高くなかった。肉より魚というのが最近の趣向になっている。それで魚料理から「鮭」を選んだ。鮭料理は一種類しかなかったので余計な心配はいらなかった。飲み物は、折角ドイツに来たのだからということでビールを頼んだ。中ジョッキにした。ここでワインを注文する気はなかった。銘柄を選ぼうとするとボトル一本注文しないといけないからだ。それにビールよりもワインの方がアルコール度数が高い。それで夕食時はいつもビールにした。

ビールを楽しんでいるとパンが来た。ドイツ独特の小さいパンではなく、フランスパンのようなものだった。しかしバターは付いていない。周りの人を見てもバターはなくパンだけを食べていた。私もそれに従った。カサカサしていておいしいとは思わなかった。ビールが半分くらいになったときメインディッシュが運ばれてきた。見ると、鮭の切り身の横に大きなジャガイモがある。切り身も日本のものよりはるかに大きい。食べきれるだろうかという心配があった。空腹に近い状態でレストランに入ったが、五百ミリのビールを半分飲んでいる。そのときビールは小にすべきだったと後悔した。

急がずゆっくり食べてなんとかすべて空にしたが、満腹でしばらく動けなかった。外国のレストランでは、食事は終わってからチャージして下さいと言わないといつまでたってもレストランを出ることができない。それですぐにその旨を伝えた。すると何やら聞いてきた。サービスの食後酒はどうかということだった。サービスを確認して応じた。しばらくすると小さいグラスに入った甘いお酒が来た。口当たりはよかったがアルコール度数は高そうだ。この酒を「シュナップス」と言うことは後日知った。ドイツではアメリカのようにたくさんチップはいらない。端数をとってくれというだけで十分だ。時計を見るとレストランに入ってから一時間以上たっていた。今食べたレストランの場所を再度確認しホテルに戻った。

私は気に入ったレストランが見つかると毎日行く癖がある。ワインのバフースを見つけた日も夕食は同じレストランだった。ただ初日に中ジョッキのビールを頼んで四苦八苦したこともあって以後は小ジョッキにした。そして魚料理を頼むと大きなジャガイモが付いてくるので、以後は肉料理にしていた。前日はポークを食べた。このとき一つ理解できないメニューがあった。英語の意味が分からなかった。それでこの日は英和電子辞典を持参した。調べると「子牛の肉」を意味していた。それでこの日は「子牛の肉」にした。ドイツ料理には必ずポテトが付いてくる。魚料理には「ポテト」というより「ジャガイモ」と言った方がいいような大きなものが付いてきた。肉料理を見ると「コロッケ」か「フライドポテト」の選択になっている。それで迷わずコロッケにした。満腹になるほどのものではないことを前日確認していた。この日は混んでいたので奥の席になった。そのせいかやけに暗かった。それほど上等のレストランではなく照明は行き届いていなかった。

適量の食事とビールに満足してホテルに戻った。しかし酒は強くないのでかなり酔っている。これではすぐに風呂には入れない。それでしばらくインターネットサーフィンを楽しんだ。一時間強するとかなり醒めてきて風呂に入った。バスタブ付きだからリラックスできた。それでワインタイムになった。

購入時はわからなかったがホテルに戻って調べた。「バフース」だけは機内サービスと一致していたが後はすべて違っていた。だから同じ口当たりの良さは期待できないと思っていた。この時刻だと昼間購入したワインは十分冷えていた。ヨーロッパのホテルにはコーヒーカップはないが、ワイングラスのない部屋はない。そのグラスにバフースを入れて口に運んだ。予想通り期待した爽やかさはなかった。値段も四ユーロ少々なので致し方ない。しかし前回のワインよりも甘口なので飲み易かった。結局ボトルの三分の一でこの夜はストップした。前日の飲み過ぎの反省からくるものだった。


二本目のワインは三夜で消化した。その時点で残り二晩となり新しい物は購入しなかった。復路の免税店にバフースの上物があればと期待した。しかしアムステルダム・スキポール空港の免税店にバフースはなかった。それでワインの購入はやめてブランデーのカミューを買った。自分への土産のつもりだった。

復路もビジネスクラスで食事のときバフースを頼んだ。そのときこのワインについてキャビンアテンダントと会話した。そして三杯いただいた。もっと飲みたかったがこれ以上は許容量を超える。後にひびくと考えた。すべては次回のフライトの楽しみにとっておくことにした。

二〇〇九年六月下旬

受託手荷物

airplane travel

飛行機を使った旅行をしない人には馴染みのない言葉である。私も確認の意味で再度グーグル検索してみた。すると次のように記載されていた。飛行機で旅行するとき携行する手荷物の中で、航空会社に預けてしまう手荷物を「受託手荷物」という。これは各航空会社や路線、利用クラスなどで受託手荷物の許容範囲が異なる。私がいつも利用するJ航空のエコノミークラスだと個数は二個、各荷物が二十三キログラムを超えず、それぞれの手荷物の三辺の長さの和が百五十八センチを超えないことと制限され、さらに二個の三辺の和の合計が、二百七十三センチを超えないことというルールがある。これを超えると超過料金が必要になる。ビジネスクラス、ファーストクラスはもう少し緩和される。一方、飛行機内へ持ち込む手荷物を「機内持ち込み手荷物」英語でいうと「キャリーオンラゲッジ」という。これにも制限がある。しかしJ航空の対応を見ていると明らかに違反していても何も言わない。またこの手荷物は航空機のサイズにもよるので注意が必要となる。

一時期年末年始はヨーロッパで過ごすことにしていた。それも一番気に入っているベルリンに滞在する。この年も十二月二十二日に日本を発った。山形から羽田空港経由でロンドンヒースロー空港へ行き、そこで乗り換えてベルリンテーゲル空港へ向かった。その羽田空港到着予定時刻は午前九時五十五分、ロンドン便の出発時刻は十一時三十分であった。乗り継ぎ時間はこの場合九十五分になる。J航空は羽田空港での国際線乗り継ぎ時間を六十分以上と規定している。乗り継ぎにはいろいろな作業があるため短くては困る。だからこのような規定を作っている。因みにJ航空は朝、羽田空港からパリ便を飛ばしている。これは出発時刻が十時五十分である。この便を利用するとき乗り継ぎ時間が五十五分となり規定に反する。従ってコンピュータで予約を入れようとしてもこの乗り継ぎでは不可能となる。

しかしこの日山形羽田便には搭乗しなかった。前日霧が出て翌日私の乗る時刻に出発する飛行機が一時間遅れて羽田空港に到着していた。このように一時間到着が遅れると乗り継ぎ時間が三十五分になる。これでは原則的にロンドン便には搭乗させてもらえない。この日も朝起きて外を見ると昨日と同じように霧が出ていた。それで新幹線利用で羽田空港へ向かった。結局、飛行機で行っていてもこの日は三十分遅れだった。だからなんとか搭乗できたかもしれないが、急がされたことは間違いないだろう。何か悪い兆候が出ていたようだ。

予定通り現地時刻午後九時半過ぎにテーゲル空港に着き受託手荷物受け取り場所で待った。どんどん荷物が流れ、待っていた人たちが自分の荷物を取って出口へ向かって行った。私の荷物が出てくるのが遅いといつも不安になる。この日は特に嫌な感じがしていた。しばらくしてほとんど回転台の荷物がなくなったが、私のものは見当たらなかった。電光掲示を見るとロンドンヒースローからの受託手荷物返却は終了したと表示されていた。緊急事態発生である。すぐに近くにいた係員に、私の荷物が出てこなかったことを伝えると、その手続きをとる場所を教えてくれた。それで急いでその場所へ向かった。不安な気持ちでかなりの距離を歩いた記憶がある。人間の心理として、このようなときは気持ちが焦り急いでしまい、また目的地が特に遠く感じられる。

所定の場所に行くと一人の女性係員がコンピュータの前に座っていた。早速受託手荷物が紛失したことを伝え、受託手荷物を羽田空港で預けたときもらったタグを見せた。その係員はすぐその番号をコンピュータに打ち込んだ。しばらく検索して次のような返事が返ってきた。

「現在ロンドンヒースロー空港にある。明日ホテルへ届けるので、この書類に必要事項を記入してください」

もらった書類には、氏名、滞在ホテル名と住所、日本における住所、そして私のEメールアドレスがあった。すぐに全て記載して手渡した。するとA4の用紙に何か書かれた書類を手渡された。寒いのでその用紙はホテルで読むことにして空港を出た。

このときコートを手持ちにしていて良かったと思った。この行程では機内で邪魔になる。それで受託手荷物の中に入れることがよくある。今回も考えたが、スーツケースがほとんどいっぱいだったので、仕方なく手で持つことにした。それが不幸中の幸いだった。もしそうでなかったら確実に風邪をひいていた。

ホテルはいつも利用するところだった。午後十一時前に到着しチェックインを済ませてから、受託手荷物のことを話した。全て了解してくれたようだ。部屋に入ったが着替えもなく、歯磨きもできない状態だった。仕方なくコートだけ脱いでそのまま眠ることにした。

翌朝四時半頃起床したが何もできなかった。近所のパン屋が六時に開店するので、それを買って朝食にした。ついでにコーヒーも買ってきた。それで少し温かいものを腹に入れることができた。ベルリンはこの時期午前八時を過ぎないと明るくなってこない。横になったり外を眺めたりして時間を潰した。そこでふと昨夜空港で渡された用紙を思い出した。そこで取り出してよく読んでみた。幸い英語で表記されていて理解することができた。ドイツ語表示だったらホテルのフロントに行き、英訳してもらうつもりでいた。

その書類は「事故手荷物申告書」という表題で始まっていた。次にヒースローとテーゲル間で私の受託手荷物を扱った航空会社名、そして紛失がわかった空港名テーゲルが記載されていた。次に電話番号とEメールアドレスがあった。さらにウェブサイトがあった。そしてこの書類の参照番号、私の名前等が続いた。最後にタグ番号が記載され、少し英語で書かれた文章があった。そこには何か質問があればコールセンターへ電話するか、ウェブサイトで検索してくれと書いてあった。そして搭乗券とタグは紛失しないようにという注意書があった。最後に、この書類は英文で「This report does not involve any acknowledgement of liability.」と書いてある。日本語に直訳すると「この書類は義務の承認を含まない」となる。そこで、私は、この文を次のように解釈した。「最終的に受託手荷物が依頼者に渡らなかった場合、この書類では、我々の義務を遂行しなかったことを認めたことにはならない」従って、裁判になったとしても、証拠書類にはならない。つまり、言い逃れのための文のように考えられる。

コンピュータはどこへ行くにも持参していて、このホテルは無料でインターネットアクセスができる。早速書類に表記されていたウェブサイトで検索してみた。まず前記の参照番号とタグ番号が必要だった。指示に従って進めていった。すると現在の状態がわかった。まず私の受託手荷物は確保され次のヒースローテーゲル便で届ける。午前十一時三十分にはテーゲル空港へ届く予定であると記載されていた。これで安心した。予定通りだと午後一時くらいまでには、ホテルへ配達されるだろうと予測できた。それで昼食を買うため外に出て、十二時半までにホテルの部屋に戻った。

しかし午後二時を過ぎても荷物は届かなかった。再度、午前中に見たサイトに入り検索したところ、午後一時半過ぎの段階で荷物はテーゲル空港に届いていないという情報が入った。それで不安は高まる一方だった。

フロントへ降りて行って事故手荷物申告書を見せ、そこにある電話番号に電話してもらった。電話はドイツ語で話さないといけないので私にはできない。またホテルはサービス業なので、このような客の要望には快く応じてくれる。そこできた返事がこの電話番号には電話が通じないという答えだった。仕方なく部屋へ戻り再度先ほど見たサイトに入った。するとテーゲル空港からホテルへ届ける運送業者がわかった。そこの送り先住所が私の日本の住所になっていた。それで急いでその電話番号をもって再度フロントへ行き、その運送会社に電話してもらった。しかしここでも電話が通じなかった。不安はさらにエスカレートしていった。

午後四時になっても荷物は届かない。先ほどのサイトに入り再度検索すると、午後三時四十六分の段階で荷物はまだテーゲル空港に届いていないということだ。この時点で最終的に荷物が届かない場合、これからどうするかを考え始めた。この日は十二月二十三日のクリスマスイブ前日である。イブの日は半日デパート等は開店しているが、午後の早い時刻に閉店になる。二十五日は第一クリスマス、二十六日は第二クリスマスで休日扱いとなり、デパート等は全て終日閉店である。衣類の購入が必要になるがこの状態ではそれは不可能である。今の状態ではこれ以上ベルリン滞在は不可能である。そこで即座に帰国することを考えたが片道航空券購入は大変困難である。頭の中がパニック状態になって途方に暮れていたときフロントから電話が入り、受託手荷物が届いたことを知らせてきた。私のサインが必要でフロントまで来てほしいと言ってきた。即座に降りて行ってやっと自分の手荷物を手にすることができた。

手荷物を解いて歯磨きや着替えを済ませ一安心した。そこでＪ航空への怒りが込み上げてきた。この往路の便はすべてJ航空便である。ヒースローテーゲル間はB航空とのコードシェア便で、全ての仕事はB航空が行っている。しかし私の支払った航空運賃はすべてJ航空に入っているはずだ。仕事分担としてB航空が行っているだけだ。実は私は朝からJ航空のホームページに入り、受託手荷物が届かなかったときどうすれば良いか、あるいはその荷物の検索ができないかを調べたが、何も見つけることができなかった。そこで羽田空港で受託手荷物を預けたとき、もらったタグに付属していた紙切れの記載を読んでみた。すると受託手荷物などの破損についていろいろ記載されていたが、これらはすべて言い逃れの事項で、受託手荷物が最終目的地で出てこなかった場合、どうすれば良いかの記載は全くなかった。

翌日J航空の「ご意見ご要望」のサイトへ入り、今回の受託手荷物について報告し、何故遅れたのか原因を調べてほしいと依頼した。そしてこのような場合のため、J航空も二十四時間体制でヘルプができるようにしてほしいと要望を出しておいた。また受託手荷物紛失時、検索するサイトはないのかと聞いた。一回目の回答で遅れた理由は調査中で、もう少し時間が欲しいと言ってきた。また受託手荷物紛失時の検索サイトはこれだと言ってサイトを示し、二十四時間体制は今後の課題とさせてほしいと言ってきた。二度目の回答で、遅れた原因はヒースロー空港におけるセキュリティー上の検査に時間を要し、テーゲル便の出発に間に合わなかったと言ってきた。このとき乗り継ぎ時間は三時間以上あり、その日のうちにセキュリティーチェックが終わっていれば、翌日最初の便で運べたはずである。私はこれについては納得できていない。

そこで矛先を再度J航空へ向けた。J航空の管理体制に疑問を持った。その日羽田空港を出発した各便に対して、羽田空港にいる責任者は付いていないのか。多分付いていると予測できる。その責任者の仕事は、第一は担当便が無事目的地に着陸できたかで、第二が預かった手荷物が完全に預けた人の手に戻ったかを確認することではないかと考える。両方とも飛行時間の関係で、出発したその日にすべて行うことはできない。現に私がテーゲル空港で受託手荷物を待っていた時刻は、日本時間では翌二十三日の午前六時すぎになる。だからこのような便については翌日責任者が出社してから確認すれば良い。またいちいち到着空港へ電話して確認する必要もない。到着空港で受託手荷物が出てこなかった場合、私の行ったようにそこの係員にコンタクトするとコンピュータ検索する。その場合羽田空港でもらったタグの番号が入力されるので、そのようなコンピュータ検索が入ったかどうかをチェックすれば良い。このようなことは、初めからコンピュータシステムをセットしておけば、簡単にできることではないか。

二十三日に、私が四苦八苦していたとき、J航空から電話かメールが入り、「受託手荷物が一刻も早くお手元に届くように、我々も全力を尽くしておりますので、今しばらくお待ちくださいというメッセージをいただいていたら、「さすがJ航空、私の選択に間違いはなかった」と感心しただろう。

このとき、ふと昔を思い出した。高校教師をしていたとき普段は目立たない生徒が、あるとき試験で驚くような点数を取った。そのとき私は「今回はよく勉強したようだな。やればできるじゃないか」と言ってあげたところ目を白黒させて、「先生は、俺みたいな劣等生は全く見ていないと思っていた」と返答してきた。そこで「私は全部の生徒をよく見ているよ。次回もこのように頑張れば、またこのような結果になるだろう」と言ってあげた。するとニコニコして「次回も頑張ります」と返答してきた。

私はJ航空に次のように要望したい。まず受託手荷物を預けたとき、引き換えにいただくタグには、最終目的地でその手荷物が出てこなかったときどうすれば良いか、そして検索に必要なウェブサイトも記載しておいていただきたい。次に何らかの形でいつでもJ航空に連絡が取れるように、二十四時間体制を敷いていただきたい。電話口に人を置くのが大変なら、ウェブサイト、あるいは留守録のできる電話番号でも良い。こうなるとライバル航空会社であるA航空は、どのような体制であるかを知りたくなるのは私だけではないだろう。

最後にもう一つ、航空会社二十四時間体制の必要性を述べて終わりにしたい。私は山形に住んでいる。山形だと羽田空港まで新幹線等で行くことができる。最初に述べたように、十二月二十二日朝は、すごい霧だった。私が搭乗しようとした飛行機は、実は大阪伊丹空港から飛んで来るが、霧が出ているときは条件付き飛行になる。そこには羽田空港に向かうか、仙台空港に向かう場合がありますという条件が付いている。この大阪からの便には何度も搭乗し、一度山形市上空で一時間、霧が晴れるのを待ったことがある。そのとき機長のアナウンスがあり、気温が上がると霧は晴れるので着陸できるが、残りの燃料の関係で仙台に向かうことがあると言ってきた。結局この日は無事着陸できたが、一時間以上遅れての到着となった。その飛行機を使って今度は山形羽田便となる。だから出発が一時間以上遅れ、このように遅れた便ではロンドン便には間に合わなくなる。

この経験の後、霧の発生について少し勉強した。朝霧が出る場合、前日の昼間に気温が上昇し、空気中に水蒸気が多く、朝急激に気温が下がったとき、発生することが多いようであることを知った。一つ自然科学の勉強ができたようだ。しかし、霧は地形の関係もあるので、山形市と空港のある東根市とは違ってくる。東根市の方が霧は出やすいというのが私の観察結果である。

理科の内容はこの辺にして本題に戻りたい。前記のように前日十二月二十一日は、すごい霧で朝の羽田便が一時間遅れたことは、コンピュータの発着状況で検索した。翌日もその可能性大と考えてＪ航空の予約デスクに電話をした。この日の状況を伝え、翌日霧が出て羽田便が遅れると判断した場合、新幹線で行きたいと言った。すると山形羽田便出発時刻の午前八時五十分までに、このデスクに電話してほしいと言ってきた。遅くとも山形発七時過ぎの新幹線に乗らないと間に合わないのでそれは不可能だと伝えた。その理由はこのデスクがオープンする時刻が午前八時からだからである。こちらの判断で、新幹線にするか、飛行機にするかを選ぶと伝えたところ、午前八時五十分までにこのデスクに電話を貰えないと国際線には乗れませんと言われた。これは一つのルールのようだ。そこで今、明日の国内線には搭乗しないと断言してほしいと迫ってきた。できれば乗りたいが、霧は出るかどうか翌日にならないとわからないと強調した。結局妥協策として、山形空港へ八時過ぎに着く一つしかないシャトルバスに私が乗車していなかったとき、国内線には乗らず、新幹線で羽田空港へ向かったと判断してほしいと迫ったところ、やっと了解してもらえた。この場合前日に霧が出たので、連絡を取ることができたが、それがなかったとき、このようなデスクとのやりとりはできなかった。デスクも滅多なことは言えないので規則的なことで迫ってくる。言い分は平行線を辿るだけになる。デスクの対応時間にも、午前八時から午後七時までという制限がある。霧は突然現れる。しかもデスクに連絡できない時刻に発生することが多い。

そこで、国内線から国際線に乗り継ぐ旅行の場合、国内線に搭乗しなくても、国際線には無条件で乗れるというようにルールを変えれば、このような問題は解決するのではないか。国内線が欠航になったとき、国際線の搭乗開始までに連絡を貰えば、国際線には搭乗できると言ってきた。だから国際線搭乗開始時刻までに連絡を取れば、国内線には乗らなくても国際線には乗れるとすれば問題ないのではないか。新幹線で東京まで行けるところは山形だけではないはずだ。大阪からでも朝早く出れば十分間に合う。この辺はＪ航空の検討事項ではないだろうか。

しかし、先の受託手荷物が出てこない場合もあるので、Ｊ航空の二十四時間体制が必要ではないか。ルール変更がない場合、このように朝突然霧が出て、国内線が欠航、あるいは出発遅れになると客が判断したとき、国内線には搭乗しないで、新幹線で羽田空港へ向かうことを伝えられるようにすれば良い。そこに人を置く必要はない。録音できる電話番号、あるいはメールアドレスを設けてもらえば、それにアクセスして重要な要件を伝えることができる。前述の受託手荷物紛失についても、そこへ連絡しておけば、J航空に伝わるのではないか。私はこのように考える。

二〇一七年二月下旬

災難特集

airplane travel

私はトータルで百八十九回日本を飛び立っていろいろな国に行っている。そのように言うと世界中のほとんどの国に行きましたかと聞かれる。その答えはノーだ。治安面と健康面で安全と言える国に限っていて、個人的好みもあるので行った国の数はそれほど多くないが、その国の名前を列挙することはやめる。

しかし楽しいはずの海外滞在だが、ときどきとんでもないことが起こって、不快な気持ちで帰国したことも何度かあった。ここでそれを題材にする。

□シドニーの幽霊

一九八九年末から正月にかけてオーストラリアのシドニーに滞在した。当初サンフランシスコ旅行の予定だったが、サンフランシスコ巨大地震のため行けなくなり急遽シドニーに切り替えた。

このときまだ四十歳に達していなかった。収入も少なく優雅な海外旅行は望めない。それで航空券も一番安いものを求め、航空会社を決めてマイルを貯めるという状態ではなかった。従ってホテルもできるだけ安いところにしていた。二、三年前からお世話になり始めた旅行会社に探してもらい、それほど不便でないロケーションのホテルを押さえてもらった。北側に駅の見えるホテルだった。

この時期シドニーは今ほど大都会ではなかった。モノレールが街中を走る市民の交通手段で、現在の電車のはしりのようなものはあったが、現在ほど縦横には走っていなかった。だから田舎の街に来たという感じがした。

このとき泊まったホテルは、サーキュラーキーの北方で北の外れのような場所だった。多分ホテルから北方に見えた駅は、現在のセントラル駅のような気がする。ホテルによるがチェックイン時刻は午後二時か三時で、それまで部屋には入れてくれないのが安いホテルの特徴だ。しかしここはすぐに入れてくれた。チェックインし部屋を探したが迷ってしまい、もう一度フロントで聞いてやっと部屋に辿り着けた。迷ったのは部屋の並んだ最上階ではなく、そのまた一つ上の階で、その階には私の泊まる部屋以外なかったからだ。何か特別の部屋でちょっと嫌な感じがした。しかし格安のため文句も言わずそこで一週間滞在することにした。

日本から飛行機でオーストラリアのシドニーに着くのは朝だ。エコノミー席だから眠れずにいたので、部屋に入るなりすぐ一眠りした。昼過ぎに目を覚まし、腹が減ったので外に出て昼食にした。幸い近くにフードコートがありそこで食べて、今後もそこを頻繁に利用するつもりだった。田舎町に来たという感じだが、若い時で適当に店を覗いて、夜十時すぎに部屋に戻り、風呂に入って眠りについた。

すると夢に幽霊が出てきた。変な夢を見たなと思って翌朝目覚めた。あまり気にしないで翌日もいろいろ見てまわり、食事も適当にとって夜戻って前夜と同じように眠りについた。するとこの夜も同じように幽霊が出る夢を見た。部屋を変えてほしかったがうまく英語が話せない。それに料金の高いところにされると困るので我慢することにした。結局毎晩幽霊の夢を見たことになる。

英語がうまく話せないので、ホテル側には何も言わないでチェックアウトした。きっと何か曰く因縁のある部屋で、安い料金で泊まりたい客にこの部屋を提供していたようだ。この経験から今後は料金をあまりケチらないようにするという教訓になった。

□ハワイ入国審査

一九九六年七月十六日早朝八回目のホノルル空港に降り立った。そして入国審査を受けた。このとき私は高専教師をしていた。目的は共同研究であった。従って六週間の滞在になる。コンドミニアムも手配済みで、ホストの研究者も出迎えに来ていた。このときビザは持っていなかった。そして目的は観光であると伝えた。そこで入国係官が私を疑った。オアフ島観光には六週間も必要ないと係員から言われた。それで別室で取り調べを受けた。このとき通訳は付けるかと聞かれたので、付けてくれるようにお願いした。少しは英会話もできたが、ツーカーには応答できない。間をおいて考えながら話すと何か隠していると疑われるのではないかと考えた。それで通訳をつけてもらった。

このときアメリカは九十日以内の観光ならばビザなしで入国できた。その他の場合は入国審査官の判断に委ねられた。今のようにＥＳＴＡはなかった。この場合、六週間で観光目的で入国することは可能であったが、入国係官が何らかの疑いを持ったようだ。

文部省在外研究員が家族でアメリカ入国審査を受けた時の話は耳にしていた。正直に本人は研究目的であり、家族は観光であることを話したところ、九十日以内の滞在だったが、家族は入国を許可され本人はＢ１Ｂ２のビザを取得してから来るように言われたケースがあった。このようなケースを知っていたので、本当のことは隠して「観光」で入ろうとした。通訳には「研究」であることを話し、前記の文部省在外研究員のケースも話した。彼は「研究」のとき「観光」で入国する日本人も多いので、多分入国を許可されるだろうと言っていた。すると隣で同じように別室に呼ばれた日本人が、怒っている大声が聞こえた。こんなところで怒ってもマイナスになるだけだろうと思って聞いていた。

係員は私のパスポートをつぶさに見回していた。すると前年カナダに滞在していたときのビザが出てきた。その番号から私の身元が判明した。するとパスポートを投げつけるように返却され「行け」と言われただけだった。要するに職業を知りたかったようだ。私も自分の迂闊さに気づき、今後も頻繁にハワイに来るので、ホスト教授とも相談しビザを取った。すると今度は何故ビザを取ったかを何度も入国審査で説明させられた。

□ベネチア大洪水

二〇〇二年六月、ベネチアで国際学会が開催され出席した。何日目かの夕方急に天気が悪くなり、気圧が大きく下がったようだった。それでサン・マルコ広場が水浸しになった。そこを通らないとホテルに戻れない。仕方なくズボンの裾を捲り上げ、靴は手に持って裸足になり、ホテルに戻ったことがあった。水の都と言ってイタリア人は自慢しているようだが、気圧が下がっただけでこのような大洪水になる。大津波でもくれば全てが流されるのではないか。

この滞在で大きな「蚊」を見た。こんなのに刺されたら相当ひどい目に遭うのではないかと考えた。こんな水郷地帯だとこのような蚊を培養していると言ってもよいのではないか。また昔は疫病がよく流行ったようだが、それもこの水郷地帯が悪いのではないか。上水と下水の区別もしていないのだから、伝染病の細菌を培養しているようなものだと考えながら、嫌いなベネチアを後にした覚えがある。その後ベネチアと聞くと、あの大きな蚊を思い出す。

□不快パリ

パリ到着の翌日、湯沸かしポットを購入するため店に入った。適当なのを見つけレジに持っていった。係員が料金を請求すべくバーコードを探したが見当たらなかった。つまりその品物にはバーコードが付いていなかった。するとその係員は、「何故、バーコードの付いていない品物を持ってきたのか」と言わんばかりの形相で私を睨みつけた。バーコードを付け忘れた店側の落ち度だからこちらに責任はないはずだ。しばらく睨みつけてから、仕方なく陳列してあった場所に行き、別のものを持ってきてそのバーコードで金額を出し請求してきた。カード払いした後の態度も悪かった。ありがとうとも言わず、とっとと持っていけと言わんばかりにそこに投げつけるように置いた。あの店員の顔は未だに忘れることはできない。店の場所もはっきり覚えている。アメリカだったらこんなことは絶対に起こらないだろう。

デパートに入ってトイレを探したときも不快感を持った。いつもアメリカで使っている言い回しの英語で聞いた。そのとき応対した人は英語が理解できないという素振りを見せた。それも疑わしい。世界で一番美しいと勝手に思い上がっている国の人間が、英語が国際語であることへの不快感からこのような態度に出たとしか考えられない。ある国の大手旅行会社の調査結果によると、日本人が世界最良の観光客に認定されたようだ。「礼儀正しさと整然とした様子」が評価されたという。最悪とされたのがフランス人で「自国語に固執し、現地語を話そうとしない態度が無礼で、寛大さが欠如している」という理由からだ。私の友人の外国人も「パリは好きだが、パリに住む人間は嫌いだ」と言っている。

□ベルリン人種差別

ベルリンクーダムにある五つ星ホテルに宿泊した。部屋はラウンジ付きにした。毎日充実した滞在になったが、滞在の中頃から気になることが起こり始めた。朝食時はウェイトレスがサービスに当たった。二人いたが、そのうちの一人が無礼な態度を取るようになった。朝食時食べ物を運んで私のテーブルに持ってきたとき、叩きつけるような置き方をするようになった。もう一人の方だと全くそのようなことを感じなかった。それでだんだん気分が悪くなってきた。よく見ていると私だけにそのようにしているようだ。これは明らかに人種差別ではないか。白人の客には笑顔で接しそのような態度はない。それでチェックアウトのとき、感想を書く用紙があり「人種差別を感じた」と書いて渡した。今までドイツ旅行時、何度も人種差別を感じていた。というより日本人を低く見ているように思えた。しかし、このホテルでのあからさまな態度には憤りを感じた。

ニュージーランドで宿泊したとき、後日手紙を出して問題点を指摘したところ返答の手紙が来た。しかしこのホテルにそれはなかった。従ってその後このホテルは選択していない。

□パドバ盗難

二〇〇六年六月、パドバで開かれた研究集会に出席した。主催者がホテルの案内を出していた。それでそのホテルをいつもお世話になっている旅行業者に予約を入れてもらった。これが悪かったようだ。主催者に直接連絡して予約を入れていたらこの災難はなかっただろう。

ホテルにチェックインし部屋に入った。すぐに水の調達をしたかったので買い物に出た。このとき日本円を入れた財布の入ったバッグは施錠しなかった。目的物を買って部屋に入ると消したはずのライトがついていた。すぐに異変に気づきバッグの中の財布を見たところ、金を盗まれていることに気づいた。一万円札二枚と千円札四枚の合計二万四千円がこの時の日本円所持金だった。財布の中には一万円札一枚と千円札二枚が残っていた。全額取らないのはプロの仕業である。しかも貨幣価値を知らないイタリア人なのでちょうど半分盗んでいった。

この外出時部屋の鍵はフロントに預けていた。だからホテル側は外出したことを知っていたことになる。盗難に遭ったことをフロントに申し出たが、鍵がかかっている部屋にどうして入れるのかというとぼけたことを言うだけだった。この時点でホテルと盗人がグルであると推測した。

学会主催者の勧めたホテルであるので、その主催者にこの盗難を知らせた。だから主催者からホテル側に何らかの確認があったはずだ。その後ホテルの従業員を見ると、学会出席者から盗んだことを後悔しているように受け取れた。

帰国後予約を入れてもらったトラベルエージェントにその旨を話したところ、イタリアではホテルと盗人がタッグを組んでいることがよくあるのでそれだったようだと言われた。

□ベルリン大転倒

二〇一七年夏、ベルリンに二週間滞在した。この時期ミッテのキッチン付きホテルに泊まるようになっていた。ここだと夕食の買い物に毎日出る。到着して間もないこの日、フリードリヒシュトラーセ駅構内で魚料理を購入し、中央駅までSバーンを使い中央駅からバスでワンストップ移動した。

そのバスに前の乗車口から乗車し運転手の顔を見たとき何か嫌な感じがした。バスの乗客はほとんどいなかった。進行方向に向かって左側の席に腰掛けた。このとき私はバスの前方ではなく、中央を向く格好で腰をかけていた。ほんの数百メートルの距離だがバスは猛烈にスピードを出した。何だこのバスはと思った。乗車時のドライバーの感じがよくなかった。それで次のバス停でもたもたしていると降ろしてもらえないと困ると思い早めに座席から立ち上がった。このときバスに急ブレーキがかかった。前の手すりを持ち損なって左方向に投げ出された。体の左側面から床に叩きつけられた。その後ゴロリと仰向けになった。少し受け身をしていたようである。私の座席の向かいに座っていた女性が、顔を顰めて大丈夫ですかという仕草をした。とともに運転手の荒っぽい運転に腹を立てていたようだ。

　私はしばらく起き上がれなかった。ようやく起き上がったときその女性は心配そうに私を見つめていた。大丈夫だという仕草をして何とか立ち上がった。その時まで運転手は運転席に座ったままだった。しばらくして私のそばに来ようとしたが、無視して何とか車外に出ることができた。ファックユーの一言も言ってやりたかったがその元気もなかった。しばらくバス停のベンチに腰をかけ痛みが引いていくのを待った。

　部屋に戻って横になるのが精一杯だった。強烈な腰の打撲から持病の腰痛が出たようだ。まともに歩ける状態ではなかった。骨折が一番心配だ。しかしよくみているとその心配はないようだった。その日は買ってきた魚料理を食べるのが精一杯で、後はずっと横になっていた。

　翌日起き上がってみたが、骨折はないようなので一安心した。病院に行く必要はないと判断した。しかし腰が痛い。それで湿布薬を購入できないかフロントで聞いてみた。すると中央駅にその店があると言われて買いに行った。それを貼って少しは良くなったが、とても大きく動ける状態ではなかった。食料品の買い物がやっとだった。

　それで倒れた時のことを思い出してみてゾッとした。もし尻餅をつく体制で倒れていたならば、確実に圧迫骨折していただろう。母親が一度やったのを見ている。また倒れたところに座席等があったならば、大怪我をしていた可能性がある。それで今一度、必要ないところでスピードを出し急ブレーキをかけたあの運転手が憎くなってきた。

怪我をしてから約十日間、痛みに堪えて滞在したが、だんだん回復に向かっているようだった。そして予定通り帰国の途についた。往復ともビジネスクラスで機内で横になることができ少しは楽だった。

帰国後、整形外科病院に行って検査してもらった。骨折はなかったと言われた。横に倒れたのが不幸中の幸いだったようだ。この事故の後ベルリンに行く気がなくなってしまった。

文化の違い

airplane travel

　ヨーロッパに本格的に旅行するようになったのは、二〇〇〇年代に入ってからだった。仕事の関係もあったが、ヨーロッパは陸続きであるので街が戦場になったこともあるだろう。すると地縛霊が至る所にいることが考えられる。それほど霊感は働かないが、考えると気味悪くなるので避けていたようだ。ヨーロッパ関係の本を読んで一度行ってみたいという気になった。

□公共交通機関の乗車方法

　ベルリンが説明しやすいので、この街の公共交通機関の乗り方について説明する。ここは切符はほとんど全て自動販売機で買うことになっている。私は黄色の古い機種の方が使いやすい。ここで七日間切符の購入方法を説明する。まず言語のところにタッチして英語表示を選択する。次に切符の種類を聞いてくる。ここではその他の切符というところをタッチする。その他の切符もたくさんあり、その中から七日間切符を選択するとゾーンを聞いてくる。ベルリンの街は

A、B、Cの三つのゾーンに分けられている。自分が行動しようとするところを考えて選べば良いが、普通はABゾーンで十分である。現在の正確な値段はわからないが三十五ユーロ以下だろう。指定された金額を入れれば下から切符が出てきて、釣り銭が必要なときはこれも出てくる。ただ五十ユーロ札を使うと釣り銭がコインで来るので後が大変になる。二十ユーロ札二枚くらいにしておいた方が良いようだ。

そして乗車する前にこの切符を切る必要がある。切符を切る機械は黄色の小さいもので、ホームに入るエスカレーター下り口付近に設置されている。口が開いているところに今買った切符を挿入すれば、刻印されて切符を切ったことになる。切符をよく見ると挿入する方向は指示されているので、間違わないようにすれば良い。そして公共交通機関乗車時は必ず持参していることが必要である。使い始めた日を一日目として、七日目でこの切符はただの紙切れになる。

ベルリンは閑散時間帯にSバーンでよく切符拝見が来る。私服の係員が二、三人ズカズカと乗車してきて、いきなり身分証明書を提示し切符のチェックに入る。私の順番になり持参している切符を見せると刻印をしっかり見る。使い始めた日時を確認し現在も有効であるかを確認する。オーケーだと私にはサンキューと言って去っていく。ここで有効切符を持っていない人は車外に連れ出され罰金を払わされる。見ているとクレジットカード払いで良いようだ。金額はいくらかわからない。まだ一度も引っかかったことがないので。

この切符は地下鉄であるUバーン、バス、そしてトラムで使える。バスは前から乗ったとき運転手に提示すればよい。私はSバーン以外で切符拝見に出会ったことはない。

切符は自分で買って自分で切って乗るので改札口のようなものはいらない。外からいきなりホームに行ける。だから余計な建物が要らなくて駅が簡素である。高架になっているところだと道からエレベーターに乗ると着いたところはホームになり、すぐに電車に乗れるようになっている。

この方法は、ドイツの都市はもちろん、ブダペスト、ウィーン、プラハ、そしてコペンハーゲンで見かけた。一方ロンドンは我々日本人に馴染みの方法で乗車することになっている。パリもロンドンと同じ方式で、もちろんアメリカもこの方法だ。

公共交通機関の切符の買い方や乗車方法には、ドイツ方式とイギリス方式があると考えてよいようだ。つまりヨーロッパはドイツ文化とイギリス文化に二分されていると考えられる。そして日本はイギリス文化に入る。

□スパ情報

ドイツには「裸で泳げるプールと温浴サウナ」があると聞いてグーグル検索してみた。一度行ってみたいと思った。するとよく行くベルリンとハンブルクにあった。「子午線スパ（仮名）」という名前でベルリンには一軒だが、ハンブルクには数軒ある。

まずよく行くベルリンを調べてみた。グーグルでそのサイトを見つけたのはいいが表示はドイツ語で困った。ドイツ語を勉強しておけばよかったと思っても時既に遅しだ。困ったなと思ってコンピュータをいじっていると英語に切り替えられることがわかった。英語なら読めるので早速トライした。

ここは私が日本で毎日通っているスポーツジムと同じである。器具を使ったウエイトトレーニングやジョギング、そしてウォーキングができる。会員制で会員は月会費を払って利用している。そしてプールもあり、そこで水泳以外にも水を使ったエクササイズができる。そしてコーチが付いたレッスンのようなものもある。そのプール使用が日本と異なっているだけだ。私のようにプールとサウナを利用する客のコースは「ウェルネス」と表現されている。

月会費を払っている人は決められた時間帯に利用できるが、料金を払えば誰でもウェルネスで入館できる。その料金は平日月曜日から金曜日は三段階になっていた。ここから出る時刻で料金が変わってくる。午後二時までが一番安く、次が午後五時までで、後は閉館までいることのできる料金である。土曜日曜は一律で平日より高い。その値段は変化しているのではっきりわからないが、最高でも四十ユーロ以下である。

受付のある階は器具を使うエリアにあり、一つ上の階にプールとサウナがある。プールはひょうたん型の大きなバスタブといった感じで、一番長い部分は三十メートルあり、小さい出口から外に出られ、その先十メートルまで伸びている。サウナは合計六室あって温度が違っている。その内の二つは時間になると係員が入ってきて、湯気を立てて熱風が客に行くようなことをしてくれる。そこは九十度のところで、これをされると五分入っているのがやっとだ。係員が入ってきたとき注意しているが、ドイツ語なので理解できない。気分が悪くなったときはすぐに出て下さいと言っているようだ。

そのサウナの注意事項を読むと、布で体を覆わず素っ裸で入るようになっていた。布類で体を覆うとそこに汗がつき、それが床にポタポタ落ちると衛生上良くないからという理由がついていた。そして大きなバスタオルを持って入り、それを下に敷いて素っ裸でその上に座るなり、寝そべるなり自由にしてよい。ただし、床には汗を落とさないようにという注意書きがあった。

プールは裸で入っても水着を着けて入ってもどちらでも良いと明示されていた。そしてウェルネスで入館するときは、次のものを用意するようにという注意書きがあった。バスローブ、スリッパ、大きなバスタオル、そして小さいタオルだ。これらはレンタルもできるようだ。私は全て持参し、チェックインカウンターに行った。

まず、ウェルネスで入館したい旨を伝えた。東洋人の男が一人で入りたいと言ってきて戸惑ったようだ。裸で泳げるところだから身元を知りたいようだと判断し、写真付身分証明書を提示した。このとき大学教授だったので信用したようだ。チェックインは許可するが、支払いはカードではなくキャッシュでするように言われた。もちろんオーケーしてすぐに支払った。次にバスローブ等は必要かと尋ねてきた。ここに持っていると抱えてきたバッグを指差した。そこでホームページを見て存在を知り、必需品を揃えルールも承知していると話しその日は無事チェックインできた。その後チェックイン時いつも身分証明書を預け、チェックアウト時にそれをもらっていた。しかしよく利用するので何度かチェックインしたとき、身分証明書を出そうとすると、簡易会員証を作成してくれた。これからはこれを使ってくれと言われた。ハンブルクにも子午線スパがあるが、そこでも使えるかと聞いたところ笑顔でサムズアップしてくれた。

スイミングプールの水は冷たい。だから入ってすぐに泳がないと寒い。ゴーグル仕様もオーケーだ。だからベルリンでは日課の水泳をここで済ませていた。生まれて初めて素っ裸で泳いだが泳ぎやすさに驚いた。オリンピックも素っ裸で泳げば、もっと良い記録が生まれるのではないかと思った。長い距離の三十メートルも裸だとスイスイ泳げて疲れを感じない。しかしプールから出たとき寒い。それで体を拭いてからすぐにサウナに直行した。サウナも快適だった。血圧の不安はなく、九十度のサウナでも平気だった。一番気温の低いのが四十度くらいで、ここだと少しだけ入って出ると寒さを感じた。だからここでは十分以上入ることにしている。係員が来て湯気を立ててくれるサウナもよく行った。ここで五分入っていると汗だくになり、皆さんすぐにシャワーに直行だ。そこも混浴で女性も平気で男性と並んでシャワーを浴びている。

サウナのエリアには小さいバスタブが三つある。ジャグジーのようになっていてここでも男女混浴だ。私が入っているとき二十代の若い女性が入ってきて、こんなところにいていいのかなと思ったこともあった。またスチームバスもあったが、私の好みではないので入ったことはない。

ハンブルクでもヴァンツベックとポッペン・ビュッテルにある子午線スパに行った。プールが小さいだけであとは同じだ。ただハンブルクの方が建物が古い。ベルリンではロッカーキーが磁気で閉まったが、ハンブルクは従来の方式だ。

しかしそのパラダイスに二〇一九年二月異変が起こった。プールでは水着をつけるようにという指示が出た。裸で泳げるプールの終焉だ。スマホの普及で、スマホで女性の裸を撮影しアップロードする人が増えてきたのが原因と考えられる。禁止になる前プールサイドを歩いていたとき、スマホで撮影した写真をチェックしていた客をよく見た。また係員が見て回る回数も増えてきていた。それで私はこの日が来ることを予想していた。アップロードした写真の背景を見ればどこで撮ったかすぐにわかる。自分だけで楽しんでいれば良いものを皆さんと共有しようとするサービス精神旺盛な人のため、私のパラダイスは過去のものになってしまった。

子午線スパについて、日本でいつも行っているジムで話すと、「裸で泳げるプールと混浴サウナ」という言葉を聞いただけで、とんでもない卑猥な場所に行っているように言われたことがある。これが文化の違いだろう。井の中の蛙大海を知らずである。

なお、私はスマホや携帯は持たない主義であることを明言しておく。また、サウナの入り方、特に水着をつけるか否かについては場所によって違うので、現地で聞いてそこの習慣に従ってほしい。

スイミングプールについてもう一つ特記しておきたい。ドイツではプールだけの施設、つまり市民プールのようなところでは更衣室が男女分かれていない。同じ場所で着替えている。だから日本人女性がドイツでスイミングプールに入る場合、特に注意してもらいたい。ウィーンでも同じだ。従ってドイツ文化のところは更衣室が分かれていないと考えてよいようだ。

スーパーマーケット

airplane travel

初めての海外旅行はハワイで、ホテルと航空券がセットになっただけのパック旅行であった。もちろん添乗員もいない。国際学会出席でこれで十分だった。全てが物珍しく空き時間に街を歩いてみた。そして目的もなく店に入って驚いた。色とりどりの、そして大小様々の「ロウソク」が並んでいた。日本だと我々が日常使うロウソクは墓参りと仏壇で使う一種類しかない。私が初めて文化の違いに遭遇した瞬間だった。よく考えると彼らはキリスト教である。キリスト教は多くのロウソクを使う。時と場合によって使い分けているようだ。

スーパーマーケットは地元の人が日用品と食料品を買うところである。ということは、地元の人がどのような生活をしているか、そこに並んでいる品物を見ればある程度わかる。文化の違いも知ることができる。だから私は海外旅行に出たとき、名所旧跡を回るよりスーパーマーケットへ行く方が好きだ。その文化の違いについて少し書いてみよう。

□レジの構造の違い

まず日本と外国との大きな違いはレジの構造にある。日本はスーパーマーケットに専用のカゴが用意されていて、そこに買いたいものを入れレジに持って行き、カゴに品物を入れたままレジ係の前に置く。それをレジ係が一つ一つ取り出し、バーコードを読み取り別のカゴに入れる。しかし外国のレジ係の前はベルトコンベアーのようになっている。だからかなり背も高く幅も広くて長い。客はそのベルトコンベアーに品物を買い物カゴ、あるいはカートから取り出し並べる。多くの場合レジ係は椅子に座って対応する。レジ係はベルトコンベアーを動かしながらそれらを一つ一つ手にとってバーコードを読み取るか、重さを計って価格を記録していく。現在処理中の客の後ろに並んだ人は、前の客の品物の最後のところに仕切りになるものを置いて、その後に自分の品物を並べていく。その仕切りはベルトコンベアーのそばに置いてある。ここにまず大きな違いがある。

次に、果物や野菜の売り方も違っている。全部グラム売りになっている。だから袋に必要なだけ入れレジに持って行くと、レジ係は目の前の機械の上に品物を置き、適当な操作をすると計量されて価格が決まり、支払額に合算される。日本では一個の価格が決まっていて、レジ係は個数を確かめて価格を決定する。この辺の売り方の違いもあるが、日本のやり方が海外と比べると特別であるようだ。

また海外では、レジ係がバーコードを読み取るなどして支払額が増えていくと、それらの詳細がレジ係の隣にある大きなコンピュータディスプレー上に表示される。だから内訳も合計額も読み取りやすくなっている。この辺は日本の方が劣っているように感じられる。

□ファーストレーン

アメリカのスーパーマーケットにはファーストレーンがある。彼らは週末になると一週間分の食料を買い込む。だから車で来るので駐車場が非常に広い。また店で買おうとする品物を入れるカートも大きい。二、三歳の子供なら二人は十分に入れる大きさである。このカートを勝手に持っていってしまう買い物客がいるようで、その防止のため鎖で繋いでいて、取っ手のところにあるコイン入れに二十五セント硬貨を入れる。すると一台だけ切り離して買い物に使うことができる。返却するとき指示されたようにすると二十五セント硬貨が返却される。だからその二十五セントは保証金と考えれば良い。その大きなカートいっぱいに買うのだからレジでの手続きに時間がかかる。三十分くらいかかる人もいる。二、三品目買うだけの客がその後ろに並ぶと大変長い時間待たされることになる。それを解消するのが「ファーストレーン」である。

いくつか並ぶレジの上部を見るとファーストレーンと書いた札のようなものが下がっている。

そこに何品目以下かが指定されている。この品目数はスーパーマーケットによって異なる。五品目以下というところもあれば、八品目以下というところもある。今までの経験で十品目が最高のように記憶している。私のような観光客にはこのレーンはありがたい。ただしアメリカ以外ではこのようなレーンは見ていない。

そこでこのようなレーンを日本で作ったならばどうなるかを考えてみたい。アメリカ人はこのようなルールは厳守する。だから混乱は起きない。身体障害者用駐車場にそうでない人が駐車することは皆無だ。一方日本ではそれらは全く無視の状態だ。だからスーパーマーケットの放送で、身体障害者用駐車場に対する注意を促している。

そのような日本でファーストレーンを作れば混乱が生じること間違いないだろう。そこは空いているので自分一人くらいいいだろうと言って強引に入ってくる客が後を絶たないのではないか。日本のレジ係は女性が多いので、ルールに従って下さいと言うと食ってかかる客もいるだろう。すると仕方なくその客を受け入れてしまう。これではそのレーンの意味がなくなる。だからもし日本でこのレーンを作るとすると、そこには男性の係員が立って、品目の多い客には普通のレーンを使うように強く促すべきだろう。自分勝手日本人の本性が一番よく見えるのではないだろうか。

□デビットカード

これは日本ではほとんど見かけないカードである。キャッシュカードのようなもので、使用するとき暗証番号を入れなければならない。だから海外のレジには客の方を向いた小さいマシーンが備え付けられていて、その機械にデビットカードの磁力のあるところをスワイプし、その後そのマシーンに暗証番号を入れる。しばらくして支払い完了になるとレジの係員からレシートを受け取るという仕組みになっている。多分自分の口座から、直接スーパーマーケットの口座に入金するというシステムであると私は考えている。

アメリカの場合、クレジットカードで支払いするときもこのマシーンを使う。クレジットカードというとそのようにレジの機械を調整して、そのマシーンにカードの磁力のあるところをスワイプする。すると暗証番号を機械が聞いてくる。そこでそれを入れてオーケーを押せば良いが、時々機能しないことがある。私が外国で使うカードは、クレジットカード機能もデビットカード機能も付いている。だから面倒なのかもしれない。どちらで払う方が店としては良いかを聞いたところ、デビットカードと答えてきた。だからこれはすぐに向こうの口座に入る仕組みになっているようだ。なお最近日本でもこのカード支払いを見かけるようになった。

□ペットボトル等の保証金

これはドイツだけのようだ。私の滞在した国の中ではドイツだけだったと言うべきかもしれない。ドイツではミネラルウォーターだと一本につき二十五セント保証金が付く。だから売り場で「本日安売りで一本九十九セント」と書いていても、レジでは一ユーロ二十四セント支払いを要求される。これを知らない日本人は税金だと思っている可能性もある。

返却と返金は次のように行う。大部分のスーパーマーケットには奥の方にマシーンが置いてある。ペットボトル等の返却機である。所定のところに空になったボトルを入れる。すると少しマシーンがそのボトルをチェックし、オーケーだとそのまま後部に進んで視界から消える。そこでグシャという音が聞こえる。多分そのボトルを潰して再利用し易くしているのだろう。さらに空のボトルがあれば同様のことをすれば良い。そしてこれで終わりとなったとき、近くにあるボタンを押すと、返却金を明示したバーコードの入った紙切れが出てくる。それをレジに持って行けばお金が返ってくるという仕組みである。なおこの返却マシーンのないスーパーマーケットでは、レジでペットボトルを返却し返金を受け取る。

どうもペットボトルだけではないようで瓶類を入れている人がいる。だからビール瓶等についても購入時は保証金を払い、空になったときこの返却機に入れれば保証金が戻ってくるようだ。

これは非常に合理的でさすがドイツと私は感心した。瓶やペットボトルの回収率が良くなる。さらに綺麗な状態で回収できるので再利用もしやすいのではないか。日本ではスーパーマーケットでペットボトルの回収を行っているが潰して入れろと指示している。日本のペットボトルの中には、非常に硬いものもあるので、足で踏んで潰そうとすると怪我する恐れもある。その点このように機械に入れれば、再利用しやすいように機械が潰してくれる。非常に賢明な方法のように思える。なお未だにドイツ以外の国では、ペットボトル等の保証金制度は見ていない。

このように、空のペットボトルはお金と同じなので、ゴミ箱あさりをしてこのような空のペットボトル等を探す人がいる。醜い姿なので無視するようにしているが、そのような人が来るとその場を立ち去るようにしている。

□セルフ

最近、日本でも見るようになったセルフのレジである。アメリカは半分くらいセルフで、オーストラリアのメルボルンでは大部分がセルフだった。これは速くて良いが問題が生じたとき困る。特に外国で言葉の通じないところでは立ち往生してしまう。説明が書いてあるようだが英語以外だと私には全く理解できない。だから海外ではこのセルフは使わないようにしている。しかしセルフのあるところには係員がいて、ヘルプを頼むと快く応じてくれる。

しかしドイツではセルフのレジは見かけない。ペットボトル等の返金があるからだろう。人件費の節約にはなるが、セルフにも人を置く必要があり、混み合う時間帯ではその人数もある程度必要で、どれほどの節約になるか聞いてみたいところである。

□二捨三入

オーストラリアとブダペストは二捨三入方法で釣銭を出す。だから二ドル五十七セントの支払いだと、実際には、二ドル五十五セント払えば良い。しかし二ドル五十八セントだと二ドル六十セント払わないといけない。だから一セント硬貨は必要なくなる。レシートには「ラウンディング」と記載されている。この単語を辞書で調べると「丸め」となっていて、切り上げ、切り捨て、四捨五入により近似の概数を作ることと記載されている。ブダペストはドルではなくフォリントだが同じようにする。だから一フォリント硬貨は見かけたことがない。

□セルフでバーコードを付ける

これはドイツの大きなスーパーマーケットで経験した。トマトなどはグラム売りになっている。それを袋に入れてその場にある秤に掛け、正札とバーコードの付いた紙切れをその袋に貼り付け、レジへ持っていかなければならない。機械の操作のとき表示は全てドイツ語で、これにはお手上げだった。トライする気にもなれなかった。しかし小さいスーパーマーケットだと、袋に入れた状態でレジに持っていくと、そこで計測してくれて値段を決められるので問題ない。日本だとトマトなどは一個いくらと表示されているので、レジは個数を数えれば良いだけだ。その辺の売り方の違いもあるようだ。

もう一つこれはブダペストの話である。スーパーマーケットでパンを買おうとしたとき、人々はパンを大きな袋に入れて秤のようなものの上に乗せ、バーコード付き正札を貼り付けていた。しばらく見ていたが種類別にして袋に入れるのか、全て一つの袋で良いのか全くわからなかった。しかもここはハンガリー語で全く理解できない。昼食にどうしてもパンが欲しかったので、袋に入ってバーコード付き正札の付いたものが近くに売られていて、その日はそれで我慢することにした。

□雑　感

スーパーマーケットでよく買い物をするとその国の通貨に慣れる。しかしよく見ると外国の貨幣には二とか二十に相当するものがある。ユーロには二十ユーロ紙幣と二ユーロ硬貨がある。

二十セント硬貨もある。またハンガリーのフォリントだと同じく二十フォリント硬貨があり、二千フォリント、二万フォリント紙幣まである。だから、初めて行った日本人だと簡単に釣銭をごまかされるのではないかと思う。一度九百フォリントの支払いに、二千フォリント出したとき、百フォリントしか戻そうとしなかったことがある。すぐに今渡した紙幣は二千だったことを言うと仕方なくもう千フォリント返してきたことがあった。

アメリカのドルには二十セント硬貨はないが、ここは二十五セント硬貨があるので煩わしい。彼らはこれをクォーターと呼んでいる。そして電話をかけるとき二十五セント硬貨が必要になる。ほんの少し話しただけでも二十五セント必要で損をしたような気分になる。

アメリカにも二十ドル札があり、キャッシュカードで百ドル下ろすと二十ドル札が五枚来ることがある。見ていると一番よく使われている紙幣のように思われる。ヨーロッパでも二十ユーロ札が中心だ。それで日本も二千円札を導入したようだ。しかし定着せず現在は完全に消滅したようだ。自販機でも二千円札は使用できないところが多い。そこで何故二千円札が定着しなかったかを考えてみた。私は日本の物価が高すぎるからだと考える。海外でよく買い物をするが二十ドル札を一枚出せばほとんど事足りる。それで釣り銭が来るか、あるいはもう一枚二十ドル札を出すか、十ドル札を出せば良い。五十ドル札を取り出す必要はほとんどない。一方日本で買い物をするとすぐに五千円を超えてしまう。すると五千円札プラス何枚かの千円札か、あるいは一万円札を出して釣りをもらうかになる。二千円札では枚数が多くなるので煩雑になる。またアメリカではほとんど百ドル札は見なくなった。これも物価の関係でそこまで高額の紙幣は必要ないからだろう。高額のものを買うときはクレジットカードを使う。またヨーロッパのスーパーマーケットで二十ユーロ札、五十ユーロ札を出すと偽札鑑別機でチェックされる。だから一番好まれるのはデビットカードでの支払いのようだ。

チェコのプラハのスーパーマーケットで買い物をした。レジの順番待ちをしていると、買い物客はレジ係がバーコードを読み取ってその横に品物を置くが早いか自分の袋に入れていた。買い物客は真剣にそれを行っていた。そこで何故か考えてみた。多分ここで盗難が多いのではないかと思った。レジのバーコードを通せばその品物は買い物客の所有になる。それを数個持ち逃げすれば、後の品物のこともあるのですぐに盗人の後を追うことはできない。また店側はこちらには責任はなく、買い物客の不注意を責めることができる。だから窃盗にはもってこいの場所となる。日本のスーパーマーケットを見ていると、レジ係が買い物客の荷物を別の机の上に運んでいる姿をよく見かける。それだけ日本は安全なのだろう。プラハでは考えられないことだ。もしプラハでそのようにしたならば、買い物客はレジ係を訴えることになるのではないか。

また、外国には単純な算数のできないレジ係もいる。一度次のようなことがあった。五ドル八セント要求された。五ドル札はなく一ドル札も底をついていた。札は十ドル札以上しかなかったが十セント硬貨があった。そこで十ドル札に十セント付けて渡した。五ドル札と一セント硬貨二個が帰ってくることを考えていた。すると十セント硬貨はもらい過ぎだからと言って返され、十ドルに対する釣銭を渡された。この場合一ドル札四枚と二十五セント硬貨三個、十セント硬貨一個、そして五セント硬貨一個、さらに一セント硬貨二個である。結局硬貨が七個返ってきたことになる。これでコイン入れが重くなってしまった。これだけの硬貨を数えるのにも時間がかかっている。算数のできない奴だと思ってそこを立ち去った。このような釣り銭の渡し方を一度日本でもされたことがあった。五〇八円の請求で、一〇一〇円出したところ、十円はもらいすぎと言って返され、千円に対する釣り銭、百円玉四個と五十円玉一個、十円玉四個、そして一円玉を二個返された。

二〇一八年一月初旬

ローカルフード

airplane travel

パスポートの有効期限は最長十年である。二〇〇八年に更新したパスポートが、二〇一八年二月で期限切れになった。調べてみるとその間に一〇七回海外旅行に出ている。年平均十回以上出ていることになる。二〇一二年三月退職し、その後仕事をする必要も、またその気もなかった。晴れて無職の状態になり、残された人生が何年あるかわからないが、動けるうちに出ようと考えた。それで海外旅行を中心に年間予定を立てるようになった。

海外旅行を始めた頃、チップの出し方等がよくわからなかった。それでフードコートをよく利用した。日本ではデパートによくある買ってすぐそこで食べるというシステムのところだ。当初フードコートで中華料理関係をよく食べた。このような店はテイクアウトもできるようになっている。スチームドライス、フライドライス、それにチョウメンの中から一つ選び、あとは好みで何品付けるかを決める。その数で値段が決まってくる。最高でも三品くらいだ。ちょっと説明すると、スチームドライスは我々が「ご飯」と呼ぶもので、フライドライスは「焼き飯」、そしてチョウメンは「焼きそば」である。しかし最近はこのようなものは食べないことにしている。

その後、外国人の同業者とよく食事をし、レストランに入るようになった。チップの出し方、特にカードで払う時の記載の仕方を教わって、ドイツではよく食べ歩きをした。これについても一つエッセイが書けるくらいの情報を得ている。

しかし年齢を重ねるとともに一つ問題が出てきた。コレステロール問題である。健康診断を受けるとコレステロール値以外は全て正常値が出る。だからコレステロール値を下げる薬は飲むように言われない。その代わり食事内容について注意しなさいという指導を受ける。ドイツへ行き、毎日うまいビールを飲んで外食し帰国すると、コレステロール値が跳ね上がっている。そこで考えた。一切外食をしない方針に切り替えた。すると出国時と変わらないコレステロール値で帰国できる。ではどのようにしたかとともに、各国のローカルフードを次に紹介したい。

□アメリカ

ハワイの食事から紹介したい。ここでは普通のホテルにキッチンは付いていない。ホノルルの朝食は、ベーグル一個、トマト一個、バナナ一本、それにコーヒー一杯にしている。

このベーグルについて少し説明を加えたい。ベーグルはいつもスーパーマーケット「安全道（仮名）」で買うようにしている。しかもここの「ブルーベリー味」を買ってくる。これが私には一番美味しく感じられる。ブルーベリーがないときは、レーズン味とかチョコレート味にすることがあるが、やはりブルーベリーが最高だ。もしホテルの部屋に電子レンジがあれば、十五秒ぐらい加熱するとさらに美味しく食べられる。これはパンの一種で、古くなると味が落ちる。だからなるべく新鮮な方が良い。私はマノアのプールへ行って午前中毎日泳ぐ。その帰りにマノアにある「安全道」に行って買ってくる。翌朝だとまだそれほど劣化していなくて、そのままでも美味しく食べられる。なおここのベーグルは大きい。一個で十分な量になる。これは数個ビニール袋に入ったものもあるが、いつもバラ売りを買うようにしている。値段は一個七十セントくらいだ。

次に昼食だが、これは「地下鉄（仮名）サンドイッチ」が一番気に入っている。いろいろあるが私はツナかハムにしている。値段はハムの方が少し安いが、両方とも五ドル前後である。ただ普通の日本人は買い方で困るように思われる。店に入るとまずパンはどれにするか聞かれる。五種類ある。あまり代わり映えしないので適当に決める。次に大きさを言わないといけない。六インチか一フィートかを言う。若い時なら一フィートを注文するが、今はいつも六インチにしている。そこで六インチハムで、このパンにするとそこの見本の中から選んでパンの種類を言う。今度はマスタードにするか、あるいはマヨネーズにするかを聞いてくる。私はいつもハニーマスタードにする。これは少し甘く口に合う。最後は野菜の選択になる。そこにある野菜全てを英語で言えない。それで全てというが、辛いのは嫌いなのでホットペッパーは抜いてくれと言う。それで支払いになる。その前に飲み物等エクストラの注文を取ってくる。それだけと言って支払いを済ませる。これもマノアのプールの帰りに、マノアショッピングセンター内にある「地下鉄」で買うことにしている。ワイキキ内とこのように地元の人のいるところではかなり値段に開きがある。

私はこの「地下鉄サンドイッチ」が気に入っている。昼はいつもこれだ。それに一杯コーヒーを付けて果物を一個追加する。ここで付ける果物はオレンジかプラムにしている。冬場にハワイに行った時はいつも地元産のオレンジにする。見てくれは非常に悪いが味は最高である。ハワイの夕食は、ホテルの近くの日系スーパーマーケット「鈍器（仮名）」でお惣菜を買い、ご飯とインスタント味噌汁を買って、いつもホテルで食べることにしている。鯖の塩焼きは一匹三ドルくらいで、サーモンになると五ドル以上になる。しかしサーモンは、大西洋で取れたもので脂が乗っていて大変美味しい。刺身も売っていてサーモンの刺身は最高だ。しかし値段は高い。ロブスターを使った酢豚風のお惣菜も気に入っている。帰国後、ロブスターは入手しにくくチキンを使い、酢豚の素を使って同じようにやってみた。あっさりしていて気に入り、私のメニューの中に入った。

ここで日本人に忠告したいことがある。日本人の多いワイキキエリアのレストランで食事をすると、まるで税金のように十五パーセントチップ料金を付けてくる。チップは心づけで要求してくるのはおかしい。しかし日本人はこのようにされると払ってしまう。その慣習のようなものを教えたのは同じ日本人だろう。その辺が気に入らないから私は絶対にこのような店では食事をしないようにしている。

またワイキキのレストランでは、日本語メニューと英語メニューでは値段が違うところがあった。注意しないと日本人は良いカモにされる。


アトランタは大リーグ野球観戦でよく行く。ここでもハワイと同じで普通のホテルでキッチン付きではない。ここの朝食はハワイとよく似ている。朝はベーグル二個、トマト一個、バナナ一本、それにコーヒー一杯である。ここではベーグルをバラ売りしていない。五個セットになったものを購入する。好みのブルーベリーは変わらない。そのとき賞味期限をよく見る必要がある。なるべく新しいものを買わないと劣化が早く、すぐにカスカスになってしまう。ここでは「公衆（仮名）」と「黒蛾（仮名）」という二つのスーパーマーケットがしのぎを削っている。一長一短なので買い分けている。ベーグルは「公衆」で買うようにしている。

昼食はここでもサンドイッチにしている。「地下鉄サンドイッチ」もあり利用するが、面倒なのでスーパーマーケットに買い物に行ったとき、そこでハムサンドを買うようにしている。売り方は「地下鉄サンドイッチ」と同じである。スーパーマーケットの方が大きなパンを使っていて得をした気になる。これにここでも果物を付けるが、夏場に行くことが多いので、主にスイカかメロンの切り売りになる。そしてコーヒー一杯が昼のメニューである。

夜は野菜とお惣菜、それにパン一個にしている。野菜はレタス等を袋に入れたものが三ドルから五ドルで売っているのでそれを買ってきて二日くらいで食べる。定宿のホテルは冷蔵庫が付いている。それで十分に保存できる。それにトマト一個とパプリカ四分の一、それにキュウリ三分の一本である。私はドレッシングは一切使わない。これらを生でそのまま食べる。ただ洗わないといけないので、小さいザルと旅行用食器をいつも持参する。お惣菜はグリルドチキンが多い。これは網焼きにしたチキンで我々日本人の口に合う。このチキン一切れで大体四ドルくらいである。サーモンを調理したものを一切れ買うこともある。これは五ドル以上の値段が付いている。これも口に合う。

□ドイツ

一番よく行ったベルリンから紹介したい。ここではキッチン付きホテルにしている。ドイツの朝は美味しいパンで始まる。カイザーゼンメル一個とトマトパニニが一番気に入っている。前者は三十セントで釣りが来るくらいの値段であるが、まだほかほかしている焼き立てだと本当に美味しい。私はバターのようなものはつけないでそのまま食べる。トマトパニニは二ユーロ近くする。これにはチーズが入っていて少し油があるようだ。時々これにもう一個何かのパンをつける。そして持ち込んだコーヒーを入れて飲むことにしている。野菜も少し欲しいのでトマトを一個買っておいて食べる。洗面所でトマトを洗い、持参した小さいまな板と小刀のような包丁を使って食べやすい大きさに切る。フルーツも欲しいのでバナナかオレンジのようなものを買っておく。これで朝食は十分である。注意したいのはパンを買うとき昨日のものを買わないようにしたい。手ではさわれないので温かさをみることはできない。だから開店早々は避けて早くても午前七時頃にする。すると混ぜられていた昨日のパンは誰か他の人が買って行って新しいものが残っている。ホテルの朝食を付けるとこれは大部分バイキング方式である。そこにはたくさんカイザーゼンメルがあるが、温めただけで昨日のものが使われている場合が多い。注意すべきだ。

昼も同じようにパンで済ませるが、ここでは出来上がったサンドイッチを購入する。だいたい五ユーロくらいを目安にすると間違いない。ここでも私はトマトを付けて果物も一個食べることにしている。もちろんコーヒーは必需品だ。

夜はいろいろ楽しめる。サラダはアトランタのところで書いたようなものを作る。パンも一つ付ける。そしてアメリカは食べ物を持って入国することを禁止されているので持参しないが、ヨーロッパはオーケーのようなので、インスタント味噌汁を持っていく。そこでメインがいろいろ変わる。

まずチキンの場合を紹介しよう。私はシュパンダウのアーケード内にあるお惣菜の店に行って、グリルしたチキンを買う。一個三ユーロくらいの値段だ。これがあっさりしていて非常に美味しい。串刺しにした団子のようなチキンを買うこともある。これはタレが付いていて焼き鳥の大きなものといった感じだ。値段は一本三ユーロくらいである。両方買うこともあるが、普通はどちらかにする。ここまで買い物に行くとその隣にあるパン屋に入る。ここのレーズンパンが非常に美味しい。ちょっと甘いが適当な量で二ユーロくらいである。

チキンはもう一軒気に入った店がある。これはSバーンのアレキサンダープラッツ駅前にあるデパートだ。一階の食品売り場に行くと調理した食品を購入できる。必ず売っているということはないが、ここのグリルしたチキンも気に入っている。他にもいろいろあるのでトライしたが、やはりチキンが一番の好物になった。

次に魚の場合に入る。ヨーロッパでは魚は大部分がフライにして食べられている。これはコレステロールの関係で最大の敵である。よく調べるとグリルした魚を売っていた。日本でも場所によっては売っている「ノルウェー沖」で取れたサーモンである。日本では刺身で食べられる。前述のデパートでは刺身用を売っていたが、鮮度を考えると二の足を踏んだ。これをグリルしたのが「北海(仮名)」という店で売っている。一切れ調理済みで十五ユーロくらいするが、量的には二人前くらいの大きさだ。これは脂が乗っていて非常に美味しい。しかし購入時ちょっと注意しないとタルタルソースのようなものをかけられる。私はそれはいらないと言ってレモンの切れ端を付けてもらうだけにしている。これにはじゃがいもが付いてくるのがありがたい。これを食べることが目的でベルリンに行ったこともある。そこでこのグリルドサーモンには大根おろしと醤油が合うと考え、それらを売っているところを探した。すると前述のデパートに売っていた。それでこれを食べることを目的とした旅行のとき、おろしを作る器具を持参し、初日に醤油と大根を買って早々にトライした。考えた以上に美味かった。またこの目的で行きたいと考えている。

次によく行ったハンブルクを紹介したい。ここではハワイと同じように普通のホテルでキッチンは付いていない。ここでも朝食はベルリンと同じで、昼食もサンドイッチの種類が変わっただけで、それ以外代わり映えしない。ハンブルクでは、ヴァンツベック・マークトの地下鉄駅近くにホテルをとる。そこにショッピングセンターがありお惣菜を買って楽しんでいる。

ここでも夜はベルリンと同じようにしてメインだけが変わる。ここにも「北海」があり時々グリルドサーモンにする。その店がホテルのすぐ近くというのは助かる。しかし閉店が早く売り切れの危険性がある。あまり遅い時間にならないようにしている。すると出来上がったものが並んでいなくて待たされる。十五分くらい待たないといけないが、美味しいものを食べるためだから我慢できる。

魚以外だとチキンになる。そこのショッピングセンターにはいろいろなものを売っている。これが美味しいと推薦できるものはない。自分で歩いてよく見て美味しそうだと思うものを買えば良い。私もそのようにしている。

一度Sバーンの終点駅のポッペン・ビュッテルというところに行ってお惣菜を買ったことも

あった。いろいろ買ってトライしたがこれといって印象に残るものはなかった。

□オーストラリア

オーストラリアは主に行くのはパースだ。シドニーもよく行ったが、ローカルフードの食べ歩きはしなかった。それでまずパースを紹介したい。ここでもキッチン付きホテルにしている。オーストラリアはパンが美味しくない。ヨーロッパと比べると雲泥の差だ。しかし一応主食で適当に買ってきて食べているが、これといってお勧めはない。

この街は「キャット」という無料バスが街中を縦横に走っている。これを利用して買い物をするとよい。スーパーマーケット「羊毛価値（仮名）」が至る所にある。もう一つ「アブラナ（仮名）」もあるが、この街では前者をよく見かける。主にこちらで買い物している。

朝食はどこの国でも同じようなものである。パンが変わる程度だ。昼食はここでは鉄道駅に近い「羊毛価値」付近のアーケード内にあるパン屋のサンドイッチが美味い。レストランのようになっていて、そこでも食べられる店である。ここでもハムサンドイッチにしたが、トーストしてもらっていた。このほうが格段に美味くなる。ただ値段が高い。オーストラリアドルで一個のサンドイッチが十ドル前後だ。毎日、夕食の買い物に先のスーパーマーケットに行って、その帰り道この店に寄っていた。昼食はこれとコーヒーで十分である。

夕食は「羊毛価値」で買った鮭か他の魚のグリルしたものが多い。調理済みを買ってきて電子レンジで温めて食べる。サラダはアメリカで作る材料が手に入る。同じように作ってドレッシングなしで食べ、夕食用になるようなパンも一つ付ける。この国は食べ物を持って入れない。それでインスタント味噌汁は持参しない。

もう一つよく行く街がアデレードだ。ここでも朝食用のパンはパース滞在時と変わらない。ただし、昼食を大きく変えていた。ヨーロッパのホテルで朝食付きにすると「煮豆」のようなものがバイキング形式で並んでいる。これは我々日本人の口に合う。私は好きだ。缶詰でちょうど一回分がスーパーマーケット「アブラナ」に売っている。それでこれを昼食のメインにしていた。なかなか美味しいので毎日これにしている。あとはおなじみの果物とコーヒーだ。しかし時々メニューを変えて、ここでも出来上がったサンドイッチを買うこともある。やはり一個十ドルくらいする。

夕食のサラダはパースと同様だが、テイクアウトの店にサラダを売っていた。チキンサラダとサーモンサラダを主に買った。二種類入れてくれて九ドルくらいだ。作っているのは中国人のようで、味噌サラダでこれは口に合った。帰国後日本でも味噌サラダを作るようになった。

□ハンガリー

この国はブダペストだけである。好きな街で何度も行き、慣れてきたのでホテルはキッチン付きにしている。調理はしなくてお惣菜を買ってくるだけだが、サラダを作るとき野菜を水洗いでき、電子レンジも付いているので買ってきたお惣菜を温めることもできる。

朝食のパンは、出来立てのまだ温もりのあるものが食べられる。そしてそのスーパーマーケットは歩いて一分以内のところにある。だからその店の開店と同時に入り、朝のパンと昼のパンを買うことにしている。朝食と昼食はオーストラリアのパースと代わり映えがしない。違うのは夕食だ。

バスで十分くらいのところにショッピングセンターがある。第一部の「ブダペスト紀行」で書いたショッピングセンターである。ここにはフードコートがあって、ドイツのベルリン、ハンブルクで見た「北海」がある。ここでアトランティック・サーモングリルを買うこともある。別の魚にすることもある。値段はドイツと変わらない。他にも店があって、よく買うのがチキンステーキだ。このチキンステーキの上にパイナップルが乗っている。このパイナップルは生をスライスして焼いたものだ。これがうまい。チキンステーキの上にパイナップルが乗っているものはハンブルクのレストランで食べている。他の店では魚をグリルしたものも売っている。ハンブルクのお惣菜の店と比べると、こちらの方が種類も多く、種々の店が並んでいる。それでいつもごった返している。

このような旅をするとき、キッチン付きホテルを選ぶことが好ましい。キッチンの付いていないホテルだと、野菜などを洗ったとき少し小さい葉の切れ端のようなものが出る。これを洗面所あたりで流してしまうと排水口を詰まらせてしまう恐れがある。また中まで入ってしまうと大変なことになる。私はこのようなときよく注意して流さないようにし、どうしようもないものは小さいのでトイレに捨てることにしている。

キッチン付きだと食器類も電子レンジも付いている。一通り揃っているが、ベルリンのところで書いたような大根おろしを作りたいとき、現地の器具は使いにくい。持参した方が良いようだ。

ホエール・ウォッチ

airplane travel

一九九一年八月、二、三日ボストンに滞在した。知人の息子さんがハーバード大学に留学し、その知人もこの時期ボストン滞在中だった。私もモントリオールからクラサオに飛ぶ予定があり、少し道草してボストンに滞在した。

一日空いたのでボストン見物を考えた。しかし治安の良いところではないので、ホエール・ウォッチを思いついた。それで船着場の切符売り場に行ってみた。料金は二十一ドルだった。それでトライすることにした。

鯨は、これも映画『スタートレック』第四作「ボヤージュ・ホーム」で興味を持った。謎の宇宙船が地球に接近し、ザトウクジラとの交信を試みた。どうも古代からこのような宇宙船がときどき地球に接近し、ザトウクジラと交信していたようだ。しかし二十一世紀に鯨は絶滅しており、謎の宇宙船は応答がないので地球を攻撃し始めた。そこで宿敵クリンゴンから奪い取った宇宙船で、カーク船長率いる精鋭が二十世紀の地球にタイムトラベルし、鯨を二十三世紀に連れて来て、その宇宙人と交信させるという設定だった。鯨の乱獲に対する警告の意味があったものと推定できる。

ここで鯨を少し復習してみよう。鯨は魚だと思っている人も多いだろう。これは哺乳類で卵から孵る魚類とは違って、人間のように出産して子孫を増やしている哺乳類である。YouTubeなどの映像で見ると、鯨の尾鰭は飛行機の水平尾翼のようになっている。それを上下させて前に進んでいる。一方、魚の尾鰭は飛行機の垂直尾翼のようになっていて、体を左右にくねらせながら前進する。

調べると、鯨はハクジラとヒゲクジラに分類されるようだ。ハクジラがイルカのような種類を指し、我々が考える鯨はヒゲクジラと見てよい。映画で出てくる鯨は「ザトウクジラ」であるのでヒゲクジラに入る。

鯨はオキアミとか小魚を食べるようで、これらの大群の中を口を開けて前進し、一気に大量の餌を食べるという形をとっている。

鯨は地球上の海を周回しているようだ。私の読んだ本によると、夏には極地の方に移動し、冬は赤道付近に来ると書いてあった。北半球にも南半球にも鯨はいるが、そのような習性を考えると、北半球の鯨と南半球の鯨が赤道付近で出会うことはないようだ。しかしグーグルで調べると、赤道を越えた鯨が観測されたこともあると書いてあった。この辺の鯨の習性についても、実際まだはっきりわかっていないようである。

一番興味深いのは「鯨の知性」である。鯨は「指導、学習、計画、苦悩、そして協力」することが知られているようだ。イルカのような小型のものは、複雑な遊戯をする。だから彼らとコミュニケーションが取れると考えている学者も多い。実際にそのような場面を映像で見たこともある。

一方「鯨の歌」は有名である。何かメロディーのような音を出してお互い交信しているようだ。映画では、二十世紀に行って捕獲したザトウクジラを二十三世紀のサンフランシスコ湾に放ったとき、謎の宇宙船と交信するシーンがある。そこで鯨の歌の音声が使われている。一方鯨は人間との意思伝達を強く希望していると主張する学者もいるようだ（Wikipedia「クジラ」参照）。

鯨について謎が多いので、私も一時興味を持って追求したことがある。しっかり勉強してみると、興味深い分野であることがわかる。そして知的生物であるので、商業捕鯨のようなことは絶対やめてほしい。

それほど大きな船ではなかったが船に乗り込んで沖を目指した。一時間くらい船に乗っていたような気がする。すると前方に鯨が見えたとツアーガイドの声がした。「ブリーチ」をしているのが見えた。空中に飛び上がって、また水中にダイブするように見える。普通は小さく空中に出て、大きな尻尾がよく見える体勢を取ることが多い。ブリーチの映像はYouTubeを見てもらった方が良いだろう。

小一時間鯨の多いところに停泊し客を楽しませてくれた。一頭船に接触するくらいのところまで来ていた。転覆させられないかと心配するほど近くに大きな鯨が来ていた。このときビデオカメラを持参していたので、約一時間鯨の動きをフィルムに収めることができた。

ボストンの街が小さく見えたので、相当沖合まで出たようだった。しかしこのとき船酔いはなかった。


数年後サンディエゴに滞在したとき、再度ホエール・ウォッチに挑戦した。前回は大西洋の鯨だったが今回は太平洋のものだ。期待に胸を膨らませ船に乗り込んで沖合を目指した。サンディエゴ湾を出ると船が大きく揺れ出した。そこで気分が悪くなってしまった。結局、ずっと横になっていただけで鯨の姿は見られなかった。

大リーグ観戦

airplane travel

野球は叔父に教えてもらった。叔父が同い年と一歳下の息子たちと野球遊びをしているとき「僕も入れて」と言って入っていったのがきっかけだった。叔父の息子二人も生涯野球好きで、彼らとも野球を通した付き合いがあった。

□初めての大リーグ観戦

一九八八年夏、カナダモントリオールに先方の招きで一カ月半滞在した。研究活動だからほとんど制約のない毎日だった。当時、モントリオールは大リーグのナショナル・リーグに所属するモントリオール・エクスポズの本拠地だった。前回の東京オリンピックから十二年後の開催地がモントリオールだった。この球団の本拠地球場は、そのオリンピックスタジアムを改造して造ったものだ。屋根付きで吊り屋根のようになった建て方だった。

モントリオールは北国で春の訪れは遅い。四月の大雪も経験した。また秋も早めに寒くなるため屋根付き球場は最適だ。この時期日本ではまだ雨が降れば中止という状態で屋根付き球場はなかった。

地下鉄を使って一度乗り換え三十分以内に球場に行けた。しかしフランス語圏であるので球場はいつも閑散としていた。そのため球団経営もお粗末だった。有望選手が頭角を現すと、給料が高くなるということですぐにトレードに出し、若くて給料の安い選手で固めていた。

初めての大リーグ試合は、地元エクスポズとセントルイス・カージナルスの試合でエクスポズが二対〇で完封勝ちした。二試合目はサンディエゴ・パドレス相手で、この試合のスコアは覚えていないが、確かエクスポズが負けている。両試合とも入場者は一万人以下で、自由に席を変えていろいろな角度で野球を楽しんだ。

初めての試合で球場入りし座席に向かうとき、当時のエクスポズのスター選手であったティム・ウォラックがユニフォーム姿で、通路でファンのサインに応じていた。日本では考えられないシーンであった。

□バリー・ボンズ

一九九三年夏、今は無きキャンドルスティック・パークでボンズの本塁打を見た。その後二〇〇〇年代に入ってボンズは打ち続け、シーズン最多記録も打ち立てた。この頃球場がダウンタウンに移った。ジャイアンツファンではないが、サンフランシスコに旅行したついでに球場に足を運んだ。そしてボンズの本塁打を二、三本見ている。ステロイド使用問題のため、ほとんど追放されるような形で引退し、野球殿堂入りも不可能になった。バットを短めに持って、鋭く振り抜く打法は日本人には真似できないものだ。

□野茂英雄投手

私は文部省在外研究員として一九九四年から約二年間モントリオールに滞在した。一年目は七月によく球場に通ったが、八月にストになってそれ以後の試合がキャンセルされた。その大リーグが一九九五年四月下旬に戻ってきて、六月にエクスポズとロサンゼルス・ドジャースの試合がモントリオールで開催された。野茂英雄投手はこの年からドジャースで投げ始めた。そしてこの日先発した。

現地で知り合った日本人とこの試合を観戦に行った。試合前ブルペンで投げている野茂投手を間近で見た。大きいのにまず驚いた。そしてトルネード投法と呼ばれた投げ方で、試合前の投球練習をしていた。

試合開始時、大リーグは国歌斉唱を行う。まずドジャース側のアメリカ国歌が演奏され、次にエクスポズ側のカナダ国歌が演奏されて試合が始まった。この頃は決められた席で観戦していた。試合は一対一の同点で六回裏、エクスポズがチャンスを掴み一死満塁になった。そこでドジャースの名物監督トミー・ラソーダは野茂投手を降板させた。そこで出てきた投手がエクスポズのホワイト選手に満塁本塁打を打たれ、野茂投手は敗戦投手になった。このとき私はエクスポズのファンだったので喜んで家路に就いたが、同行の日本人はがっかりした様子だった。

□ブレーブスの魅力

一九九五年アトランタ・ブレーブスがワールドチャンピオンになった。その試合はテレビで観た。このときブレーブスは、マダックス、グラビン、そしてスモルツという三人のエースがいた。一方、ワールドシリーズの相手であったクリーブランド・インディアンス（現在はガーディアンズ）はチーム打率二割九分という強打のチームだった。私は監督采配が勝敗を分けたと見ている。

初戦一対一の同点で六回裏ブレーブスの攻撃になり無死満塁のチャンスを迎えた。次打者が遊撃ゴロを打ち遊撃手がキャッチしているようでお手玉して二塁ベースを踏んだ。一点取ったものの審判はアウトを宣告した。今のビデオ判定だと完全にセーフである。そこで名将ボビー・コックスが血相を変えて二塁ベースに突進し猛抗議を行った。帽子をグラウンドに叩きつける抗議も虚しく、一死一塁三塁で試合が再開された。そこで初球をスクイズさせた。三塁ランナーを投球と同時に走らせる、高校野球でよく見るスクイズである。怒り狂ってベンチに引き上げ、すぐに一番危険なスクイズのサインを出せたこの監督に驚いた。これでこの監督が好きになった。そしてブレーブスファンになっていった。

結局、初戦はスクイズで取った得点が決勝点となり、三対二でブレーブスが勝利し、その後も名采配が光って四勝二敗でチャンピオンになった。この年、その後ブレーブスを引っ張ったチッパー・ジョーンズ選手がルーキーで、野茂投手と新人王争いをし、野茂投手が新人王に輝いた。

ブレーブスのどこが良いのかという質問を受けることがよくある。ブレーブスは守りを重視したゲーム展開を心掛けている。そしてフリーエージェントの給料の高い選手を連れてきたりしないで、ドラフト指名した金の卵をゆっくり時間をかけて一人前にする。二〇二一年のチャンピオンはその賜物だった。このように先の質問には答えるようにしている。

□ターナー・フィールド

アトランタはアメリカ南部にあり、治安が良くないという噂を聞いていた。一度本拠地で観戦したいと思っていたが、いつも二の足を踏んでいた。これもファーストクラス旅行をしたときと同じで、思い切って行くことにして実現した。

日本からアトランタに行くとき、直行便が飛んでいるのでこの方が便利で格安である。日本を午後三時頃飛び立ち、現地時刻午後三時頃到着する。乗り換えもなく多くの手間がかからない。しかし悪名高きアメリカの航空会社なので、私はJ航空でシカゴに飛び、ラウンジで少し食べ物を貰ってA航空でアトランタに飛んでいる。これだと成田出発で、山形在住では前泊が必要になる。それでJ航空関係ホテルで一泊し、朝早くチェックアウトする。いの一番にファーストクラスでチェックインし、ラウンジに入って美味しい朝食をいただく。そしてインターネットでその日のブレーブスのゲームを観て十一時頃出発となる。するとシカゴ到着はターミナル5で現地時刻午前九時頃になり、入国審査に手間取ることもある。A航空のアトランタ便はターミナル3から出発なので、空港内の電車に乗って少し移動する必要がある。ターミナル3の手荷物検査も入念にされるのでゆっくり時間を取っておく方がよいようだ。ここでいつもA航空のラウンジに入ってサービスを受け、食べものを少し貰ってくる。アトランタ便は出発時刻が早い時期もあったが、現在は正午あたりでアトランタ到着は午後三時から四時頃になる。シカゴとは一時間の時差があり、アトランタが進んでいる。アトランタ空港でマルタという郊外電車の七日券を購入してすぐに乗車する。

最初は勝手がわからなかった。それでダウンタウンにホテルを取ったが、いろいろわかってきてからは、バックヘッドというビジネス地区にホテルを取るようになった。この地区だと空港からマルタで四十分くらいである。ここは治安もよくスーパーマーケットもあって、便利な場所になっている。ホテルも種々あり、部屋も広くサービスも良く、プール付きで夏場は水泳もできる。それだけに値段も跳ね上がっている。しかし安全に観戦でき、気持ちよく過ごすことが大切で、いつもここのホテルを予約していた。

ここのホテルからターナー・フィールドに行くには、マルタに乗ってファイブ・ポイントというところまで行き、そこでシャトルバスに乗れば球場まで連れて行ってくれる。試合前と試合終了後はピストン輸送していたので、観客には便利だった。マルタでファイブ・ポイントまでは十五分くらいで行ける。

二〇〇五年四月二十九日セントルイス・カージナルス戦が最初の試合になった。記録を見るとこの試合は六対五で負けている。しかし翌日は勝って、この滞在期間に九試合観戦し七勝二敗の好成績で帰国することができた。

私は元巨人ファンで、巨人の試合も球場で二五〇試合くらい観ているが勝率は良い。本拠地だと七割五分くらいの勝率である。これらの巨人戦はスコアをつけて観ていた。もちろんアトランタでも同様に全てスコアをつけて観戦していた。

□ビジターの試合

二〇〇五年七月から八月にかけて二十日間で十九試合観戦した。この中にビジターの試合が六試合含まれている。最初の七試合は本拠地で行われ、六勝一敗の好成績で遠征に出た。

最初に行ったのがシンシナティだった。ここにはナショナルリーグ中地区所属のレッズがある。アトランタ空港からシンシナティ空港まではA航空で行き、初めての街なのでタクシーでホテルに行った。球場から歩いて行ける距離にホテルを取っておいた。到着後すぐに球場に行って三連戦の切符を購入した。ブレーブス側である三塁側のベンチに近い席だった。

この三試合は二勝一敗で気持ちよく次の滞在地セントルイスに発てた。このときレッズにはケン・グリフィー・ジュニアという選手がいた。長年シアトル・マリナーズで活躍し、父親の所属したチームであったレッズにフリーエージェントで移籍した。私はマリナーズ時代の彼が好きだった。いつもスーパーマンのような働きを見せていたが、プレー中の怪我による休みの多い選手でもあった。この時はもう衰えが見えていたが、一本ライト場外へ消える本塁打をブレーブスが負けた試合で見た。マリナーズ時代にもっと彼を見たかったと思っている。

次に行ったセントルイスもA航空で移動しタクシーでホテルに着いた。これも球場に近いところにホテルを取っていた。川の近くでセントルイスの象徴であるアーチのような建造物が見えた。

試合は一勝二敗でブレーブスが負け越した。球場に出かける道には多くのカージナルスファンがいて、ブレーブスの帽子を被っている私を冷やかす人もいた。三試合目は二対〇でブレーブスがリードしていたが、八回にアルベルト・プホルス選手にバックスクリーン直撃の同点二点本塁打を打たれ、九回にウォークオフヒットが出て悔しい逆転負けした。「ウォークオフ」は日本語では「サヨナラ」に当たる。

このカージナルス戦まで十三試合連戦で、ここで一日空いた。セントルイス観光なども もってのほかで、空いた日にA航空でアトランタに戻った。この後本拠地で六試合観て、ここの十九試合の成績は十三勝六敗の好成績だった。この年は五月連休とこの夏の二十日間が観戦全てだった。従って、この年は二十八試合観て二十勝八敗で終わった。そしてすぐに翌年の観戦予定を立てた。

翌年はナショナルリーグ中地区に所属するミルウォーキー・ブリュワーズの本拠地での観戦が手始めになった。ここへは往路シカゴからミルウォーキーに飛んでまず三連戦を観た。屋根付き球場の綺麗なものだったが、成績は三連敗でそそくさと引き上げた。ホテルは街の賑やかなところに取り、そこからバスで球場に行けるようになっていた。しかし苦杯を嘗めさせられたので、その後は足が向かなくなった。

次に行ったのがフィラデルフィアだった。ここにはブレーブスと同じ地区のフィリーズがある。ここも初めての街でタクシーでホテルに乗り入れた。ホテルも街中に取り地下鉄で球場に行けるようにした。この年と翌年、フィリーズの本拠地で五試合観戦したが、一勝四敗の成績だった。

結局、ビジターは十四試合観て四勝十敗の成績になり、やはり本拠地が良いので、その後はいつもアトランタで観戦するようになった。

□トゥルーイスト・パーク

二〇一七年からブレーブスは新球場に移転した。ターナー・フィールドはオリンピックスタジアムを改装して造った球場で、場所的に見て治安の悪い地域にあった。それで客の入りが悪かったという。そこでわずか二十年で新しい球場に移転したようだ。ここはコブ地区にあって、街の中心から北西の方向になる。種々の行き方があるようだが、以前のようなバスによるピストン移送がなくなり車のないファンには行きにくくなったと言える。

この時期ブレーブスは低迷していた。新球場に移った前後の年はシーズンで百敗すると私は予想していた。それで二〇一六年から二年間は観戦に行っていない。日本から行って負け試合を観ていても面白くないからだった。

新球場はバックヘッドからでは行きにくくなった。最初行ったとき球場近くにホテルを取った。しかし買い物が不便であまり馴染めなかった。二〇一八年に六試合観て四勝二敗だった。最後の試合は九回見事な逆転劇で勝利した。それ以後行っていない。次回は思い切って球場に隣接した高級ホテルにしたいが、まだ実行していない。

ファーストクラス

airplane travel

ふつうに航空券を購入すれば、二五〇万円の値がつくファーストクラスフライトは、我々庶民にとって夢のまた夢の話である。しかし、マイルを貯めるとそれも可能になる。J航空だと十二万マイルでヨーロッパのロンドン、パリ、フランクフルトへ飛んで行ける。ちなみにこの路線だと、ビジネスクラスで八万五千マイル、プレミアエコノミークラスで七万マイル、エコノミークラスで五万五千マイルである。なお一般のマイレージ会員が、普通に利用する格安航空券を使ってヨーロッパ往復の旅に出たとき、一往復で五千マイルから六千マイル貯まる程度である。さらにその貯めたマイルに有効期限が付く。三年以内に活用しないと消えてしまう。しかし私のようによく利用する会員は、そのステータスが上がり、ある線を越えると有効期限がなくなる。だからマイルが活用しやすい。しかしこのステータスを維持するには、それだけ航空券を購入する必要がある。

これまでビジネスクラスは年に一度は利用していた。すべてマイルを使ったフライトだった。死ぬまでに一度はファーストクラスに乗りたいが、マイルがあればいつでも乗れるという安易な気持ちもあり、なかなかその気になれなかった。それをその気にさせて下さったのが、今は亡き恩師であった。

高校一年時の担任で数学を担当してもらった。その後四十七年間お付き合いいただいたが、

残念ながら二〇一三年三月に逝去された。写真が趣味の方で、カメラマンというより写真家と言った方がいいだろう。生活が滲み出てくるような写真を求めて、日本国内はもとより、海外にも足を延ばされた方であった。何度か受賞もされていた。私は二度、この方と海外旅行した経験がある。最初がカナダのモントリオールで、二度目がシンガポールであった。両方とも個人旅行だったので、マイルがたくさん貯まったといって喜んでおられたのを思い出す。ご本人は、普段はパック旅行で海外によく行かれた。私はパック旅行は嫌いなので、彼とパック旅行でご一緒したことはなかった。パック旅行は二人で行くのが経済的なようで、職場で知り合った方とよく旅行されていた。

最後に行かれたのがモロッコ旅行で、次はクロアチア旅行を予定していると聞いていたが、それが夢で終わったと嘆いておられた。その恩師が、一度はビジネスクラスを利用したいとよくおっしゃっていた。しかしビジネスクラス利用だと、パック旅行でもエコノミー利用の倍の値段である。同行される方に言い出しにくく、また庶民だからビジネスクラスは贅沢だと思うとも口にされていた。それでついにビジネスクラス旅行をされないまま終止符を打たれてしまった。

この恩師の状況を見て、私は一念発起しファーストクラス旅行の予約を入れた。私も還暦を過ぎ職も引いて自由の身になっている。中学の同窓会メンバーには、ボツボツ他界される方も出てきている。人生も終わりにさしかかり、すぐそこまでお迎えは来ているという自覚をもった。とともに恩師のことを思い出した。このまま、そのうちそのうちと言っていると、一度も乗らずに終わってしまう可能性がある。恩師は同行される方とご家族への負担を考え躊躇されていたが、私はマイルで行ける。だからここで初めてのファーストクラスフライトをすると決めたのが、二〇一四年正月過ぎであった。そして、その決心をさせて下さったのが恩師だった。

「行けるうちに行っておいた方がいいよ。私のようにならないうちに」

これが恩師の私への最後の教えのように思った。

この旅行は、ファーストクラスフライトが目的である。だから一番サービスが良く、長い時間乗っていられる路線を考えた。それで行き先がロンドンになった。そしてこの旅行を「ファーストクラスで行くロンドンお買い物旅行」と名付けた。実はロンドン便とニューヨーク便が長時間乗れる。しかし特典航空券は一番取りにくい路線である。だから思いっきり早い時期に予約を入れようとしたが、第一希望は叶えられなかった。

第一希望は、月曜日に出て金曜日に帰国する三泊五日の行程だった。ロンドンは物価が高く、前回利用したホテルは一泊一万五千円以上したが、部屋は学生寮の一室という感じだった。そこで今回は良いホテルを選びたいと考え、できるだけ泊数を少なくしたい。しかしどの時期を見てもそれは無理だ。三泊五日もだめだ。それで仕方なく四泊六日の旅行にした。

この旅行のタイトルからして安宿は選べない。それでいろいろ調べてみた。するとラウンジ付きのホテルがあることを知った。見ると朝食と午後のティータイム、それにプレディナードリンクとつまみのようなものがあると書いてあった。そこで思い切ってこのタイプのホテルを探し予約を入れた。この辺はすべてコンピュータでできる時代だが、クレジットカード番号を入れるので危険であることは確かである。

十二月三日水曜日朝四時半に起床した。朝食を済ませ洗濯をし、準備万端整えて七時に自宅を出た。車で空港へ向かった。昨年から山形羽田間が一日二往復となり、羽田空港からヨーロッパへ飛ぶ便ができて便利になった。八時五十五分発羽田便にまず搭乗した。羽田空港には十時に到着し国際線へ移動した。ここで十一時二十五分発ロンドン便に搭乗することになっていた。だから搭乗券はロンドンまで山形空港で出してくれた。しかし国内線搭乗券のような小さい貧弱なものだったので、羽田空港で大きい立派な航空券に取り替えてもらった。ここは気持ち良く交換してくれた。初めてのファーストクラスフライトで、この搭乗券も永久保存しようと思っていたからだ。昔ビジネスクラスに乗ったときは、ブルーの入ったカラフルなものだったが、最近は白黒でファーストクラスも同様なのが残念だった。

この時点で搭乗口へ行く時刻まで四十分くらいあった。それで改装された羽田空港国際線ファーストクラスラウンジへ向かった。改装後利用するのも初めてだった。場所は改装前と同じところだ。中は大きく変わっていて一通り見て回りたいが、まず恒例のマッサージの予約を先に入れた。するとすぐにしてもらって、そこで十分近く時間を要した。残り時間も僅かだが急いで見て回った。そこでロンドン便は出発が少し遅れるというアナウンスが入った。エコノミー席のときは、このラウンジで十分腹ごしらえをするところだが、今回はファーストクラスということで、少し飲み物をもらっただけにした。

この航空会社はいつも優先搭乗を行っている。私は一番上のランクに属する会員である。だからエコノミークラスのときでも優先搭乗させてもらえる。しかし優先搭乗もファーストクラスからで、いつも彼らを見送ってから搭乗していた。それが今回はファーストクラスだから、優越感をもって真っ先に搭乗できると思っていたところ、この日はファーストクラス最優先はなかった。がっかりしたが、航空機に乗り込む途中、ファーストクラスとビジネスエコノミークラスの通路が分かれていた。これで少し満足して乗り込むことができた。

待ちに待ったファーストクラスの座席だが、実は前回アメリカから帰国し、成田空港から大阪伊丹空港へＪシートで飛ぶとき、この座席を使用した。だから全く初めてではなかった。前回の予習が功を奏して器具の使い方は簡単に習得できた。ビジネスクラスも最近、フルフラットになって一新されていた。しかしそのビジネスクラス座席とは大きく違っていた。ビジネスクラス座席をフルフラットにしたとき、どう見てもシングルベッドである。それに比べファーストクラス座席はセミダブルベッドという感じだ。まずオレンジジュースかシャンペンのどちらにしますかというサービスがあった。これはビジネスクラスと同じである。このシャンペンが美味しいことは知っていたが後のことも考えて、最近はオレンジジュースを選んでいる。

ファーストクラス座席は最前方に全部で八席しかない。その内四席占められた状態で離陸した。私の席は窓際で海がよく見える状態で飛び立った。この辺の気分もいつもとはまったく違うものを味わっていた。

水平飛行に入りシートベルトサインも消え、機長の挨拶も終わってゆっくりくつろぐ時間になった。そこでメニューが配られた。そのメニューが外見はビジネスクラスと変わらないのでがっかりした。そして飲み物と食事の注文に来た。飲み物はフランスものの赤ワインにし、食事は和食を注文した。赤ワインは、以前にアメリカへビジネスクラスで行ったとき美味しかったものに似ていた。だからそれにしただけだった。しかしこれは正解で、同じような香りの良い美味しいワインだった。そこでワインと一緒にオードブルとつまみのお菓子が来たが、お菓子はエコノミーと変わらなかった。ただその後、大きな入れ物に入れたお菓子を持ってきた。よく見ると、東京の老舗が出していると推測されるものばかりだ。それを少しもらって次を待った。

次に季節の小皿五彩が運ばれてきた。ビジネスクラスの和食のこれは、大きな箱が九区分されていて、その九つの区分されたところに九種類の料理が入っている。ちょっと見ると幕の内弁当という感じがする。しかし料理の盛り付けはメニューと同じ配列になっている。ファーストクラスもメニューを見ると同じようだった。弁当箱のようなものが運ばれてくると予想していた。そこで驚いた。一つ一つ陶器の入れ物に入っていた。しかも運んできたキャビンアテンダントは、メニューにある通りの配列で並べ、一つ一つ料理の説明をしてくれた。懐石料理を注文したときを思い出した。大変上等の食事を丁寧に配列してもらったのはよかったが、食べる方は空腹を満たすのが目的の下品な奴だ。たいへん申し訳ないと思いながらも、あっという間にすべてが空になった。次にお椀が来た。これもすぐになくなった。最後は海鮮と台の物、そしてご飯と留め椀が来た。この留め椀が味噌汁と漬物である。この頃かなり酒が回っていて説明はしっかり聞いていなかったようだ。しかし十分に食べられる状態で、これも短時間ですべて空にした。ここでもご飯はこの航空会社ご自慢の南魚沼産コシヒカリのように記憶している。味噌汁はインスタントもので、たぶん漬物はビジネスクラスと同じだったのではないかと推測している。デザートは、ビジネスクラスのときと同じようだが、コーヒーは初めて見るような容器に入れて持ってきてくれた。いまだにこの容器が何なのか理解していない。この和食全体を監修したコックさんは、東京六本木にある和食の老舗の方のようで、キャビンアテンダントに聞くと、なかなか予約の取りにくいお店だとおっしゃっていた。

そこでお腹も膨れ、酒も回ってきたので横になりたいと思ったところ、キャビンアテンダントが来て、通路を挟んだ隣の席が空いていたので、そこへベッドメイキングをしてくれた。そのとき部屋着を持っていて、これに着替えませんかと言われ、着替えにトイレへ入った。そして部屋着で気持ち良く眠ることができた。しかし二度目の食事を楽しみにしていたので、泥酔しないように酒は控えていた。

一眠りし、起きて自分の席へ戻ったとき、免税品のご用はありませんかと聞いてきた。ファーストクラス客専用に、売り切れにならないように配慮していたという説明がついた。札入れを一つ欲しいと思っていたが、デザインが気に入らなかったので、行き先のロンドンで探すことにした。腕時計もぼつぼつ買い替えたいと思っている。現在使用しているものも機内販売で買った。少し操作すると行き先の時刻になる便利さがあるが、最新型は行き先で自動的に時計が動くようになっている。だから近い将来買い替えたいと思っているが、このときは購入しなかった。

最近この航空会社の機内で麻雀ゲームを楽しんでいたが、客が勝つようにセットされているようで、だんだん嫌いになってきた。映画は日本語字幕が入るので絶対見たくない。また日本映画など全く眼中にない。それで音楽を聴こうと思った。ファーストクラスは、ボーズのヘッドホンを貸してくれたので、いい音で聴けるのを楽しみにしていた。案内を見ると年末でクラシックは合唱ものが多かった。そこでベートーヴェン第九交響曲第四楽章を選んだ。ヘルベルト・フォン・カラヤン指揮ベルリンフィルハーモニー管弦楽団だ。ハイライト版で一度カラヤン指揮を聴いて少し考え方が変わりじっくり聴いてみることにした。それまで食わず嫌いだったようだ。すごく良い演奏で着陸までに2回聴いた。カラヤンのベートーヴェン全集を聴きたいという気になってきた。カラヤンの演奏に満足したところで少し空腹感をもった。そこで二度目の食事を頼むことにした。

この航空会社のビジネスクラスだと、中距離路線を除いて二度目の食事は食べ放題である。最初の食事終了後だといつでも注文できる。機種が変わり注文はすべてスマホのような機械でするようになった。今回も同じでトライしたが動かない。聞いてみると十二月十日から開始で今は口頭でお願いしますと言われた。今回のファーストクラスのメニューを見てもビジネスクラスと代わり映えがしないように感じた。しかし空腹を満たすことが先決だからどんどん注文することにした。結局四種類食べて満足した。そこで二度目の注文期限は、ビジネスクラスと同じ着陸時刻の二時間前ですかと尋ねた。するとファーストクラスはシートベルト着用サインが付くまでですと言われた。それで気分は良くなったが、お腹は若い時のように受け付けてくれなかった。

メニューの中に一つ聞きなれないものがリフレッシュメントに入っていたので聞いてみた。メニューには「マカロン」と書いてあった。フランスの菓子ということで少し嫌悪感を覚えたがトライしてみることにした。まずまずの味であったが大好物にはなりそうになかった。それで記憶から離れていった。

前回ロンドンへ滞在したとき一週間以上の滞在で七日間切符を購入した。しかし今回は三日である。そこでオイスターカードというのを購入した。私はまだ使用したことはないが、東京都内のSuicaのようなカードである。カードの保証金五ポンドと、運賃十五ポンドを支払って使用開始した。終わって返還したとき七ポンド二十シリング帰ってきた。だから保証金の五ポンドと未使用分の二ポンド二十シリング戻ったことになる。

ロンドンお買い物旅行というタイトルだから、何か買い物をしないと様にならない。しかしこれといって買うものはない。興味があるのは英語で書かれた天文学書である。ラウンジの係員と話したとき、情報収集していたので、彼女の推薦したブックストアに行くことにした。歩いても行ける距離だがオイスターカードを使用した。

行ってみて前回来たときを思い出したが、店の内装までは覚えていなかった。さっそく自然科学の天文学エリアを探しに行ってみた。近くに数学書もたくさんありタイトルを見ると大学の学部で使用するレベルの本ばかりだ。

天文学エリアには、天井から床まである大きな書棚が三つあった。そこにぎっしりと天文学の本が並んでいた。すぐに目に付いたのがエウロパについての本だった。エウロパは木星のガリレオ衛星の一つで、その氷の地表の下に液体の水を湛えた海があると言われている。木星と他の三つのガリレオ衛星の重力によって、エウロパの内部は溶岩でドロドロの状態、つまり地球の内部と同じ状態であると予想されている。二十世紀終盤、地球の海底約六千メートルのところに熱水噴出口がありそこに生命体が発見された。熱水噴出口とは、海底から溶岩を含んだ熱水が噴出しているところである。このような光も届かない海底には、生命体はいないと長い間考えられていた。それが実はそこに得体の知れない、目のない生命体がたくさんいることがわかった。そのような熱水噴出口はエウロパの海底でも予想される。すると生命体のいる可能性は非常に高い。地球以外にはまだ生命体の存在は確認されていない。だから多くの学者がこのエウロパを研究し論文を書いていた。それをまとめたものがその本だった。数百ページの厚い本で、内容は全て論文だったので購入しなかった。

結局二冊本を買った。一つは太陽についてで、もう一冊は惑星地質学の本だ。両方とも大学教養レベルのようで、素人の私にも十分理解できると判断した。太陽については、高校教師として勤務の傍ら長年研究を続けてこられた方と最近お近づきになれたので、少し勉強しようという意図があった。また惑星地質学も友人の息子さんが興味を持たれた分野なので親近感を感じた。そして毎年この本屋へ来たいと思った。

最終日、ホテルの近くに大きなデパートがあり入ってみた。巨大な建物で、一階の入ったところが時計売り場で、値段を見ると私の使用しているものと二桁違っていた。次にキャリーオンラゲージを探した。別の店でも目に付いたトゥミのものがあったが、これはアメリカ製なのでハワイで買った方が安いだろうと判断し今回は見送った。別の売り場に札入れがあり、一つ気に入ったのを見つけ購入することにした。少し安売りしていたが、ネームのイニシャルを入れることができると言われたので、そうしてもらったところ、割引分がパーになってしまった。日本円を入れると少しはみ出すようだが、デザインが気に入ったので、古い札入れをユーロ用にしてこれを日本円用にした。

海外のホテルは大半が十二時チェックアウトである。十二時にチェックアウトするとき荷物の預かりをお願いした。これは当然のサービスである。そのとき、荷物を取りに来るまでラウンジを使ってくださいと言われ、ラウンジキーを再度渡してくれた。なかなかサービスの良いホテルで、次回もここを利用したいと思った。

J航空の海外でのチェックイン開始は出発時刻の三時間前である。今回も事前にチェックしておいた。それを考えてホテルを出て、タクシーでパディントンへ向かった。そのため、パディントンでタクシーを拾う場所がわかったが、かなり遠回りになったので、行きの倍近くタクシー料金がかかった。空港へは、世界一高いヒースローエクスプレスに乗り、チェックインカウンターに着いたが、少し早かったので待つことにした。

ボーディングし、飛行機のドアが閉まったところで、あたりを見回した。往路より混んでいた。そこでなんとなく機内誌に目をやった。そしてその機内誌が十一月号であるのに気づいた。さっそくキャビンアテンダントを呼んで事情を話したところ、慌てふためいて十二月号を持ってきてくれた。航空会社として、基本的な非常に恥ずかしいミスではないだろうか。ここまで気分良く旅をしていただけにちょっと水を差されたように感じた。

最初の食事の時間になった。コレステロールのことを考えて今回も和食にした。まずオードブルが運ばれてきたが、ここでは一品ずつの説明はなかった。次の五彩も説明なしだった。弁当箱に入ったものではなく一品ずつ別々になっていたが、よく見ると上下が逆さまだ。メニューに書いているのとは反対の並びだ。これで二度目の失望をした。

食後にキャビンアテンダントがポーチを持ってきてくれた。往路ではこの航空会社のマーク入りの大きなものだったが、復路は少し小さいポーチだ。しかし何か別のものが付属で付いていた。行きも帰りも荷物になるなと思ったが姪か姉にやればいいだろうと思ってありがたく頂いておいた。帰国後、姪にお土産としてこのポーチをプレゼントした。すると両方とも高級ブランド商品だと言って大変喜んでくれた。復路は早めに部屋着のようなものに着替えた。そして幸い通路を挟んだ隣の席は空いていたので、ベッドはそちらに作ってくれた。この部屋着も差し上げますと言われ、自宅で部屋着にしようと思って遠慮なくもらってきた。ひょっとするとこれも高級ブランドかもしれないが、まだ確かめていない。

ロンドンからのフライトはエコノミー席だと非常に長いが、ファーストクラスだと半分以下に感じられた。次回はいつ乗れるかわからないが、ときどき乗ってみたいと思っている。恩師のお陰で新しい体験ができたことを感謝したい。

二〇一五年一月下旬

航空会社ラウンジ

airplane travel

最近、ラウンジに興味を持つようになったが、若い時は全く縁のないものだった。『広辞苑』で「ラウンジ」という言葉を引くと、「休憩室、社交室、空港内の搭乗時待合室」という内容が出る。英和辞典で調べると、「のらくらとくつろいで過ごす」という動詞と、「ホテルやクラブの社交室、談話室、ロビー、居間」という言葉が並んでいる。どう見てもリッチな人の利用するところで、私のような庶民とは縁の薄いところのようだ。

私が初めて利用したラウンジは、銀行のキャッシュカード利用に対するサービスの一環だった。そこは特別の部屋に飲み物等があって、ゆっくり搭乗時刻を待てる仕組みになっていた。これでも初めて利用したときはたいへんな優越感を感じた。

しかしJ航空の成田空港ラウンジを使用したとき、カード関係のものとは全く違うことに驚かされた。このとき利用したのは改装前だった。飲み物の中にアルコール類も含まれ、食べ物もあるのに驚いた。そしておにぎりのサービスはありがたかった。ハワイ行きが多く、夜間飛行になるので、機内でいただくことが多かった。それ以外はあまり目立った食べ物はなかったように記憶している。

そのラウンジが改装されて一新した。飲み物もさらに充実し、完全に食事ができるようになった。そのためエコノミー席を予約した時は食事の量が少なく感じるので、いつもここで十分に食べてから搭乗するようになった。またマッサージやシャワーのサービスもあり、ハワイ行きの夜間飛行の前にシャワーを浴びることが多くなった。しかしこのとき利用したラウンジは、J航空の一般向けラウンジだった。

□羽田空港

数年前成田空港ファーストクラスラウンジが大改装を行った。搭乗口一一五の向かいがこのラウンジの入り口になっている。エスカレーターを上がると入り口になり、いつも気持ちよく迎えてもらえる。左手がサクララウンジで右手がファーストクラスラウンジになっている。

私はいつも右手に入っている。突き当たりまで行くと食事のできるエリアになる。食事はバイキング形式で、いろいろ美味しそうなものが並んでいる。そのときの座席の種類によるが、エコノミーのときは多めに食べるようにしている。ビジネスクラス、ファーストクラスのときは控えめにして、水分補給するくらいだ。

以前は人間の手でしてくれるマッサージがあった。今は全て機械によるマッサージだけだ。

これは成田空港でも同じである。食事エリアより奥に進むとくつろげる部屋もあるが、私はこのエリアは必要ないと思っている。

□成田空港

出国手続きを終え廊下に出るとすぐ前がラウンジになっている。ここは右手がサクララウンジで左手がファーストクラスラウンジである。現在フロントと同じ階のエリアは飲み物サービスだけで、主要部はひとつ上の階になった。だから出国手続きを済ませすぐにラウンジに入らないで、廊下に出てエスカレーターでひとつ上の階に行き、チェックインした方がよいようだ。

こちらのエリアのファーストクラスラウンジはサービスも大きく変わった。食事は定食型になり、係員のいるところの前にメニューが並んでいて、注文し出来上がりを待つシステムになった。バイキング形式は飲み物とカレーだけが残っている。食事をとるエリアは広くなり、その奥にくつろげる場所もあり、そこにマッサージ機が三台置かれている。

サテライト側にも一つファーストクラスラウンジがある。連絡通路からサテライトに入りすぐ右手にサクララウンジとファーストクラスラウンジがある。ここは以前のようにバイキング形式である。私はこちらの方が好きだ。だから時間がある場合、ちょっと歩く必要があるけれど、本館側出発ゲートでも、ここまで来て食事をいただくことが多い。このラウンジにはマッサージ機は二台しかない。それが日当たりの良い部分に設置されていて、夏場は暑さを感じることもある。

□シカゴ・オヘア空港

この空港の入出国について最近変更があった。入国時は入国審査があるのでターミナル5に到着する。これは以前と変わりない。しかし帰国便搭乗ゲートが変更になった。以前はターミナル5で出国していたが、現在はターミナル3で出国できる。J航空系列でアトランタに行くことが多い。それもこの系列便を使うので発着がこのターミナルになっている。だから往路はターミナル5で入国し、ターミナル3からアトランタに向かう。復路はターミナル3に来て少ない移動で帰国便に搭乗できる。従って往復でここのA航空ラウンジが使える。ここもステータスの関係で上級ラウンジに入れる。

ラウンジのフロントで搭乗券とJ航空ステータスカードを見せると、一枚紙切れを渡され二階に行ってくれと言われる。ここが上級でそれ以外は三階になっている。二階でエレベーターを降りると係員が先ほどの紙切れを見て、どうぞという態度をとる。ラウンジのエリアは数年前より広くなった。食べ物飲み物の種類は増えたが、味の方は代わり映えしない。往路復路とも午前中の利用になるので、朝食昼食のメニューだけいただいている。

一番奥に飲み物が並んでいて、その前のエリアが食べ物で、全てバイキング形式である。寿司も並んでいるが、アメリカのスーパーマーケットで売っているものと変わらない。我々日本人にはお世辞にも美味しいとは言えない。サンドイッチ類もたくさんあって、幾つかいつもバッグに入れてくる。コーヒー等も美味しいものは並んでいない。アメリカ人はこれで満足できるようだ。

なお、この後手荷物検査はないので、ペットボトル入りの水等をもらっても没収されることはない。私はエコノミー席の場合、帰国後のことも考えて、飲み物食べ物をバッグに入れてくることが多い。

□サンフランシスコ空港

サンフランシスコによく行ったのは一九九〇年代だった。その頃は空港工事中でゴミゴミしていた思い出しかない。数年前久々に行って見違えるようになっていた。まずバートという郊外電車の駅が空港に乗り入れている。だからこれに乗れば三十分くらいでユニオンスクエア辺りまで行ける。空港も近代的になりわかりやすくなった。

ここのラウンジは一つしかない。つまりサクララウンジとファーストクラスラウンジに分かれていない。だから出発前は混み合っている。シカゴのように他の航空会社のラウンジではなく、J航空独自のラウンジになっている。だから食べ物は日本人の口に合うように作られている。おにぎりのようなものがあったので、これを少しバッグに入れてきた。

ここもこれ以後手荷物検査はないので、ペットボトル入りの水等をここでいただいて機内に持ち込める。私の感想として、ちょっとがっかりのラウンジ評価である。

□ホノルル空港

アメリカの出国手続きは航空券をもらうチェックインで済まされる。入国時は厳しいチェックがあるが、帰国時はある意味では「とっとと帰れ」と言っているように受け取れる。機内持ち込み手荷物検査場を出るとすぐ近くにラウンジがある。ここはエレベーターで一つ上階に行く必要がある。ここもJ航空だけのラウンジでステータスで区別していない。だからサンフランシスコ同様、出発時刻が迫るとごった返している。

ここは食べるものがほとんどない。だからそれも計算に入れて、飲み物サービスだけを受けるようにしている。エリアも狭く私の評価では最低だ。マッサージ機が二台あるので、飲み物を手にしてそこで時間を潰すことにしている。今後も大きく改善される気配はないようだ。四十六回行ったハワイだが、これからは頻繁に行くことはない。

□ジョン・F・ケネディ空港

二〇〇八年ニューヨークのジョン・F・ケネディ空港を経由し、コネチカットの学会に出席したことがあった。復路でこの空港にあったJ航空のラウンジを使用した。その印象が強烈だった。六時間くらいいたが、飲み物食べ物が豊富で、いろいろいただくことができた。確か、ファーストクラスラウンジを使用したはずだが、食べ物の豊富さはシカゴ・オヘア空港とは比べ物にならなかった。そのラウンジもつい最近閉鎖されたというニュースを耳にしている。たぶんアメリカの同じ系列のA航空ラウンジを使うようになったと思われる。ニューヨークの空港は、今後利用する予定はないので、このニュースは私にはあまり重要ではない。

□シャルルドゴール空港

羽田空港発夜のパリ便があった。これは便利でよく利用した。朝六時半頃パリのシャルルドゴール空港に着き、二、三時間待って乗り継ぎ目的地へ飛ぶ。これだと昼頃に目的地に到着するのでホテルのチェックインもすぐにでき、体さえ動けば半日観光等ができる。しかしこの乗り継ぎで利用するラウンジはお粗末なものだった。一応朝食を考え、クロワッサンとチョコレートデニッシュがあるだけで、決しておいしいものではなく、野菜等はほんの少ししかない。ただ、エビアンのミネラルウォーターの小さいペットボトルに入ったものを置いていたので、そのままもらっていくという便利さはあった。幸い手荷物検査後にあるラウンジで、そのまま搭乗口へ進めるからだ。ただこのラウンジを提供しているのが、悪名高いフランスの航空会社（以下「F航空」と書く）であるので非常識と言えるルールがある。それはラウンジ利用権利をもった本人しか入れないという点である。F航空以外はラウンジ利用権利をもった本人と同行者一名が利用できる。同行者二人目からはラウンジクーポン等がいる。これが世界の常識のようだが、フランス語を強要する国では、このようなところも世界の常識に反しているようだ。帰国便に乗る場合のみ、ラウンジ利用権利をもった本人と同行者一名が利用できることになっている。

そのシャルルドゴール空港が近年改装されて、成田からの便、そして帰国便が利用するスポットであるゲート2EにMとNという支線のようなゲートができた。そしてそれぞれにラウンジができた。帰国便利用時のみしか入れないが、Mから帰国便が出るとき利用するラウンジは、スペースも広く、食事もでき、いろいろな面で充実している。飲み物類も往路に利用するラウンジとは雲泥の差である。食べ物は、オムレツ、ポテト、ベーコン等、温かいメニューが並んでいる。だからこの空港を利用するとき、帰国便はMから出ることを願っている。

そのシャルルドゴール空港が改装されたにもかかわらず、J航空の機内誌には長い間古い情報しか掲載されていなかった。パリ到着時にどこのゲートへ着きますか、という質問をキャビンアテンダントにしても、２Ｅですという答えしか返ってこなかった。それで見るに見かねてホームページの「ご意見ご要望」を使ってその旨を伝えたところ、やっと詳細を掲載した次第である。

□フランクフルト空港

フランクフルト空港はＪ航空系列ではない。Ｊ航空とはライバル関係にある航空会社系列が主流の空港であるので、細々と運営しているという感じがする。ここで帰国時に利用するラウンジもスペースが狭い。一応ファーストクラスと一般クラスの区別はついているが、飲み物食べ物類はたいへん貧弱である。ただここだけは未だにおにぎりサービスが残っている。余分にいただいてきて機内で食べることがよくある。他に目立ったものはソーセージのサービスである。これは温かく、美味しいと思って食べられるものだ。夕食時は揚げ物が少し並ぶ。

このラウンジではよくシャワーサービスを受けた。ドイツ北部へ行き、ここを経由するといつも汗をかくことが多い。それでシャワーが欲しくなる。そのシャワー室は、足拭き用のマットとバスタオルしか用意されていない。ホテルにある小さいタオルのようなものがあれば、少し体が洗えるのだがそれがない。「ご意見ご要望」でリクエストしたが無視されてしまった。

二〇一四年Ｊ航空のフランクフルト便利用に対して、フライオンポイント二倍というサービスがあった。フライオンポイントとは、この数によってステータスを決めるものである。最近この路線便に搭乗すると、空席が目立つことが多々あった。それに対する対応の一環のように考えられるが、次に消える路線は、このフランクフルト便ではないかと予想している。

□ヘルシンキ空港

J航空で一つ消えた路線がある。それはアムステルダム便だ。ここの帰国便を待つラウンジは一番貧弱なものだった。飲み物は少しで、食べ物はつまみ程度しかなかった。そのアムステルダム便に代わりヘルシンキ便が近年オープンした。火を噴いた航空機使用のため物議を醸した路線である。だからまだ死にたくないので、安定するまでこの路線を利用することを控えていた。それで二〇一四年末初めて利用した。

機種が最新型で窓の日よけがない。ボタン一つで制御できるようになっている。成田からヘルシンキまで飛行時間九時間は魅力である。そしてヘルシンキ空港で乗り換えヨーロッパの都市へ行くと、以前よりかなり早く着ける。私のよく行くベルリンだと、ロンドン経由でホテルチェックインが午後十時過ぎ、パリ経由で午後九時、アムステルダム経由で八時であったが、ヘルシンキ経由は午後七時までにホテルに着く。だから時間の短縮になる。しかし北極圏に近いということで冬場は航空機が凍結する。それを解凍する必要等があり遅れることが多い。それにビジネスクラス利用時は、搭乗時間が短いので損をしたように感じる。マイル利用のビジネスクラスの場合、必要マイル数はロンドン便と同じである。だからこの路線でマイル使用は控えている。

ヘルシンキを起点にしている航空会社はJ航空と同じ系列である。だから往路の乗り継ぎ時、復路の帰国時の両方でラウンジを利用できる。これもファーストクラスと一般に分けている。スペースは広く飲み物食べ物も充実しているが、利用した日が冬至であったため、午後二時の到着時も薄暗く、すぐに夜になり暗い印象しか残っていない。帰国時は往路で利用したラウンジとは違っていたが、サービスは変わらないようだ。これからよく利用するラウンジになるだろう。

□ハンブルク空港

ここのラウンジは、スペースが狭く、飲み物食べ物の種類が少ない。目ぼしいのはドイツ独特のソーセージだけである。しかも、スペースの関係からかラウンジはここ一つで、すべての系列の航空会社が共同利用している。ハンブルク空港は小さく発着便も少ないようだ。だから合理主義のドイツ人が考えた結果できたものだろう。そのハンブルクへパリ経由のF航空便で行くと復路で納得できないことが起こる。

入り口でJ航空のステータスを表示するカードを示したところ、マニュアルのような冊子を出してきて調べ、そこになかったようで入室を断られた。私の搭乗する便はJ航空とコードシェアのF航空便である。同じ状況でベルリンではラウンジ使用している。しかしここでは断られた。確かにベルリンテーゲル空港のF航空のラウンジはこの会社専用のもので、ハンブルク空港のラウンジは共同使用である。その点だけが違う。B航空会社とのコードシェア便の場合、このハンブルク空港のラウンジを使用している。同じ系列だと使用可能で系列が違うとだめなのか。しかしこのラウンジに系列指定はなく、すべての系列が使用するものである。これは一体どういうことか。帰国後「ご意見ご要望」を利用してJ航空に聞いてみたが、すっきりした返事はもらっていない。海外における帰国便を待つ時のラウンジ使用について、J航空は案内を出しているが、断定的な書き方ではなく、たいへん曖昧な表現になっている。要するにJ航空も海外のラウンジについてきちっと把握していないということになる。

□ロンドン・ヒースロー空港

ヨーロッパで一番設備が整っているのは、J航空と同じ系列のB航空がロンドンヒースロー空港に持つラウンジだろう。これもファーストクラスと一般に分かれている。帰国便で使うラウンジと乗り継ぎで使うラウンジは異なっている。いずれもファーストクラスはスペースが広く、ワイン、シャンペン等は種類が豊富である。またデリカテッセン風の食べ物も豊富に並んでいる。夕方には作りたてのサンドイッチも並ぶ。しかし一番驚いたのは、メニューがあって、係員を呼びオーダーすると作りたてを持ってきてくれることだ。メニューにあるのは数種類である。私は、「シーザーサラダ」とハンバーガーのようなものを頼んだことがある。前者はチキン等の薄切りを調理したものが入っていた。これはいつも同じではなくときどき変えているようだ。また、以前はポテトチップスや甘いクッキー風のものは、一つ一つ袋に入っているのでバッグに入れて持ち出すことができた。それが近年、持ち出せるようなものは置かなくなった。持ち出す人が多いのでその対策だろう。ロンドン経由で行くときいつもラウンジへ入るのを楽しみにしている。

□パース空港

この空港もファーストクラスと一般に分かれている。ファーストクラスでは飲み物は同じようなサービスで食べ物が少し違っている。サンドイッチが作れるような材料を揃え、ピザを焼いてサービスしているのが他とは違うところだ。最終便のシドニー行きに乗ることが多いが、これを待つとき午後八時頃に温かい食べ物が二種類並ぶ。それほど美味しいとは言えないが、温かいので歓迎である。コーヒーも担当者がいてその場で入れてくれる。ブラックコーヒーは

「ロングブラック」と言うことを忘れなければこれも楽しめる。

□シドニー空港

世の中には上には上があるものだ。K航空は国内線でもビジネスラウンジと一般ラウンジがある。両方入って調べたところ、飲み物には大差ないが食べ物に差があることがわかった。一般ラウンジではサンドイッチが作れるようになっているだけだが、ビジネスラウンジではそれ以外の食べ物もあり、果物等もたくさん並んでいる。さらにスペースも広いようだ。これは、J航空国内線の羽田空港ラウンジと比べたときJ航空の負けになる。羽田空港国内線ラウンジでは、食事時だけ少し食料が並ぶが、それ以外ではビールのつまみ程度である。

帰国時、K航空のシドニー空港国際線ラウンジに入って驚いた。もちろんファーストクラスラウンジである。まずスペースが広い。広さでもヒースロー空港のラウンジに引けを取らない。それに外からの光が十分に入るように設計されていて非常に明るく感じられる。大きな窓から空港内の航空機の動きがすべて見え、その背後にシドニー中心部の高層ビルがよく見える。ヒースロー空港の場合、採光の工夫が足りないように感じられる。こちらは夕方の利用が多かったせいとも考えられるが。

次にここもヒースロー空港と同じように食事がオーダーできる。しかも、ヒースロー空港の

B航空ラウンジとは違い、ラウンジの一部がレストラン風になっていて、その部署専用の係員が配置されている。だから椅子に座るとウェイターのような係員がメニューをもってくる。このメニューを見て再度驚かされた。種類がヒースローの比ではなかった。しかも朝食用のメニューで「ブレックファースト」のジャンルで数種類、「オムレツ」の部類でも数種類、トータル十数種類あった。たぶん昼食時、夕食時はメニューが変わるように思われる。ただ酒類は手で取れるところのものは少なく、そのレストラン風のセクションで、メニューから選ぶようになっているようだ。だから朝食時以外にも利用したいのだが、J航空の帰国便は朝の出発なので残念だ。どうしても利用したいならば、そのK航空便で午後、あるいは夜、出発する便に搭乗すればよい。J航空と同じグループであるので、こちらを利用してもJ航空と同じ待遇になる。違うのはマイル等の数字だけである。

ホテルラウンジランキング

airplane travel

海外旅行を計画するとき、まず航空券を押さえる。次に行うことがホテル予約である。これらは全てコンピュータでできる。コンピュータ操作はそれほど好きでない私でもできるようになった。ただ航空券を購入したとき、すぐにホテル予約をしないと、したかしなかったかを忘れてしまう恐れがある。それに宿泊日が近づくに従って料金が上昇する。この辺は航空券料金と同じである。だから航空券購入とホテル予約は同時に行うようにしている。

海外旅行に出始めの頃は、とにかく安いホテルを求めていた。しかし安いホテルはそれなりのサービスしかないことがわかった。海外に出ても名所旧跡を見て回ることは嫌いで、美術館等ももってのほかである。いつも一都市滞在型の旅行なので、ホテルに住んでその街の住民になるという経験を楽しむことが主な目的である。だからスーパーマーケットで買い物をする。その土地独特の食べ物を味わう。また地元の人々が楽しむことをする。公共のプールで泳ぐのも良く、公園へ出かけて行って散策するのも楽しい。

そこでホテルのサービスも重要な要素となる。安いホテルだとベッド以外は小さい椅子がある程度のところもある。バスタブもなくシャワーだけだと、冬行った場合風邪をひかないかとちょっと気になる。そこで少し宿泊費の高いところに泊まってみて快適であることがわかった。ホテルを決めるときインターネットでいろいろ検索したところ、「ラウンジ利用可」という文字を見つけた。よく調べてみると、そこで朝食が食べられ、いつでも出入り可能で、そこに置いてあるものは自由に食べたり飲んだりすることができる。さらに夕方は酒が出て、適当なつまみのようなものが出る。それで一度経験してみることにした。多分ホテルによって全てのサービスが違うので数多く当たりたいと思った。

今まで泊まったホテルラウンジを調べてみるとちょうど十軒あった。このようなラウンジ付きの部屋を持つホテルは普通五つ星であるが、時々四つ星でも持つところがある。再度泊まりたいというホテルもあれば、二度とごめんだというところもある。そこでその十軒のホテルにランクを付けることにした。なお、ホテル名はすべて仮名である。

第十位　星光ホテル（サンフランシスコ）

正午頃サンフランシスコ空港に着き、ホテルには一時過ぎにチェックインした。四つ星ホテルですぐ部屋に入れてくれた。ラウンジのある階の一つ下だった。部屋は他のホテルのラウンジ付きの部屋と変わりないが、事務机がないのに気づいた。よく見るとミネラルウォーターのサービスがない。もちろんウェルカムのサービスも皆無だ。瓶が一つ置いてあってよく見ると値段が書いてあった。つまり有料である。それも一瓶五ドル以上になる。

すぐにラウンジに行ってみて唖然とした。見晴らしの良い部屋だが、ソフトドリンクを入れる冷蔵庫もなければ、航空会社ラウンジにあるようなコーヒーメーカーもない。大きなポットのようなものに湯が入っていて、近くに紅茶のティーバックが置かれただけだ。「なんだ、これは」と大声で叫びたい心境になった。

ここは夕方のアルコールサービスの時間が午後五時からになっていた。全く期待しないで行ったが予想通りで言葉が出なかった。温かい食べ物は二種類、一つはギョウザを揚げたものでもう一つは春巻きだ。それ以外はお愛想程度に野菜が少しとハムチーズがあっただけだ。酒はワインがおかれていて、ソフトドリンクは、大きな桶のようなものに氷を入れ、スプライトとコカコーラがあっただけだ。後日のメニューも、ほとんど代わり映えがしない。毎日餃子か春巻きは一つのメニューとして入っていた。だから普通、このような時刻になると人でごったがえすが、そこにいた客は私一人だった。仕方なく出されたものを食べ、コーラとスプライトを一本ずつ飲んだ。三十分くらいラウンジにいたが誰一人客は来なかった。一週間このホテルに滞在したが、ここで見かけた客数は、トータルでも十人を超えなかった。夕方のサービスの後、どのようなサービスがあるか見たかったので、行ってみるとラウンジには入れるが、何一つ置いてない状態だった。事実上の閉店状態だ。

朝食は下のレストランで、フルブレックファーストが食べられた。朝は迷わずそちらに行った。朝六時半のスタートだった。しかしここではオムレツを作ってくれるコーナーはない。日系の航空会社関係ホテルで、美味しくない日本食のメニューも並んでいた。夜の分も食べないと元が取れないと考えいろいろ食べてみた。ヨーロッパのフルブレックファーストと全く変わりない。ただ日本人の多さに閉口した。あちこちで日本語が聞こえ不快感は頂点に達した。しかもビジネスマンが多いようで、あちこちで上司のような人にペコペコ頭を下げたり、おべっかを使ったりしている。これでは外国に来たという実感がわかない。ここでも少し昼食用のパンと果物はもらってきた。

このホテルの一泊の料金は五万五千円くらいである。ここに挙げた十軒のホテルの中で二番目に高い値段だ。しかしラウンジのサービスは、話にならないくらい低い。ダントツの最下位だ。これから、また多くの経験のないラウンジ付きホテルにトライするが、ここまでひどいのは見当たらないように思う。読者の皆様に忠告したい。このホテルのラウンジ付きの部屋は絶対に選ばないようにと。

第九位　昼豚ホテル（ケアンズ）

オーストラリアの観光地ケアンズにあるホテルだ。空港からシャトルを使ってホテルに辿り着いた。昼過ぎに着いたがすぐにチェックインし部屋に入れた。その辺は五つ星の威力である。安宿だと三時まで待たされることが多い。チェックインを済ませすぐにラウンジに行ってみた。するとクローズドだ。オープンタイムは午前六時半から十時半までと午後五時から八時半までと書いてある。これを見て呆れ返った。何のためのラウンジかを問いたい。このホテルは部屋を一歩出ると吹きさらしになっている。南緯十六度で湿度が高く蒸し暑い。だから常時冷たい飲み物は必要になる。ただここはウェルカムの封書とフルーツがあり、ミネラルウォーターのサービスは毎日あった。到着時喉の渇きだけはそれで潤すことができた。また毎日の差し入れもあった。しかし毎日一辺が二センチメートルの正方形のチョコレート二、三個と決まっていた。

午後五時からのサービスは、正式には「カナッペとドリンク」と言うようだ。ホテルによって言い方は異なっている。五時に行ってみると少し食べ物が並んでいた。温かい料理は春巻きとシュウマイのようなもので、容易に大量生産できる食べ物だ。その横にハムとチーズ、それにカナッペがある。カナッペとは一口大に切ったパン、薄く切ったフランスパン、あるいはクラッカーの上にチーズや野菜を乗せた料理を言う。見るからにワインのつまみである。その横にフランスパンを切ったものと果物、それにデザート用の甘いケーキ等が置いてある。また別の机にはオレンジジュースを作る機械があり、その場で作っていた。飲み物はワイン、ビール、それにウイスキーがあった。ここにはウェイトレスがいて、椅子に腰掛けると飲み物の注文を聞きに来て、サービスしてくれた。私は即座にビールを注文した。そのビールについて、地元オーストラリア産があるのでどうかと聞かれたので、喜んでトライすることにした。建物の最上階にあり見晴らしが良く、眼下に湾が見えてその向こうに空港の一部が見えた。しかしその湾で海水浴をしている人は見かけなかった。疑問に思って先ほどのウェイトレスに聞いてみると、ワニがいるので禁止しているという返答だった。先ほどのビールを飲み干した頃お代わりを聞きに来た。今のビールはよかったかと聞かれたのでイエスと答えると、次は別種のオーストラリアビールを勧められた。喜んでいただくことにした。その間食べ物はいろいろもらってだんだん腹が膨れてきた。二杯目を飲み干した頃、三杯目を聞かれたがそれはお断りした。このくらいが私のアルコール許容量である。それでラウンジを後にして部屋に戻りベッドに入って熟睡した。

朝食はやはりコンチネンタルブレックファーストだ。スクランブルエッグとソーセージのようなものもなかったように記憶している。後は種々のパンとコーンフレークのようなものである。オレンジジュースを作る機械も置いてあって、作っていたので朝は一杯いただいた。搾りたてだから大変美味しかった。最後にコーヒーをブラックでもらって退散した。その後二杯目のコーヒーを部屋まで持っていって飲んだ。朝もウェイトレスはいたが、カナッペタイムとは人が変わっていた。このような朝食時、少しパンを余計にもらっておいて、昼食にするようにしている。同時に果物ももらってくる。だからそれ用に小さいバッグを持参する。そこに箸を入れておいて箸入れのバッグのように見せかけている。

カナッペタイムの温かい料理は毎日あまり代わり映えしなかった。大量生産できるものばかりだ。しかしウェイトレスの愛想は良かった。またプールも大きくて泳ぎやすかったが、再度滞在しようという気にはなれない。なお料金は一泊あたり三万円くらいだった。

第八位　高所ホテル（アトランタ）

このホテルチェックインは、到着時刻の関係で午後四時前後になった。いつものようにチェックインを済ませ、部屋に行ってみると最上階に近い見晴らしの良いところだった。早速ラウンジを探査した。コーヒーメーカーと各種ソフトドリンクはあるが、つまみはなく、果物の残りが少しあっただけだ。それほど期待していなかったが、やはり予想通りかというのが最初の印象だった。五時からカナッペタイムになり、全く期待しないで行ってみた。アルコール類はいろいろあり、この時期酒はやめていたので、ソフトドリンクで何かを食べるだけだった。温かいものは二種類だがオーストラリア並みだった。ここはパンがなく、食事というよりメインディナーの前菜のように感じた。適当に食べて部屋に戻った記憶がある。

朝食もコンチネンタルブレックファーストだ。卵はゆで卵だけで、オーストラリアと違うのはオートミールがあることだ。これは予想していたのでインスタント味噌汁を持参していた。

オートミールを器に取って、そこへインスタント味噌汁の味噌を入れ具を入れて、よくかき回して食べると最高である。このホテルで以前朝食を付けたとき、このオートミールがあって、このように食べたことがあり、今回もそのようにした。ただ昼食時は何もないことが予測できた。それで昼食用と夕食用のパンをもらって帰った覚えがある。

ラウンジ付きのその部屋には、毎日無料でミネラルウォーターのサービスがあった。差し入れは何もなかった。料金は一泊あたり一万八千円くらいだった。

第七位　昼豚ホテル（ゴールドコースト）

このホテルは第九位に輝いたホテルと同系列である。このとき空港からシャトルでホテルに向かい、昼頃ホテルに着いた。すぐにチェックインを済ませ部屋に入れてくれた。それですぐにラウンジ調査に入った。ここはラウンジのあるフロアと部屋が同じフロアだ。エレベーターを降り右に行けば自分の部屋、左に行けばラウンジという便利な造りになっていた。

ラウンジは部屋と同じカードキーで入ることができる。中に二人の係員が常駐し、旅のコンサルタントをしていた。ラウンジは三部屋に分かれていて、そのうちの二部屋に椅子とテーブルがあり、飲み食いできるようになっている。そして残りの一部屋に食べ物等を置いていた。その部屋を見ると朝食の残りのパンが置かれていて飲み物は冷蔵庫に入っていた。もちろんコーヒー等はいつでもいただける状態だ。このラウンジも建物の最上階にあり大変見晴らしが良かった。海岸線に建っていて海もよく見える。しかし海からの東風が強く、その風に乗って雲が内陸方面に流れていた。ケアンズほどではないが綺麗な晴天は望めなかった。その海からの風を利用してウインドサーフィンをする人が多い。岸からしきりに止めるように指示していた。聞いてみるとここはサメがいて被害者も多いようだ。

待望のカナッペタイムになった。ここは午後六時スタートだ。ケアンズと大差はないが、食べ物の量が多いように思った。パンもあったのでアトランタのようなことはない。ここでは最初ビールを一本飲んで、それからワインをもらうようにした。しかし食べる量はケアンズより控えるようにした。ケアンズから帰国し、血液検査をしてもらったところ、コレステロール値が上昇したからだ。しかし十分飲んでいるので部屋へ帰って一眠りした。ここでは午後九時頃にもう一度ラウンジに入ってジンジャーエールを飲むのが習慣になった。

朝食もケアンズと大きく変わることはないが、食べ物の種類が多かった。これがランクを上げた原因だ。また朝食で残ったパンをそのまま置いていてくれたので、それを昼食にすることができた。部屋へのミネラルウォーターサービスも毎日あった。だからケアンズよりは良い評価を与えている。なお料金は一泊三万二千円くらいだった。

第六位　高所ホテル（パース）

このホテルはオーストラリアにある。系列はアトランタで泊まったものと同じだ。ここも五つ星で、チェックイン時三時まで待たされることもなく部屋に行けた。そこですぐにラウンジに急いだ。部屋と同じ階にあるが、中央が吹き抜けの造りで、大きく回って行かなければならない。ラウンジの南側の窓からスワン川が一望でき、気持ちの良い空間を創っている。ラウンジの冷蔵庫にはソフトドリンクがあり、コーヒーと紅茶はいつでもどうぞという感じだ。そしてクッキー、アメ、チョコレートがあり、ケーキも置いてあった。暑いパースで早速ソフトドリンクをいただき、部屋に戻り午後六時から始まるカナッペタイムを待った。するとだれかがドアを叩いた。出てみるとウェルカムの封書とワインを一本渡された。ウェルカムの差し入れであることに気付いた。

カナッペタイムは午後六時に始まる。野菜類が並び、酢のきいたものが多いが、温かい食べ物は皆無だ。この時期酒はやめていたので、ジンジャーエールで食べていた。小さい皿しか置いていない。それで何度ももらいに行く必要があった。いつもある程度食べると終わりにして早めに部屋へ戻った。

朝食は、平日は六時、休日は六時半スタートだ。これもコンチネンタルブレックファーストで卵はゆで卵だけだ。ハム等を一通りもらってパンを昼食の分までもらい、フルーツも多めにもらった。フルーツは二種類のメロンとオレンジ、それにスイカだ。ジュース類はオレンジ、パイナップル、そしてアップルと三種類でいつもパイナップルジュースにしていた。ヨーグルトも必ず取るようにし、最後はエスプレッソをお湯で薄めたものを朝のコーヒーにしていた。ここのロングブラックは苦味が強いので、いつもエスプレッソを薄めたものにしていた。

このホテルも毎日、部屋へのミネラルウォーターのサービスがあった。料金は一泊あたり二月中旬で二万五千円、年末の混む時期で三万円くらいだった。

第五位　宮殿ホテル（ベルリン）

ここも五つ星ホテルである。少し前に初めてラウンジ付きホテルに泊まって味をしめ期待して行った。年末年始を好きなベルリンでという狙いと、ラウンジが目当ての旅だった。午後八時前にホテルにチェックインした。所定の手続きを済ませ指定された部屋に入った。大きな部屋で立派な事務机があり、座りやすそうな椅子である。サイドテーブルにウェルカムのメッセージが入った封書があり、その隣にウェルカムの意味を込めた果物があった。ホテルの部屋に入り、適当にそこにあるものを食べると後で料金を請求されるが、これは大丈夫そうで早速いただいた。インターネット接続も普通なら別料金を請求されるが、ラウンジ付きの部屋を選んだ人は無料だ。

早速ラウンジに行ってみた。部屋のカードキーで入れるようになっている。夕食時のサービスが終わる少し前だった。それで喉が渇いていたので清涼飲料水一本と少し料理をいただいた。それで部屋に戻りすぐにベッドへ入った。

翌朝スタートの時刻にラウンジに行った。これが私のいつものペースである。ウェイトレスがいてテーブルに案内してくれた。そこで「コーヒー」か「紅茶」かと尋ねられ、「コーヒー」と答えると下がっていって準備に入ったようだ。しばらくすると映画で見たような二階建ての器入れのようなものに、ハムやチーズ、野菜を入れて持ってきてくれた。卵とソーセージは別のところに置いてあり、セルフサービスで持ってくるようになっていた。そのときコーヒーも持参していた。何か豪華な感じがして、非常に気持ちの良い朝になった。なおこのような朝食は、俗にコンチネンタルブレックファーストと言い、フルブレックファーストではない。後者を食べたいときは別料金を払う必要があった。

昼もラウンジに行けば何かあるだろうと思って行ってみると、ウェイターが出てきてランチかと聞かれた。イエスと答えると朝食時と同じようにテーブルに案内してくれた。スープ等は持ってきてくれたが、メイン料理は朝と同じところに置いてあり、セルフサービスになっている。食後コーヒーを頼むとすぐに持ってきてくれた。大変満足して自分の部屋に戻った。

夕食時も同じようにラウンジに入ると案内がありテーブルに着いた。ここではビールかワインかと聞かれビールを注文した。すると非常にうまいドイツの生ビールを運んできた。料理は朝のセルフサービスと同じように、所定の場所に置いてあり自分で取りに行った。二種類あって温かい料理で大変満足した。ビールを飲み干すとお代わりを聞きにきた。違うビールを頼んでもう一杯飲んだ。全て大満足で気持ちよくベッドに入れた。

この滞在は十二月二十日頃チェックインし、元旦にチェックアウトする予定だった。最後の夕食が大晦日になる。何か特別なものを考えたが期待はずれのことが起こった。いつものような夕食にはならなかった。椅子もテーブルも片付けられ、パーティーでもするような様子だった。何か食べたいならば下のレストランから持ってくるから注文してほしいとメニューを突きつけられた。別の客はいつものようにすべきだと不平を言った。ラウンジ付きは夕食も入って、その分のお金も払っているのだから、ホテル側がこのようにするのは私も腑に落ちなかった。不平を言った客はさっさと引き上げていったが、私は仕方がないのでビールと一つ料理をオーダーしそれだけ食べて部屋に戻った。

差し入れは毎日あった。果物は初日だけだが、それ以外の日はチョコレートが多かった。またミネラルウォーターのサービスは毎日あった。飲み干して空ビンを置いておくと、新しいのを枕元に置いていってくれた。これだけのサービスをみると、大晦日のサービスが悪かったのを差し引いても、第五位まで落ちることはないが、ウェイトレスの人種差別が許せなかった。それでこの位置にした。そして二度とごめんだと思った。なお料金は一泊あたり三万円くらいだった。

第四位　鞠夫ホテル（ロンドン・ハイドパーク）

このホテルがラウンジ付きの部屋を予約した最初で、一泊の料金が九万円だった。ここで挙げた十軒のホテルの中で最高値だ。

チェックインを済ませ部屋に入るとまだ午後五時前だった。夕方のドリンクサービスは午後五時からだ。少し休んで五時に所定の場所に行ってみた。それほど大きな部屋ではないが、料理は二種類温かいものがあり、その他はつまみのようなものが並んでいる。パンも大きいのを切って食べるように用意されていた。アルコールドリンクはセルフサービスでまずビールをもらった。その後ワインを一杯もらって終わりにした。宿泊代金を考えると全てが豪華に見えた。夕食を終えて部屋に戻るとウェルカムの品が増えていた。封書があり甘いケーキのようなものがあった。日持ちがしないと思い無理して腹に入れておいた。

朝食は六時半にスタートした。ここはラウンジのスケジュールをもらっていて昼食用には何も出ないことは承知していた。それで朝食時パンを多めにもらい昼食用にした。朝食にはスクランブルエッグとベーコン、それに煮豆があった。パンとヨーグルトはもちろん並んでいた。コーンフレークのようなものもあった。一応フルブレックファーストのような感じだ。場所は建物の一階で見晴らしは全くなかった。朝食のサービスが終わるとソフトドリンク、コーヒー、そして紅茶がいつでももらえるようになっていた。食べ物は少しクッキーがあっただけだった。

このホテルはイギリスということもあって、午後の紅茶の時間が二時から二時間とってあった。特別に出るのはケーキだ。これを昼食にしても良いが、夕食までの時間が短い関係で、ここでケーキをいただくことはほとんどなかった。

毎日のミネラルウォーターの供給もあった。料金が高いこともあって四泊にしておいた。だからあっという間に帰国日になった。チェックアウト時、荷物の預かりをお願いしたところ、荷物を取りに来るまでラウンジを使って下さいと言われ、再度、ラウンジキーを渡してくれた。初回はホテル側からラウンジを提供すると言ってくれたが、次の滞在ではこちらから頼んだ。

第三位　鞠夫ホテル（ウィーン）

このホテルの系列は第四位のホテルと同じだ。シュテファン教会まで歩いていける距離で、街のど真ん中にあるといってもいいだろう。チェックインし部屋に入ってからラウンジに行ったが、すでにドリンクの時間は終わっていた。

チェックイン時、朝食はラウンジで食べても下のレストランで食べても、どちらでも良いと言われた。ラウンジはコンチネンタルブレックファーストであることはわかっていた。下のレストランだとフルブレックファーストになる。それで後者を選んでスタートタイムの六時半に行った。

いつも五分くらい早めに行く。だから入り口で少し待たされた。案内してもらって席に着いた。途中にオムレツを作ってくれるコーナーがありすぐに行って注文した。スクランブルエッグはオムレツを頼んだので抜きにして、ソーセージ、煮豆、それに野菜が一皿、もう一皿はパンを多めに取った。昼食分も含めている。そしてせっかくだからオレンジジュースを一杯持ってくる。それらを全て食べ、次はフルーツになりもう一皿食べる。コーヒーか紅茶かは席に着いたとき聞かれたので、すでにサービスされていた。私は食後にコーヒーを飲む習慣で、食べ終わった後では冷めてしまう。冷めたコーヒーを飲んでお代わりを注文する。ここのコーヒーは、あまり美味しくないのでカプチーノを頼んだ。これはよかった。それでさらに一杯頼んで、満腹の状態で部屋に戻った。朝食に締めて一時間くらいかけることにしている。良いホテルでゆっくり時間を過ごし朝食を摂るのも旅の楽しみの一つである。ここは窓の外に公園が見えた。

部屋に戻り歯磨き等を行ってからラウンジに行ってみた。下のレストランでは部屋番号を聞かれたがこちらは何も聞かれなかった。やはり思った通りコンチネンタルブレックファーストで、フルブレックファーストとは大きく異なっていた。それだけ確認してすぐに部屋に戻った。

プールで泳いで部屋に戻ると十一時を回っていた。すぐに朝もらったパンで昼食にした。他にはバナナ等をもらっていた。これで十分だった。食後ラウンジへ行きコーヒーを飲んだ。ここもソフトドリンクはいつでもどうぞという状態だ。クッキーのようなものもあり、コーヒーや紅茶のつまみになった。また部屋へのミネラルウォーターのサービスも付いていた。

ここは夕方のサービスは午後五時半にスタートした。温かい料理が二種類と野菜等、そしてパンが置かれていた。最初の二、三日はサンドイッチもあったが後半は消えた。この時期アルコールドリンクは飲まない方針で、ジンジャーエールかビターレモンにしていた。適当に食べて部屋に戻ると六時半になっていた。ただ部屋はシャワーだけで、チェックアウト時バスタブ付きの部屋はないかと聞いたところ、数が少ないので予約時にリクエストしてくれと言われた。なお料金は一泊あたり三万五千円だった。

フルブレックファーストで腹一杯食べて夕食時もかなり食べた。七泊の滞在だったが、帰国後体重測定を行ったところ三キロくらい増えていた。それを元に戻すのに一カ月必要だった。

第二位　昼豚ホテル（ウィーン）

ホテル系列はケアンズ、ゴールドコーストで泊まったホテルと同じだ。ただここまでのホテルはほとんど五つ星だが、ここは四つ星だ。またこのフライトはロンドン経由にしていてウィーンの空港へ降り立ったのが午後十一時過ぎだった。それで空港近くのホテルを予約し、そこで一泊し翌日午前十一時頃の列車で目的地のホテルに向かった。途中で昼食用のパンを買い、正午過ぎにホテルにチェックインした。部屋に入ると眼下にドナウ川が見えた。最上階の一つ下で遠くまで見通すことができた。

早速先ほど買ったパンを持参し目的のラウンジに行った。ここは建物の最上階にあり、右手はドナウ川、左手はウィーンの街並みが一望できた。予想通りソフトドリンク、コーヒー、そして紅茶はいつでも自由に飲めた。さらにクッキーのようなものも置いてあり、果物も大きな器に山盛りあった。

ここは五時半に酒を振る舞うサービスが始まる。この滞在から酒断ちしていたので、ソフトドリンクしか飲まなかった。温かい料理は二種類あってチキン料理が多かった。フライにしただけのようなものではなく、少し手をかけて調理されたものが多かった。野菜等もふんだんにあり、パンも置かれていた。だから私にとってグッドな夕食だった。夕方のサービスが終了したときもう一度行って、さらに一本ソフトドリンクをもらった。

朝食はラウンジで食べることになっていた。第三位のホテルのようにどちらでも良いということはない。朝六時半スタートだ。スクランブルエッグと煮豆、それにソーセージは付いていた。日によってソーセージがベーコンに変わることもあった。後はヨーロッパの典型的な朝食メニューだ。ドナウ川が眼下に見えるところで朝食を食べられるのも良いものだ。コーヒーと紅茶はセルフサービスだ。ここでも毎日たっぷり食べていた。だから帰国後ダイエットに励んだ。料金は一泊あたり二万円くらいだった。

第一位　鞠夫ホテル（ブダペスト）

チェックインのとき、朝食はラウンジでも下のレストランでも好きな方で食べてくださいという案内があった。ブダペストは物価が安い。それで今回はラウンジ付きのジュニアスイートにした。部屋に入ると大きな居間があり、奥がベッドルームになっていて、その横にバストイレがある。これも広い間取りだ。

早速ラウンジに行ってみたが、夕方のドリンクタイムは終わっていた。しかし少し食べるものがあり、ソフトドリンクとその食べ物をもらった。ラウンジは最上階にありベランダもある。この時季夜は寒く、誰もベランダに出ていなかった。しかし窓からブダペストの象徴である「鎖橋」がライトアップされているのが見える。

翌朝迷わず下のレストランに行った。もちろんフルブレックファーストだ。よく見るとご飯と味噌汁まである。しかし味はイマイチだ。ここもオムレツをその場で作ってくれるシステムになっている。いろいろ種類があるようで、コックに推薦はどれか聞いたところ「ミックス」と言ったのでそれを注文した。卵料理から野菜、ヨーグルト、パンと種類も豊富で、できるだけ多くの種類を食べるようにした。ここはウェイトレスがいて、席に着いたときコーヒーを持ってきてくれた。食後カプチーノを頼んだこともあった。これだけ食事が並ぶとダイエットなんて考えていられない。毎日たらふく食べて朝食を満喫した。

お昼も何かを期待してラウンジに行ってみた。すると夕方には温かい料理を入れる入れ物に、何か入っていて下から火を加えていた。蓋を開けて中を見るとスープだ。そしてその横にパンが置いてある。ホテル側はお昼の軽食サービスをしたようだ。早速いただいたところ、スープも美味くパンにフィットしていた。夜のことも考えてこれはほんのわずかにしておいた。果物もありいつも一個だけいただくことにしていた。

夕方のサービスは午後六時に始まる。昼間スープの入っていた入れ物が二つ並び、下から温めるため火を加えていた。両方とも最下位ホテルで味わったギョーザと春巻きとは雲泥の差だ。他にはパン、野菜等ふんだんにあった。しかも毎日、そのメニューは変わった。だから楽しくいただくことができた。

このラウンジで迂闊にも日本人と会話してしまった。今までラウンジ付きホテルで日本人に会うのは皆無だったが、ここには日本人がいた。私より一歳年上の夫婦だった。高松から来たと言っていた。年齢は向こうから言ってきたので、私は一歳下だと答えておいた。高松へ来たことはあるかと聞かれた。「ノー」と伝えた。どこから来たと聞かれ仕方なく山形だと答えておいた。よく喋る人で、初めは夫婦でパック旅行をしていたが、慣れてきたので個人旅行に切り替えたそうだ。ブダペストへはウィーンから列車で来て、明日また列車でウィーンに行くという。そして今夜はこれからナイトクルーズでフェリーに乗ると言っていた。名前も何も聞かないでそれっきりになった。このホテルは一泊につき四万円くらいだった。

なお、グーグル検索すると現在このホテルは経営者が変わって名前も変わっている。だからラウンジサービスがどうなったかは行ってみないとわからない。

□総　括

ホテルには系列がある。同系列のホテルには共通性がある。ここに挙げた十軒のホテルにも、同じ系列が多々含まれている。しかし同系列でも、サービスが全く同じではない。だから興味深く、同じ系列でも場所を変えるとサービスも変わってくるので楽しい。

ここに挙げた十軒のホテルで、鞠夫系列で一番良いサービスを受けたように感じた。この中に三軒あるが、そのうちの二軒は朝食時、ラウンジでもレストランでも朝食が食べられる。またウェルカムの果物等も用意されている。夕方のドリンクサービス時に用意された食べ物も、美味しくいただけるものが多い。しかし私が経験した鞠夫系列はすべてヨーロッパだった。アメリカ、あるいはオーストラリアではどのようなサービスがあるかを知りたいと思っている。

昼豚系列も三軒経験している。オーストラリアが二軒だが、これらはあまり良いサービスとは言えない。特に夕方のサービスも鞠夫系列と比べるとはるかに落ちる。もう一軒はヨーロッパだが、これは夕方のサービスも充実していた。ただこの系列は朝食はすべてラウンジでしか食べられなかった。今後はこの系列のヨーロッパのホテルをもう少し経験してみたい。

高所系列も二軒経験している。この二つを比較しても大差はないが、眺望と夕方のサービスの差で順位がついた。パースはロケーションと宿泊費の関係で今後も利用するが、アトランタは二度とないだろう。

ベルリンは、朝食はラウンジだけだったが豪華な感じがした。昼食もフルコースのようなサービスを受け、夕食も満足のいくものだった。それだけに人種差別を感じたのが残念でならない。最下位のホテルは、よくあのサービスでラウンジ付きの部屋を提供しているなと言いたい。初めから客は来ないと考えて、外見だけ整えている感じがした。これで二番目に高い料金だから聞いて呆れる。

今後もラウンジ付きホテルをトライしたいと思っている。しかし、宿泊料金が高いのであまり長く滞在できない。長くて一週間だ。次は、ベルリンとハンブルクの鞠夫系列ホテルと全くどの系列にも所属しないブダペストのホテルを考えている。もう少しデータが揃ったとき、この続編を書きたいと考えている。

二〇一八年一月初旬

あとがき

これまでトータル百八十九回日本を出国している。最近は気に入った街を何度か訪れ、しばらくその街に住む感覚の旅になっている。しかし二〇二〇年に始まったパンデミックで、海外旅行が以前のようにできなくなった。最後に行ったのは二〇二〇年二月、オーストラリアのアデレードだった。その年も数回旅行計画を立てていた。ファーストクラス旅行も入っていた。それを全てキャンセルし、現在はまた以前のように海外旅行のできる日を待っている。

しかし年齢が高くなってきて、足腰に不安を感じるようになった。「災難特集」で書いた「ベルリン大転倒」が心配である。ひょっとするともう二度と海外旅行に行けないかもしれないという不安は感じている。それで、今までに書いた海外旅行のエッセイをまとめ、いろいろ思い出してみようということで、この本ができた次第である。

元来、いろいろなことに興味をもち、それが強くなると徹底的に追求する性格が旅行にも出ているように思われる。また、日本にはない文化があることがわかった。異文化との接触は何か新しい発見があるようで、ワクワクする気持ちでトライしてきた。最初は下手くそな英語で対応していたが、慣れるに従って意思の疎通が柔軟にできるようになった。また、J航空主体にしてからは、多くの恩恵を受けるようになり、旅の楽しみも増していった。ただ、真っ直ぐな性格ではないので、行き先に偏りがあると思われた読者もおられるのではないか。嫌いな国には行かない、また治安面と健康面の不安を感じる国にも行かない方針を貫いたところ、目次に出たような国の滞在だけになった。

今しばらく体が動きそうなので、パンデミックが解消されたとき、好きな国を再度訪ね、短い滞在を楽しみたいと考えている。

本書刊行に際し東京図書出版の多くの方々にお世話になりました。紙面を借りて厚く御礼申し上げます。

二〇二三年八月

奥山　京（おくやま　たかし）

三重県出身
元山形大学教授　理学博士（数学）
専門分野：無限可換群論

［著書］
『自叙伝　数学者への道１』（東京図書出版）
『自叙伝　数学者への道２』（東京図書出版）
『天文学シリーズ１　地球の影　ケプラーの墓碑銘より』（東京図書出版）
『天文学シリーズ２　ブラックホールの実体』（東京図書出版）

飛行機旅行

2023年９月24日　初版第１刷発行

著　　者　奥山　京
発 行 者　中田典昭
発 行 所　東京図書出版
発行発売　株式会社 リフレ出版
〒112-0001　東京都文京区白山 5-4-1-2F
電話（03）6772-7906　FAX 0120-41-8080
印　　刷　株式会社 ブレイン

ISBN978-4-86641-661-8 C0095
Printed in Japan 2023